Schneeweiß · Entscheidungskriterien bei Risiko

Ökonometrie
und Unternehmensforschung

Econometrics
and Operations Research

VI

Herausgegeben von | Edited by

M. Beckmann, Bonn · R. Henn, Göttingen · A. Jaeger, Cincinnati
W. Krelle, Bonn · H. P. Künzi, Zürich
K. Wenke, Ludwigshafen · Ph. Wolfe, Santa Monica (Cal.)

Geschäftsführende Herausgeber | Managing Editors
W. Krelle · H. P. Künzi

Entscheidungskriterien bei Risiko

Hans Schneeweiß

Mit 35 Abbildungen

Springer-Verlag Berlin Heidelberg New York 1967

Professor Dr. HANS SCHNEEWEISS

Institut für Ökonometrie der Universität des Saarlandes
Saarbrücken

ISBN 978-3-642-86590-9   ISBN 978-3-642-86589-3 (eBook)
DOI 10.1007/978-3-642-86589-3

Softcover reprint of the hardcover 1st edition 1966

Library of Congress Catalog Card Number 66-22469

Titel-Nr. 6481

Meinen Eltern

Vorwort

Die Anregung zu den folgenden Untersuchungen gab ein Gespräch mit Herrn Professor Dr. G. MENGES über die Frage, welche Beziehungen zwischen dem modernen Bernoullischen Entscheidungsprinzip, also dem Prinzip der maximalen Nutzenerwartung, einerseits und älteren, aber noch immer gebräuchlichen Entscheidungskriterien andererseits bestehen, Kriterien, die keine Nutzenfunktion verwenden, sondern die die Entscheidung von dem Wert eines Risikomaßes, etwa der Risikostreuung, abhängig machen. Es zeigte sich bald, daß diese Beziehungen im wesentlichen negativer Art sind, d. h. daß die beiden Typen von Entscheidungsprinzipien — von speziellen Fällen abgesehen — unverträglich miteinander sind. Bei Beschränkung auf spezielle Risikosituationen, solchen etwa, die sich durch eine Normalverteilung für die möglichen Gewinne oder Verluste beschreiben lassen, können dagegen sehr enge Zusammenhänge nachgewiesen werden.

Das Resultat dieser Untersuchungen wurde im Februar 1964 als Habilitationsschrift der Rechts- und Wirtschaftswissenschaftlichen Fakultät der Universität des Saarlandes zur Erlangung der venia legendi in Statistik und Ökonometrie vorgelegt. Die vorliegende Abhandlung erwuchs aus dieser Schrift, indem sie die dort vorgetragenen Gedanken und Ergebnisse weiterführt und verallgemeinert, zugleich aber auch eine breitere und ausführlichere Einführung in die Entscheidungstheorie und damit in den oben angedeuteten Problemkreis intendiert.

Ich verdanke Herrn Professor Dr. MEISTER Hinweise auf die moderne Literatur zur Wärmeleitungstheorie, die gerade bei dem zuletzt genannten Problem eine bedeutende Rolle spielt. Wichtige Literaturhinweise und manche nützliche Ratschläge zur Verbesserung des ursprünglichen Manuskripts verdanke ich ferner Herrn Professor Dr. E. SOHMEN.

Zu Dank verpflichtet bin ich vor allem meinem verehrten Lehrer, Herrn Professor Dr. G. MENGES, der mir in großzügiger Weise genügend Zeit zur Fertigstellung dieser Arbeit einräumte und mir beratend zur Seite stand, ohne dabei meine Freizügigkeit, in welche Richtung ich meine Untersuchungen vorantreiben wollte, in irgendeiner Weise einzuengen.

Herr Dr. RUTSCH, Herr Dipl.-Kfm. THON und Herr Dipl.-Math. REITER haben freundlicherweise das Manuskript teilweise oder ganz durchgelesen und wertvolle Verbesserungsvorschläge beigesteuert; auch

ihnen sei an dieser Stelle gedankt. Danken möchte ich schließlich
Frau SCHÄFER und Frau BENDIG, die den größten Teil eines streckenweise
schwierigen Manuskripts geduldig in Maschinenschrift übertrugen.

Mein Dank gebührt sodann den Herren Professor Dr. W. KRELLE
und Professor Dr. A. JAEGER, die sich für die Aufnahme dieser Arbeit
in die Reihe „Ökonometrie und Unternehmensforschung" eingesetzt
haben, sowie dem Springer-Verlag für seine Bereitschaft, diese Abhandlung in sein Programm aufzunehmen.

H. SCHNEEWEISS

Inhaltsverzeichnis

Teil I. Ungewißheit und Risiko

Erstes Kapitel

Das Grundmodell der Entscheidungstheorie

Zweites Kapitel

Entscheidungskriterien für Risikosituationen

Anhang zum zweiten Kapitel

Teil II. Konsequenzen des Bernoulli-Prinzips

Drittes Kapitel

Bernoulli-Prinzip und Klassisches Prinzip

Viertes Kapitel

Das Bernoulli-Prinzip für spezielle Klassen von Wahrscheinlichkeitsverteilungen

Fünftes Kapitel

Das μ-Kriterium im Wiederholensfall

Von diesen Betrieben stehen der Wissenschaft am nächsten diejenigen, bei denen der Zufall die geringste Rolle spielt[1].

Ich habe erfahren, wovon die Griechen nichts wissen: die Ungewißheit[2].

Einleitung

Daß jedes auch noch so sorgfältig geplante Handeln grundsätzlich immer von ungewissem Ausgang ist, hat die Menschheit seit eh und je als quälende Provokation empfunden. Mit den Mitteln der Astrologie und anderer mantischer Wissenschaften und später durch die Entdeckung von Naturgesetzen versuchte sie, diese Ungewißheit zu eliminieren oder sie zumindest zu reduzieren, was ihr freilich nur in beschränktem Umfang gelang. Der Aufbau einer Wahrscheinlichkeitstheorie kann als Versuch zur Quantifizierung der Ungewißheit angesehen werden und impliziert das Eingeständnis, daß diese sich nicht völlig in Gewißheit auflösen läßt. Ihre unmittelbare Anwendung fand und findet die Wahrscheinlichkeitstheorie in der Beurteilung von Glücksspielen und Lotterien sowie im Versicherungswesen und später in der (analytischen) Statistik.

Die Wissenschaft vom wirtschaftenden Menschen aber hat das Phänomen der Ungewißheit erst relativ spät voll beachtet, was wohl mit ihrem ursprünglich fast ausschließlichen Interesse an statischen Theorien zusammenhängt.

Heute wird es in der modernen Wirtschaftstheorie, Wirtschaftspolitik und Unternehmensforschung mehr und mehr zu einem Problem von zentraler Bedeutung[3]. ARROW [1951a] hat seinen Einfluß auf zahlreiche ökonomische Erscheinungen nachgewiesen, ein Einfluß, der von direkter Verbundenheit ex definitione (Versicherungswesen) über sachlich bedingte Zusammenhänge (Lagerhaltung, Aktienkurse) bis hin zu losen und indirekten Auswirkungen (Firmengröße) reicht. Zusammenfassend kann man mit KRELLE [1957] sagen: „Die Unsicherheit ... ist sozusagen

---

[1] ARISTOTELES: Hauptwerke, ausgewählt und übersetzt von W. NESTLE.

[2] JORGE LUIS BORGES: Die Lotterie von Babylon.

[3] Als Beispiel für die Integration des Ungewißheitsphänomens in die Wirtschaftstheorie mag gelten: KRELLE [1961] und neuerdings HAAS [1965]. Seine Berücksichtigung bei wirtschaftspolitischen Überlegungen findet man bei GIERSCH [1960] sowie bei THEIL [1961]. An betriebswirtschaftlichen Untersuchungen in deutscher Sprache seien genannt: ALBACH [1959], WITTMANN [1959].

ein konstitutives Element der ganzen Wirtschaft (wie überhaupt des Lebens) und kann gar nicht eliminiert werden."

Ungewißheit ist insbesondere das eigentliche Element der analytischen Statistik: Stichprobenergebnisse sind nur mit gewissen Wahrscheinlichkeiten vorhersagbar, und entsprechend ist der „Rückschluß auf die Grundgesamtheit" nur in Grenzen mit Sicherheit möglich. Doch erst in letzter Zeit[1] wurde dieses Ungewißheitselement in den statistischen Methoden unter ökonomischen Aspekten gesehen. Zwar besaß man schon seit längerem in solchen Begriffen wie „Effizienz eines Schätzers", „Irrtumswahrscheinlichkeit" und „Macht eines Tests" ökonomische Beurteilungs- (und damit Entscheidungs-)Kriterien in rudimentärer Form, aber erst, als man die möglichen Auswirkungen (Gewinne oder Verluste) von gewissen, auf den Ergebnissen einer statistischen Analyse sich stützenden Handlungsalternativen zur Beurteilung eben dieser statistischen Analyse heranzog, war die Analogie des statistischen Ungewißheitsproblems zu dem ökonomischen evident. Nicht mehr wurde nur die Wahrscheinlichkeit eines statistischen Fehlurteils angegeben, sondern dieses wurde jetzt außerdem hinsichtlich seiner möglichen Folgen ökonomisch bewertet. Damit war die Grundlage zu einer allgemeinen Entscheidungstheorie geschaffen, einer Theorie, die sich mit der Optimierung von Entscheidungen mit ungewissem Ergebnis befaßt, seien diese Entscheidungen nun statistischer oder rein ökonomischer Natur.

Es versteht sich, daß zur Lösung dieser Aufgabe die bloße Bewertung der sämtlichen möglichen Ergebnisse von Entscheidungen nicht genügt, denn zu jeder Entscheidung sind mehrere (sich gegenseitig ausschließende) Ergebnisse denkbar, von denen man im vorhinein nicht weiß, welches tatsächlich eintreten wird. Daher sind Entscheidungskriterien erforderlich, die die Gesamtheit aller möglichen Ergebnisse einer Entscheidung berücksichtigen. Sie legen im Extremfall (als Entscheidungs*regeln*) die optimale Entscheidung fest, geben aber im allgemeinen (als Entscheidungs*prinzipien*) nur gewisse Richtlinien, die bei der Optimierung zu beachten sind (1.2.).

Diese Arbeit befaßt sich mit Entscheidungsprinzipien bei *Risikosituationen* (Zweites Kapitel). Das sind Ungewißheitssituationen, die sich durch Angabe einer Wahrscheinlichkeitsverteilung beschreiben lassen, einer Verteilung, die festlegt, mit welchen Wahrscheinlichkeiten die verschiedenen möglichen Gewinne und Verluste (als Ergebnis einer Entscheidung) zu erwarten sind (1.3.).

Das älteste und auch heute noch bekannteste Entscheidungskriterium — eigentlich eine Entscheidungsregel — verlangt, die mathematische Erwartung einer Wahrscheinlichkeitsverteilung zu maximieren. Es wurde bei der Beurteilung von Glücksspielen verwandt, erscheint aber

---

[1] Insbesondere mit dem bahnbrechenden Werk von WALD [1950].

in anderen Fällen, besonders bei nur einmalig sich einstellenden Risikosituationen, durchaus unplausibel, weil es die möglichen Abweichungen vom Erwartungswert nicht berücksichtigt. Zwei Auswege sind denkbar: einmal die Berücksichtigung weiterer Verteilungsparameter, insbesondere solcher, die wie die Streuung oder die Ruinwahrscheinlichkeit Risikomaße darstellen (klassische Prinzipien − 2.2.); zum anderen die Einführung einer Nutzenfunktion, deren Erwartungswert an Stelle der gewöhnlichen mathematischen Erwartung zu maximieren ist (Bernoulli-Prinzip − 2.3.). Das zuletzt genannte Prinzip ist das modernere, auch wenn es auf seinen Namensgeber und Stammvater DANIEL BERNOULLI [1738] zurückgeht. Denn erst in neuerer Zeit fand es allgemeine Anerkennung und wird gemeinhin als *das* rationale Entscheidungsprinzip angesehen, d.h. als ein Prinzip, dessen Befolgung sich aus in sich konsistentem Handeln automatisch ergibt, wobei die zugrunde liegende Gestalt der Nutzenfunktion noch offenbleibt und als zum persönlichen Charakteristikum des handelnden Subjektes gehörig empfunden wird (2.4.1.).

Die Konsequenzen des − rationalen − Bernoulli-Prinzips zu untersuchen, ist das Ziel dieser Arbeit, insbesondere im Hinblick auf seine Verträglichkeit mit den klassischen Prinzipien. In diesem Sinne werden diese einer Rationalitätsanalyse[1] unterzogen (Kap. 3). Die Frage lautet: Sind die klassischen Prinzipien rational (im Sinne des Bernoulli-Prinzips), und wenn ja, welche Nutzenfunktionen liegen ihnen zugrunde? Die Antwort fällt im wesentlichen negativ aus: Entweder gibt es keine Nutzenfunktion, die gewisse Verteilungsparameter in klassischen Entscheidungsprinzipien adäquat berücksichtigt (3.3. und 3.4.), oder sie besitzt − zumindest für einfache Prinzipien mit nur wenigen Parametern − eine ausgesprochen unplausible Form (3.1. und 3.2.).

Trotz dieser größtenteils negativen Beurteilung der klassischen Entscheidungsprinzipien lassen sich diese gleichwohl wenigstens teilweise rechtfertigen, wenn man ihre Anwendung auf spezielle Verteilungsklassen, z.B. auf Normalverteilungen, einschränkt (Viertes Kapitel). Es darf angenommen werden, daß viele der Verfechter klassischer Prinzipien sich diese auf solche Risikosituationen angewandt dachten, die sich zumindest approximativ durch eine Normalverteilung beschreiben lassen. Da Normalverteilungen schon durch die Parameter „Mittelwert μ" und „Standardabweichung σ" bestimmt sind, genügt es, Entscheidungsprinzipien zu untersuchen, die ebenfalls nur μ und σ verwenden [sog. (μ, σ)-Prinzipien]; andere Prinzipien lassen sich auf diese zurückführen. Während nun fast alle (μ, σ)-Prinzipien im allgemeinen Fall unrational sind, sind ganz im Gegenteil auf der Klasse der Normalverteilungen eine Fülle

---

[1] Der Begriff der Rationalität wird hier also sehr speziell aufgefaßt. Zum allgemeinen Rationalitätsproblem (2.4.2.) vgl. etwa GÄFGEN [1963].

1*

rationaler (μ, σ)-Prinzipien denkbar, nämlich zu jeder Nutzenfunktion eines. Doch ist auch dann keineswegs jedes (μ, σ)-Prinzip rational. Vielmehr wird ein Kriterium abgeleitet, das eindeutig zu entscheiden gestattet, ob ein vorliegendes (μ, σ)-Kriterium wenigstens auf der Klasse der Normalverteilungen rational ist oder nicht (4.3.1.). Im ersten Fall kann man in direkter Weise die zugehörige Nutzenfunktion berechnen. Mehrere Beispiele demonstrieren die Wirkungsweise dieses Kriteriums (4.3.2.).

Analoge Kriterien lassen sich für die Klasse der logarithmischen Normalverteilungen und für die Klasse der sog. einfachen Alternativen herleiten (4.4. und 4.5.). Der letzte Fall verdient u.a. Interesse, weil er Analogien zum Problem des additiv zerlegbaren Nutzens im Raum zweier unabhängiger Güter aufweist.

Diese Kriterien sind unabhängig von ihrem die klassischen Prinzipien betreffenden Rechtfertigungscharakter noch insofern von Bedeutung, als sie angeben, in welcher Weise das Bernoulli-Prinzip die Wahrscheinlichkeitsverteilungen der genannten Klassen hinsichtlich ihrer Präferenz anordnet. So entspricht zwar jeder Nutzenfunktion ein bestimmtes Indifferenzkurvenfeld im (μ, σ)-Diagramm einer jeden der genannten Verteilungsklassen; aber keineswegs alle, sondern nur die Indifferenzkurvenfelder mit bestimmten, in den erwähnten Kriterien angegebenen Eigenschaften lassen sich aus einer Nutzenfunktion ableiten, entsprechen also dem Bernoulli-Prinzip. In diesem Zusammenhang können auch einige qualitative Eigenschaften der Indifferenzkurven, sofern sie dem Bernoulli-Prinzip gehorchen, angegeben werden (4.2.).

Man kann auch die Frage stellen, wie eine Verteilungsklasse beschaffen sein muß, damit jede Nutzenfunktion auf ihr ein (μ, σ)-Prinzip induziert. Die Antwort ist, daß dann auch jede Verteilung innerhalb der Klasse durch μ und σ bestimmt sein muß (4.1.).

Zum Schluß (Fünftes Kapitel) wird noch einmal die Verwendung der mathematischen Erwartung μ als Entscheidungskriterium für Glücksspiele und ähnliche sich häufig wiederholende Risikosituationen einer kritischen Betrachtung unterzogen (wobei einige Ergebnisse über rationale Indifferenzkurvenfelder auf der Klasse der Normalverteilungen zur Anwendung kommen). Es wird nämlich allgemein als rational hingestellt, daß man Glücksspiele, die man sehr oft spielt, nach der mathematischen Erwartung μ ihres Gewinns (bzw. Verlustes) bewerten soll. Die Kritik gegen das μ-Kriterium richtet sich danach nur gegen seine Verwendung in Fällen einmalig auftretender Risikosituationen, nicht aber in Fällen sich oft wiederholender Risikosituationen. Diese Ansicht ist aber — wie in dieser Arbeit gezeigt wird — keineswegs so selbstverständlich, wie im allgemeinen gern angenommen wird. Aus dem (rationalen) Bernoulli-Prinzip folgt sie jedenfalls nicht. Im Gegenteil, durchaus plausible Nutzenfunktionen zeigen ein dieser Meinung widersprechendes Verhalten, nämlich eine Präferenz für die Verteilung mit dem kleineren Mittelwert — auch bei unendlich oftmaliger Wiederholung —, sofern diese Verteilung hinreichend geringere Risiken in sich birgt. Auf der anderen Seite kann nicht bestritten werden, daß sehr viele Nutzenfunktionen, zwar im Einzelfall dem μ-Prinzip widersprechen, im Wiederholensfall aber dieses doch zur Folge haben.

Eine interessante Konsequenz des Bernoulli-Prinzips bleibt zu erwähnen. Es gehorcht einem Dominanzprinzip, das sich in den Arbeiten von MASSÉ findet und das zu dem bekannten Dominanzprinzip (dem Pareto-Prinzip) in einem dualen Verhältnis steht. Ist im letztgenannten Prinzip von einer Verbesserung der möglichen Einkommen einer Risikosituation bei gleichbleibenden Wahrscheinlichkeiten die Rede, so im Prinzip von MASSÉ von einer günstigeren Umgestaltung der Wahrscheinlichkeitsverteilung auf den unverändert bleibenden Einkommen. Die sehr engen Beziehungen dieser beiden Dominanzprinzipien zueinander werden in (2.1.3.) untersucht.

Diese Abhandlung ist wie folgt aufgebaut. Der *erste Teil* steckt den Rahmen ab, innerhalb dessen die oben skizzierten Probleme später in Angriff genommen werden sollen. Das erste Kapitel ist eine kurzgefaßte Einführung in die allgemeine Entscheidungstheorie, die sich rasch zu dem speziellen Fall der Risikosituation (gegebene Wahrscheinlichkeiten) hinwendet. Im zweiten Kapitel werden die wichtigsten Entscheidungskriterien für den Risikofall vorgeführt, insbesondere die klassischen Prinzipien und das Bernoulli-Prinzip. Sie bilden den Untersuchungsgegenstand des *zweiten Teils*. Im dritten Kapitel wird deren weitgehende Unverträglichkeit auf allgemeinen Klassen von Wahrscheinlichkeitsverteilungen nachgewiesen, ein Ergebnis, das im vierten Kapitel durch Einschränkung auf spezielle Klassen von Wahrscheinlichkeitsverteilungen entscheidend abgeschwächt werden kann, was zu einer wenigstens partiellen Versöhnung der klassischen Prinzipien mit dem modernen Bernoulli-Prinzip führt. Das fünfte Kapitel untersucht die Verträglichkeit des Bernoulli-Prinzips mit einem sehr speziellen klassischen Prinzip (dem μ-Kriterium), und das in einer sehr speziellen Risikosituation (häufige Wiederholungen). Einige spezielle Untersuchungen wurden als Anhänge den einzelnen Kapiteln beigefügt. Am Schluß des Buches findet man die Definitionen einiger mengentheoretischer Begriffe zusammengestellt, die im Text gelegentlich verwendet werden, und ebenso einen Anhang, der einige ökonomische Anwendungen der hier rein theoretisch abgehandelten Entscheidungskriterien in kurzgefaßter Form bringt.

Abschließend noch einige technische Bemerkungen. Die wichtigsten Ergebnisse dieser Untersuchung sind, sofern sie allgemeiner Natur sind, zu Lehrsätzen und Theoremen zusammengefaßt. Die Theoreme beziehen sich auf allgemeine Aussagen über die Konsistenz von Bernoulli-Prinzip und klassischem Prinzip; in ihnen sind die Bedingungen für die Rationalität des letzteren aufgeführt. In den Lehrsätzen werden zusätzliche Eigenschaften rationaler Entscheidungsprinzipien abgehandelt und aus allgemeineren, dem Rationalitätserfordernis nicht widersprechenden Prinzipien gewisse Folgerungen gezogen. Dazwischen finden sich Hilfssätze eingestreut, die die Sätze und Theoreme und deren Beweise vorbereiten sollen. Sätze und Theoreme sind je für sich fortlaufend durchnumeriert. Die Hilfssätze werden ebenso wie einzelne Formeln kapitelweise durchnumeriert.

Erster Teil

Ungewißheit und Risiko

Erstes Kapitel

Das Grundmodell der Entscheidungstheorie

Die Entscheidungstheorie basiert auf der Erkenntnis, daß allen (oder doch fast allen) Ungewißheitssituationen ein und dieselbe Struktur zugrunde liegt. Denn erst dadurch wird sie eine einheitliche Theorie, eine Theorie, die alle jene Situationen umfaßt, in denen einem Individuum verschiedene Handlungsalternativen mit jeweils ungewissem Ausgang zur Wahl stehen. Man nennt sie Ungewißheits- oder Unsicherheits-situationen und kennzeichnet damit so verschiedene Konstellationen, wie man sie bei Glücksspielen und Versicherungen, bei Oligopolen und militärischen Strategien, bei Investitionen und Lagerhaltungspolitiken, bei wirtschaftspolitischen Maßnahmen und Termingeschäften und last not least bei dem großen Arsenal statistischer Rückschlußmethoden antrifft. Die allen diesen Situationen gemeinsame Struktur − von der eingangs die Rede war − wird am prägnantesten in dem sog. Grund-modell der Entscheidungstheorie zum Ausdruck gebracht. Es ist so an-gelegt, daß es − wenigstens prinzipiell − möglichst jede Ungewißheits-situation vollständig zu beschreiben gestattet; vollständig in dem Sinn, daß die zur Entscheidung notwendige Information gänzlich in ihm ent-halten ist. Seine Beschreibung ist die Aufgabe dieses Kapitels, das zudem zeigen soll, wie sich der wichtige Spezialfall der *stochastischen* Ungewiß-heit, des sog. Risikos, in die allgemeine Theorie eingliedert.

1.1. Die Entscheidungsmatrix

1.1.1. *Definition der Entscheidungsmatrix*

Die Entscheidungstheorie bezieht sich auf ein handelndes, speziell ein rational handelndes Subjekt, den *Entscheidenden*. Sie versucht empirisch oder normativ Kriterien aufzufinden, die den Entscheidenden bei der Auswahl der für ihn günstigsten Handlung leiten bzw. leiten sollen.

Der „Entscheidende" als *terminus technicus* der Theorie kann in der Realität eine Gruppe von Personen umfassen, die aber als Einheit handelt wie etwa ein Haushalt, eine Firma, eine Partei usw. Es ist jedoch bequem und schränkt die Allgemeinheit der folgenden Aus-führungen nicht ein, wenn man sich den Entscheidenden als eine selbst-ständig handelnde Person vorstellt.

Es wird angenommen, daß dem Entscheidenden gewisse Handlungsweisen — *Aktionen* $a_1, a_2, \ldots, a_n$ (häufig auch Strategien genannt) — offenstehen, unter denen er zu wählen hat, und zwar so, daß er eine und nur eine Aktion ergreift[1]. Es versteht sich, daß — sofern es die Situation erlaubt — auch die „Aktion" des Nichtstuns, des Alles-beim-alten-Lassens in Frage kommt.

Zum Beispiel kann ein Unternehmen, das eine erhöhte Nachfrage nach seinen Produkten erwartet, etwa zwischen folgenden Alternativen wählen: Es kann seine Kapazität durch Errichten einer neuen Fabrikhalle erweitern (a_1); es kann eine wenn auch geringere Kapazitätserweiterung durch Anschaffung schneller arbeitender Maschinen erreichen (a_2); es kann in beschränktem Umfang Fremdproduktion in Anspruch nehmen (a_3); es kann schließlich zunächst einmal abwarten, ohne etwas zu verändern (a_4).

Auf den Zusammenhang zwischen den Begriffen „Aktion" und „Aktionsparameter" sei noch schnell hingewiesen[2]. Eine Aktion liegt vor, wenn allen verfügbaren Aktionsparametern bestimmte Werte bzw. Ausprägungen gegeben sind. Umgekehrt faßt ein Aktionsparameter sämtliche möglichen Ausprägungen eines Teilaspektes (einer Komponente) der Aktionen zusammen.

Um ein Beispiel zu geben: Eine Firma mag zum Verkauf ihres Produktes zwei absatzpolitische Aktionsparameter in Erwägung ziehen, Preis und Werbung. Beide

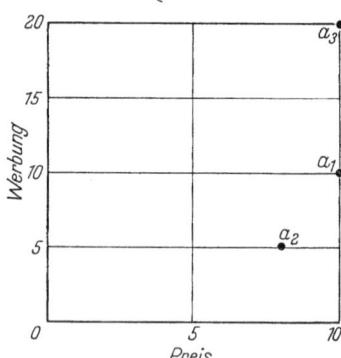

können unabhängig voneinander auf den verschiedensten Niveaus festgesetzt werden und ergeben dadurch unterschiedliche Aktionen. So können etwa[3] der Preis auf 10, die Werbeausgaben auf 10000 (Aktion a_1) oder der Preis auf 8, die Werbeausgaben auf 5000 (Aktion a_2) oder wieder der Preis auf 10, aber die Werbeausgaben auf 20000 (Aktion a_3) festgelegt werden usw. Jede Aktion besteht aus zwei Komponenten, der Preis- und der Werbungskomponente, entsprechend den beiden Aktionsparametern. Die Aktionen sind also als Punkte in einem zweidimensionalen (Aktions-)Raum darstellbar, dessen Koordinatenachsen die beiden Aktionsparameter sind.

Abb. 1. Aktionsraum mit zwei Aktionsparametern

[1] Daß nur endlich viele Aktionen betrachtet werden, geschieht nur zur Vereinfachung der Darstellung. Selbstverständlich treten in der Anwendung sehr häufig unendlich viele (oft sogar kontinuierlich unendlich viele) Handlungsmöglichkeiten auf. An der prinzipiellen Situation ändert sich jedoch dadurch nichts. Gleiches gilt später für die Zahl der Zustände der Welt.

[2] Aktionsparameter sind auch GUTENBERGs absatzpolitische Instrumente, THEILs wirtschaftspolitische Instrumentalvariablen (instruments oder controlled variables) usw. GUTENBERG [1955], THEIL [1961].

[3] Man denke sich alle hier und in den folgenden Beispielen angegebenen Zahlen mit bestimmten, willkürlich festgelegten, aber sachgerechten Einheiten versehen. So betragen die Werbeausgaben nicht 10000, sondern genauer 10000 Geldeinheiten, und der Preis beträgt nicht einfach 8, sondern 8 Geldeinheiten pro Mengeneinheit.

Da eine solche räumliche Darstellung bei vielen Anwendungen sinnvoll erscheint, nennt man gewöhnlich allgemein die Menge aller verfügbaren Aktionen den Aktionsraum $\mathscr{A}$ oder auch den Entscheidungsraum.

Die Wahl der in irgendeinem Sinne „besten" Handlungsweise wird sich natürlich nach ihrem *Ergebnis* bzw. ihren möglichen Ergebnissen richten. Hat jede Aktion ein von vornherein eindeutig bestimmtes Ergebnis zur Folge — eindeutig jedenfalls, soweit es für den Entscheidenden relevant ist — und ist der Zusammenhang Aktion → Ergebnis dem Entscheidenden bekannt, dann wird er die Aktion wählen, die ihm das günstigste Ergebnis einbringt. Damit ist das Problem der Handlungswahl in trivialer Weise auf die Frage nach den Präferenzbeziehungen unter den möglichen Ergebnissen zurückgeführt. Sind diese bekannt, dann ist das Wahlproblem prinzipiell gelöst. Freilich nur prinzipiell, denn in der Praxis können technische Komplikationen die tatsächliche Optimierung sehr erschweren. Die sog. mathematischen Programme sind ein Methodenkomplex, geschaffen zur Überwindung derartiger Schwierigkeiten[1]. Da es hier aber vornehmlich um die prinzipielle Untersuchung von Entscheidungskriterien geht und weniger um deren Anwendung bei der Lösung praktischer Entscheidungsprobleme, ist die geschilderte Situation — der Fall der vollständigen Gewißheit — in diesem Zusammenhang trivial.

Anders im Falle der (partiellen oder vollständigen) Ungewißheit. Hier hängt das Ergebnis nicht mehr allein von der ausgeführten Aktion ab, sondern zugleich von mehr oder weniger zahlreichen Faktoren der Umwelt, Faktoren, die der Entscheidende nicht beeinflussen kann, die jedoch ihrerseits das Ergebnis beeinflussen.

Der Entscheidende findet sich also mit einer von ihm abgetrennten Umwelt konfrontiert. Diese wird meistens als „Natur" bezeichnet oder auch als „Realität", als „Welt". Ich schließe mich dem letzten von SAVAGE[2] stammenden Ausdruck an, da auch im gewöhnlichen Sprachgebrauch der Begriff *Welt* oft nur einen mehr oder weniger eng begrenzten Ausschnitt des Universums bezeichnet. Natürlich ist auch hier nur jener Teil der Umwelt des Entscheidenden gemeint, der in der spezifischen Entscheidungssituation für ihn allein relevant ist oder zumindest ihm so erscheint.

So sieht sich z.B. jene früher erwähnte, um ihren Absatz besorgte Firma der „Welt" ihrer potentiellen Kunden gegenübergestellt oder genauer der Welt aller denkbaren Nachfragegesetze, von der sie nicht weiß, welches tatsächlich wirksam sein wird. Für die Hausfrau, die ein Omelett backen will, beschränkt sich die Welt — wenigstens für den Augenblick — auf den (unbekannten) Zustand des Eies, das sie gerade

---

[1] Vgl. z.B.: KÜNZI und KRELLE [1962].
[2] SAVAGE [1954].

in die Pfanne schlagen will: Ist es gut oder ist es faul? Wer einen Wochenendausflug plant, für den mag das (ungewisse) Wetter am Wochenende die gerade relevante Welt bedeuten. Die (unbekannte) Zahl der defekten Stücke einer eingetroffenen Warensendung macht die Welt des Abnehmers bzw. des Qualitätskontrolleurs aus, wenn er über Annahme oder Ablehnung entscheiden soll[1].

Die Ungewißheit kommt also darin zum Ausdruck, daß der Entscheidende die „genaue" Beschaffenheit der Welt nicht kennt, aber erst bei deren Kenntnis den Ausgang seiner Handlung voraussagen könnte. Die Welt befindet sich also in einem von mehreren möglichen *Zuständen* $s_1, s_2, \ldots, s_m$ (nach KRELLE [1961] auch Umweltstrategien genannt). Ein Zustand der Welt ist etwa charakterisiert durch eine bestimmte Konstellation jener das Ergebnis einer Aktion beeinflussenden Umweltfaktoren, von denen oben die Rede war. Es wird angenommen, daß der Entscheidende alle möglichen Zustände der Welt (soweit sie für sein Entscheidungsproblem relevant sind) überblickt, daß er jedoch nicht weiß, welcher Zustand gerade vorliegt (und das Ergebnis seiner Aktion bestimmt). Die Zustände der Welt müssen dabei so detailliert aufgegliedert sein, daß sie zusammen mit der Aktion des Entscheidenden nunmehr ein eindeutiges Ergebnis zur Folge haben. Nach diesen Erörterungen erscheint es plausibel, die Welt gerade als die Gesamtheit ihrer Zustände zu definieren. Sie repräsentiert das Ausmaß der Ungewißheit in einer spezifischen Entscheidungssituation.

Der Begriff des Zustandes der Welt impliziert die Existenz einer Funktion, die jeder Kombination Aktion-Zustand (a_i, s_j) eindeutig ein Ergebnis e_{ij} zuordnet. Diese *Ergebnisfunktion e* ist in formaler Hinsicht das einzig Wesentliche am Begriff des Zustandes, der ansonsten nicht näher definiert zu sein braucht. Es wird vorausgesetzt, daß sie dem Entscheidenden zumindest prinzipiell bekannt ist.

Hierzu betrachten wir wieder das Beispiel der Firma mit den drei erwähnten absatzpolitischen Maßnahmen (S. 8). Die Welt ist die Nachfragefunktion nach dem Produkt dieser Firma, etwa

$$x = \alpha - \beta\, p + \gamma\, w,$$

worin x die nachgefragte Menge, p der Preis, w die (optimal eingesetzten) Werbeausgaben und α, β, γ unbekannte Parameter bedeuten. Ein Zustand der Welt ist durch eine numerische Spezifizierung der Parameter fixiert; es gibt so viele Zustände, wie die Parameter unter den gegebenen Umständen sinnvollerweise Werte annehmen können. Die Welt (der Zustandsraum) ist dreidimensional. Sei etwa s_1 charakterisiert durch $\alpha = 6000$, $\beta = 500$, $\gamma = 0,4$; dann liefert die Aktion a_1 das „Ergebnis" $x = 5000$, $p = 10$, $w = 10000$ oder auf das für die Firma relevante Ergebnis reduziert, den Gewinn $e_{11} = 40000 - k(5000)$, wobei k die Kostenfunktion bedeutet. Für die Aktionen a_2 und a_3 errechnet man analog die Gewinne (d.h. Ergebnisse) $e_{21} = 27000 - k(4000)$,

---

[1] Weitere Beispiele für eine Welt findet man bei SAVAGE [1954].

$e_{31} = 70000 - k(9000)$. Bei einer anderen Nachfragekonstellation s_2 mit $\alpha = 6000$, $\beta = 400$, $\gamma = 0{,}5$ zeitigen die drei Aktionen die Ergebnisse $e_{12} = 60000 - k(7000)$, $e_{22} = 37400 - k(5300)$, $e_{32} = 100000 - k(12000)$. Die Ergebnisfunktion lautet in diesem Beispiel allgemein:

$$e = (\alpha - \beta\, p + \gamma\, w)\, p - w - k(\alpha - \beta\, p + \gamma\, w) = e(a, s).$$

Man erkennt deutlich, daß das Ergebnis einerseits von der ergriffenen Aktion $a = (p, w)$, andererseits von dem (unbekannten) Zustand der Welt $s = (\alpha, \beta, \gamma)$ abhängt. k wird hier als bekannte Funktion angenommen.

Ein Mindesterfordernis dafür, daß überhaupt eine Entscheidung gefällt werden kann, ist das Vorhandensein einer Präferenzordnung innerhalb der Gesamtheit $\mathscr{E}$ aller möglichen Ergebnisse. Es wird mithin vorausgesetzt, daß die Ergebnisse hinsichtlich ihrer Präferenz einfach, schwach geordnet sind[1] und daß diese Ordnung dem Entscheidenden (wenigstens prinzipiell) bewußt ist. Das heißt:

(a) Von je zwei Ergebnissen weiß der Entscheidende, ob sie ihm indifferent sind oder nicht, und wenn nicht, welches von beiden er vorzieht.

(b) Wird das Ergebnis e_1 dem Ergebnis e_2 nicht vorgezogen und dieses dem Ergebnis e_3 nicht vorgezogen, dann wird auch e_1 dem Ergebnis e_3 nicht vorgezogen.

Diese Annahme, obwohl von empirischer Seite bisweilen umstritten[2], gilt gemeinhin als *das* Kriterium für Rationalität — wenn auch nicht als das einzige —, das über die Postulate der reinen Logik hinausgeht.

Es ist bequem, die Präferenzordnung durch einen Nutzenindex zu charakterisieren derart, daß zwei Ergebnisse genau dann indifferent sind, wenn ihre Nutzen gleich sind, und daß ein Ergebnis einem anderen vorgezogen wird, wenn der Nutzen des ersten größer ist als der des zweiten. Diese ordinale Qualität des Nutzens, die im Grunde nicht mehr aussagt, als schon in der Präferenzrelation steckt, genügt freilich nicht immer. Oft muß die kardinale Meßbarkeit des Nutzens vorausgesetzt werden.

Sind etwa — wie in unserem früheren Beispiel — die „Ergebnisse" einfach mit den Gewinnen (oder Verlusten), die ein Unternehmen bei Befolgen einer bestimmten Absatzpolitik erzielt, identisch, dann liegt die Präferenzordnung auf der Hand: Höhere Gewinne (bzw. niedrigere Verluste) werden vorgezogen. Ergebnis und ordinaler Nutzenindex fallen hier zusammen. Anders, wenn das Unternehmen das Ergebnis seiner Bemühungen nicht nur am erzielten Gewinn, sondern zugleich an der Höhe des Absatzes seines Produktes und dem damit errungenen Marktanteil beurteilt. Eine

---

[1] Das Adverb „einfach" bringt zum Ausdruck, daß je zwei Ergebnisse hinsichtlich ihrer Präferenz angeordnet werden können [Aussage (a)]. Es schließt also den Fall der Unvergleichbarkeit zweier Ergebnisse ausdrücklich aus. Dagegen besagt das Beiwort „schwach", daß die Möglichkeit der Indifferenz beim Vergleich zweier Ergebnisse zugelassen ist. „Geordnet" ist die Menge der Ergebnisse, weil die Präferenzrelation transitiv ist [Aussage (b)].

[2] Vgl. z.B. May [1954]. Zum Problem der Rationalität s. auch S. 77ff.

Präferenzordnung dieser komplexen, aus zwei Komponenten zusammengesetzten Ergebnisse ist jetzt keineswegs mehr trivial. Man kann sie, wie üblich, durch ein Indifferenzkurvensystem in einer Ebene mit den Koordinatenachsen „Gewinn" und „Absatz" geometrisch darstellen. Oder aber man stellt jeder Gewinn-Absatz-Kombination einen Nutzenindex zur Seite und ordnet durch diese Nutzenfunktion die Ergebnisse.

Die Ungewißheitssituation (auch Entscheidungssituation oder Entscheidungproblem genannt) ist vollständig beschrieben, wenn noch die Art der Ungewißheit gekennzeichnet ist. Man unterscheidet:

(a) Die *Spielsituation*: Die Zustände der Welt sind die Handlungsmöglichkeiten rationaler Gegenspieler.

(b) Die *Risikosituation*[1]: Die Zustände der Welt treten mit gewissen, dem Entscheidenden bekannten Wahrscheinlichkeiten ein.

(c) Die *Ungewißheitssituation* i.e.S.[1]: Für die Zustände der Welt sind die Wahrscheinlichkeiten unbekannt bzw. im objektiven Sinne nicht vorhanden.

Die verschiedensten Mischformen sind denkbar. Zum Beispiel mögen Wahrscheinlichkeiten nur für einen Teil der Zustände bekannt sein[2]; oder neben rationalen Gegenspielern können zusätzlich „blinde" Umweltfaktoren die Ergebnisse beeinflussen usw.[3].

Eine zusammenfassende und prägnante Darstellung des Modells ist die *Ergebnismatrix*:

$$
\begin{array}{c|cccc}
 & p_1 & p_2 & \cdots & p_m \\
 & s_1 & s_2 & \cdots & s_m \\
\hline
a_1 & e_{11} & e_{12} & \cdots & e_{1m} \\
a_2 & e_{21} & e_{22} & \cdots & e_{2m} \\
\vdots & \vdots & \vdots & & \vdots \\
a_n & e_{n1} & e_{n2} & \cdots & e_{nm}
\end{array}
$$

[1] Nach der Terminologie-von-KNIGHT [1921]. Wiederabdruck in Series of Reprints of Scarce Tracts in Economic and Political Science 1957. S. 233: „The practical difference between the two categories, risk and uncertainty, is that in the former the distribution of the outcome ... is known ..., while in the case of uncertainty this is not true, ... " Die erste Kategorie wird gelegentlich auch als meßbare (oder versicherbare), die andere als unmeßbare Ungewißheit bezeichnet (KNIGHT, S. 20). Immerhin nimmt KNIGHT für den Fall der Ungewißheit i.e.S. offenbar schon das Vorhandensein subjektiver Wahrscheinlichkeiten an (S. 233: „We can employ the terms ,objective' and ,subjective' probability to designate the risk and uncertainty respectively"). Der Terminus „Risiko" wird (besonders in der Umgangssprache) auch so verwandt, daß er nur eine Situation kennzeichnet, bei der Verluste möglich sind, ohne daß für deren Eintreten Wahrscheinlichkeiten angegeben sein müssen. Vgl. z.B. KRELLE [1961], S. 15. Diese Bedeutung des Begriffes „Risiko" ist hier nicht gemeint.

[2] Vgl. MENGES [1963], SCHNEEWEISS [1964].

[3] KRELLE gibt noch den Fall an, daß man nur die Welt einschränkende Informationen besitzt. Wir brauchen ihn dann nicht zu berücksichtigen, wenn wir von vornherein nur die möglichen Zustände der Welt zulassen. KRELLE [1957].

Die Wahrscheinlichkeiten $p_1, \ldots, p_m$ für die Zustände der Welt gelten nur für den Risikofall.

Die Präferenzrelation auf $\mathscr{E}$ kann vermittels einer Nutzenfunktion u in der Matrix sichtbar gemacht werden, indem man für das Ergebnis e_{ij} dessen Nutzen $u_{ij} = u(e_{ij})$, einsetzt. Es entsteht die *Entscheidungsmatrix* (in der Spieltheorie auch Spielmatrix oder Auszahlungsmatrix, in der statistischen Entscheidungstheorie auch Verlust- bzw. Gewinnmatrix genannt):

$$
\begin{array}{c|cccc}
 & s_1 & s_2 & \ldots & s_m \\
\hline
a_1 & u_{11} & u_{12} & \ldots & u_{1m} \\
a_2 & u_{21} & u_{22} & \ldots & u_{2m} \\
\vdots & \vdots & \vdots & & \vdots \\
a_n & u_{n1} & u_{n2} & \ldots & u_{nm}
\end{array}
$$

In der Entscheidungsmatrix stehen also (im Gegensatz zur Ergebnismatrix) Zahlen. Sie sind je nach dem zu verwendenden Entscheidungskriterium ordinale oder kardinale Nutzen.

Die Gewinnmatrix der in dem Beispiel auf S. 10 betrachteten Firma hat, wenn wir der Einfachheit halber[1] proportionale Kosten, z.B. $k(x) = 7{,}6x$ annehmen, folgende Gestalt:

$$
\begin{array}{c|cc}
 & s_1 & s_2 \\
\hline
a_1 & 2000 & 6800 \\
a_2 & -3400 & -2880 \\
a_3 & 1600 & 8800
\end{array}
$$

Es seien noch schnell die Konstituenten des Grundmodells der Entscheidungstheorie für den allgemeinen, nicht notwendig endlichen Fall aufgeführt:

Gegeben ist
— ein Aktionsraum $\mathscr{A}$, bestehend aus den verfügbaren Aktionen a;
— ein Zustandsraum (eine Welt) $\mathscr{S}$, bestehend aus den Zuständen der Welt s;
— ein Ergebnisraum $\mathscr{E}$, bestehend aus allen möglichen Ergebnissen e;
— eine Ergebnisfunktion $\varepsilon : \mathscr{A} \times \mathscr{S} \to \mathscr{E}$, die jedem Paar (a, s) eindeutig ein Ergebnis $e \in E$ zuordnet: $e = \varepsilon(a, s)$;
— eine (Präferenz-) Relation $\succsim$ auf $\mathscr{E}$ mit den Eigenschaften:
  a) für je zwei Ergebnisse $e_1, e_2 \in \mathscr{E}$ gilt $e_1 \succsim e_2$ oder $e_2 \succsim e_1$;
  b) aus $e_1 \succsim e_2$ und $e_2 \succsim e_3$ folgt $e_1 \succsim e_3$.

---

[1] Es versteht sich, daß dieses Produktions- und Absatzmodell mit seinen durchweg linearen Beziehungen unrealistisch ist. Wir müssen annehmen, daß nur in einem beschränkten Bereich diese linearen Zusammenhänge vorherrschen oder gar daß die Aktionsparameter (besonders w) nur in einem beschränkten Bereich frei wählbar sind.

Die Beziehung $e_1 \gtrsim e_2$ ist zu lesen als „e_1 wird e_2 vorgezogen oder ist diesem indifferent". Besteht zugleich die Beziehung $e_2 \gtrsim e_1$, dann schreibt man $e_1 \sim e_2$ und liest „e_1 ist indifferent zu e_2". Ist $e_1 \gtrsim e_2$, aber nicht $e_1 \sim e_2$, dann hat man $e_1 \succ e_2$, d.h. „e_1 wird e_2 vorgezogen". Unter gewissen sehr allgemeinen Bedingungen[1] kann eine Präferenzrelation durch eine ordinale Nutzenfunktion repräsentiert werden. Das ist formal eine Funktion $u: \mathscr{E} \rightarrow \mathscr{R}$, die jedem Ergebnis e eindeutig eine reelle Zahl $u(e) \in \mathscr{R}$ zuordnet — $\mathscr{R}$ sei die Gesamtheit der reellen Zahlen —, derart, daß

$$e_1 \gtrsim e_2 \Leftrightarrow u(e_1) \geqq u(e_2).$$

Im Falle endlicher Aktions- und Zustandsräume kann die Ergebnisfunktion in der Form der uns bekannten Ergebnismatrix — $e(a_i, s_j) = e_{ij}$ — dargestellt werden, die sich wieder mit Hilfe der Nutzenfunktion in die Entscheidungsmatrix transformieren läßt.

1.1.2. Reduktion auf die Entscheidungsmatrix [2]

Die Entscheidungsmatrix ist der Kern eines jeden Entscheidungsproblems bei Ungewißheit, ein Kern, der freilich oft in der jeweils vorliegenden Ungewißheitssituation tief verborgen liegt, den es — meist unter Mühen — herauszuschälen gilt.

Hierzu ein Beispiel: Im Gegensatz zu der in dem beschriebenen Grundmodell zum Ausdruck gebrachten Entscheidungssituation ist in der *statistischen* Entscheidungstheorie die Möglichkeit einbezogen, Informationen über den tatsächlichen Zustand der Natur einzuholen, um erst aufgrund der eingegangenen Informationen unter den verfügbaren Aktionen die optimale zu ergreifen. Der Fall ist offenbar im Grundmodell der Entscheidungstheorie nicht vorgesehen — und doch findet sich das Grundmodell auch in dem statistischen Entscheidungsmodell als dessen wesentlicher Kern wieder. Um es sichtbar zu machen, braucht man nur den Begriff der Aktion neu zu definieren: Aktionen sind in der statistischen Entscheidungstheorie — man nennt sie dort Entscheidungsfunktionen[3] — Regeln, die festlegen, in welcher Weise Information beschafft werden soll und welche Letztentscheidung aufgrund der erhaltenen Information getroffen werden soll.

Soll beispielsweise ein Einkäufer entscheiden, ob er einen angebotenen umfangreichen Warenposten, dessen Qualität ungewiß ist, annehmen oder ablehnen soll, dann scheinen zunächst nur zwei Aktionen offenzustehen, „Annehmen" und „Ablehnen". In Wirklichkeit wird aber der

---

[1] Vgl. DEBREU [1954]. Vgl. auch SCHNEEWEISS [1963].

[2] Zu den folgenden Ausführungen vgl. z.B. SAVAGE [1954].

[3] Vgl. WALD [1950].

Einkäufer durch eine Stichprobe sich wenigstens partiell über die Qualität der angebotenen Waren informieren wollen, bevor er sich endgültig entscheidet. Er kann etwa 10 Stück aus dem Warenposten zufällig herausgreifen, ihren Zustand untersuchen und den ganzen Posten nur dann annehmen, wenn er nicht mehr als ein unbrauchbares Stück entdeckt, andernfalls lehnt er ab. Es gibt aber natürlich noch viele andere Stichprobenverfahren, nach denen er den Warenposten prüfen könnte. Er kann den Stichprobenumfang variieren, er kann die kritische Zahl noch zulässiger schlechter Stücke verschieden hoch ansetzen, er kann schließlich ein sequentielles Prüfverfahren hinzuziehen. Unter all diesen Verfahren hat er unter Abwägung der Prüfkosten einerseits und des erreichbaren Risikoschutzes andererseits das ihm optimal erscheinende auszuwählen. In der statistischen Entscheidungstheorie sind also diese Verfahren — Strategien der Informationsbeschaffung mit anschließender Letztentscheidung — die eigentlichen Aktionen, während die in der ursprünglichen Formulierung sogenannten „Aktionen" nur die Letztentscheidungen des Problems sind. Die Zustände der Welt sind in diesem Fall einfach die verschiedenen möglichen Anteile schlechter Stücke an der Gesamtlieferung. Zustand der Welt und Aktion bestimmen freilich nicht eindeutig, welche Letztentscheidung getroffen wird. Denn diese hängt von dem Ergebnis der Stichprobe ab, welches seinerseits nur stochastisch vorhersagbar ist. Man kann nur so viel sagen, daß das Wahrscheinlichkeitsgesetz für das Stichprobenergebnis durch den Zustand der Welt eindeutig gegeben ist. Mithin sind auch in die Ergebnismatrix nicht eindeutig determinierte Verluste oder Gewinne, sondern Wahrscheinlichkeitsgesetze (für zu erwartende Verluste oder Gewinne) einzutragen, die allerdings ihrerseits durch Aktion (= Prüfstrategie) und Zustand der Welt (= Defektenanteil) eindeutig bestimmt sind. Mit dieser Modifikation, wie sie für die ganze statistische Entscheidungstheorie typisch ist, gelingt es aber, das statistische Entscheidungsproblem auf die Grundform der Ergebnis- oder auch (nach geeigneter Nutzenbewertung der Wahrscheinlichkeitsgesetze) der Entscheidungsmatrix zurückzuführen.

In ähnlicher Weise gelingt es, sequentielle Spiele, die also wie beim Gesellschaftsspiel Zug um Zug gespielt werden, durch geeignete Definition der „Aktionen" auf die Form einer Entscheidungsmatrix zu reduzieren — man spricht von der Normalform eines Spiels. Eine Aktion eines Spielers ist nämlich (im Sinne der Theorie) nicht ein einzelner Zug, sondern eine Strategie, die von vornherein für alle Eventualitäten, die im Laufe des Spielens eintreten können, den jeweiligen Zug des Spielers derart festlegt, daß der Ausgang des Spieles sich automatisch ergibt, sobald alle Spieler sich auf je eine Strategie festgelegt haben. Damit ist die Konstruktion der Entscheidungs- oder Ergebnismatrix für einen Spieler klar: Seine Aktionen sind seine Strategien, die Zustände der Welt sind die kombinierten Strategien der Mitspieler; beide zusammen determinieren das Ergebnis, den Spielausgang. Es ist hier freilich anzumerken, daß diese Darstellung unsymmetrisch ist, da sie aus der Sicht eines einzigen Spielers konzipiert ist. Die symmetrische Normalform eines Spieles sollte dagegen die Strategien und deren Kombinationen zu Spielergebnissen für jeden Spieler in gleicher Weise behandeln. Dafür ist die Matrixform nicht mehr geeignet. Wir werden allerdings im folgenden die Spielsituation nicht weiter untersuchen. Sie diente hier nur als Beispiel, um die grundsätzliche Möglichkeit der Reduktion komplexer Entscheidungssituationen auf das Grundmodell zu demonstrieren.

Diese Möglichkeit soll noch an einem weiteren wichtigen Fall aufgezeigt werden, dem Fall der beeinflußbaren Umwelt. Der Entscheidende wird, sofern ihm das seine Lage erlaubt, sicherlich versuchen, zunächst den (unbekannten) Zustand der Welt zu verändern, seinen Wünschen entsprechend zu verbessern, bevor er die entscheidende Aktion ausführt. Deren Ergebnis hängt jetzt nicht mehr von dem ursprünglichen Zustand der Welt, sondern von dem veränderten, womöglich verbesserten Zustand und damit von früheren Handlungen des Entscheidenden ab. Das ist in dem geschilderten Grundmodell der Entscheidungstheorie nicht vorgesehen. Es ist aber klar, wie dieser Fall auf das Grundmodell zurückgeführt werden kann. Hierzu sind nur die „Aktionen" des Entscheidenden neu zu definieren, nämlich so, daß sie neben der endgültigen Letztentscheidung auch die vorausgegangenen Beeinflussungsmaßnahmen umfassen. Da letztere gewöhnlich keine eindeutigen Erfolge zeitigen werden, sondern — wie die meisten Aktionen bei Ungewißheitssituationen — einen nur in Grenzen voraussagbaren Erfolg, sind auch die Zustände der Welt detaillierter zu beschreiben (wodurch die für das Problem relevante Welt umfangreicher wird). Ein einzelner Zustand der Welt besteht jetzt aus einem der ursprünglichen Zustände zusammen mit einer Liste der sämtlichen Änderungsmöglichkeiten, die sich als Antwort auf jede der verfügbaren Beeinflussungsmaßnahmen denken lassen.

Diesen Fall illustriert unser früheres Beispiel jener Firma, die ihre Absatzchancen durch geeignete Werbung zu verbessern sucht. Würde man dort als eigentlichen Aktionsparameter nur den Preis zulassen, die Werbemaßnahmen aber nur als vorbereitende, die Umwelt (d.h. also hier die Nachfrage) beeinflussende Handlungen, dann sähe das Entscheidungsproblem formal wie folgt aus: Die verfügbaren Aktionen sind die einzelnen Preisfestsetzungen p. Die Zustände der Welt sind Preisabsatzfunktionen

$$x = \delta + \beta\, p$$

mit unbekannten Parametern δ und β, wovon δ durch umweltbeeinflussende Werbeausgaben w gemäß der Beziehung

$$\delta = \alpha + \gamma\, w$$

(mit den neuen unbekannten Parametern α und γ) verändert werden kann. Die Umformung in das Grundmodell geschieht nach den oben allgemein vorgetragenen

Regeln: „Eigentliche" Aktion p und vorbereitende Handlung w werden zu den entscheidungstheoretischen „Aktionen" (p, w) zusammengefaßt. Die Zustände der Welt werden durch Nachfragegleichungen

$$x = \alpha + \beta\, p + \gamma\, w$$

beschrieben, die durch Einsetzen der oben angegebenen Beziehung für δ in die voranstehende Preisabsatzfunktion entstehen, oder kürzer, durch das Parametertripel (α, β, γ). Damit ist das Entscheidungsproblem auf die früher gegebene Fassung — und damit auf das Grundmodell — zurückgeführt.

Nicht immer ist es zweckmäßig, eine Ungewißheitssituation so weit zu analysieren, daß die zugrunde liegende Entscheidungsmatrix hervortritt. Das (stochastische) dynamische Programmieren[1] profitiert im Gegenteil davon, daß das Entscheidungsproblem in seiner ursprünglich gegebenen, sequentiellen Form beibehalten und so gelöst wird.

Dennoch ist es auch in diesen Fällen wichtig, daß wenigstens prinzipiell die Möglichkeit besteht, das Problem in die Universalform des Grundmodells umwandeln zu können. Das ist deshalb wichtig, weil anhand des Grundmodells die möglichen Entscheidungskriterien einheitlich studiert werden können, also für alle Ungewißheitssituationen zusammen oder zumindest für jeden der drei obengenannten Typen. Entscheidungskriterien aber sind ein wesentliches konstituierendes Element jedes Entscheidungsproblems, das ohne diese nicht gelöst werden könnte. Sie gehören ergänzend zum Grundmodell der Entscheidungstheorie.

1.2. Entscheidungskriterien

1.2.1. Entscheidungsregel und Entscheidungsprinzip

Entscheidungskriterien sind Richtlinien, die der Entscheidende beim Auswählen der optimalen Aktion befolgt. Sie sind in ihrer stärksten Form (I) Entscheidungs*regeln*, die zu jedem Entscheidungsproblem die optimalen Aktionen (die dann ihrerseits einander indifferent sind) eindeutig angeben bzw. zu errechnen gestatten und damit das Entscheidungsproblem lösen. Sie sind in abgeschwächter Form (II) Entscheidungs*prinzipien*, die keine Optimallösung anbieten, sondern nur die Willkür in der Auswahl der optimalen Aktion einschränken. Das kann z. B. so geschehen, daß nicht alle Entscheidungsprobleme unabhängig voneinander gelöst werden können, daß vielmehr die Lösung gewisser Entscheidungssituationen notwendig bestimmte Lösungen für andere impliziert[2].

---

[1] BELLMAN [1957].

[2] Vgl. hierzu ADAMS [1960]. ADAMS unterscheidet drei Typen von Entscheidungskriterien, von denen ich zwei zu dem Typ des Entscheidungsprinzips zusammengefaßt habe.

Entscheidungskriterien lassen sich grundsätzlich auf zwei verschiedene Arten formulieren, je nachdem, ob der Begriff der *Auswahlfunktion* oder der der *Präferenzvorschrift* im Bereich der Aktionen Verwendung findet.

Unter einer *Auswahlfunktion* ist eine Vorschrift zu verstehen, die zu jedem Entscheidungsproblem — etwa repräsentiert durch eine Entscheidungsmatrix — aus dem Bereich $\mathscr{A}$ sämtlicher Aktionen den Bereich $\mathscr{A}_0$ der optimalen Aktionen (also der Lösungen) heraushebt. $\mathscr{A}_0$ heißt daher auch Optimalbereich. Welche Auswahlfunktion ein entscheidendes Individuum für sich in Anspruch nimmt, ist weitgehend seinem persönlichen Geschmack überlassen. Entscheidungskriterien, denen sich das Individuum unterwirft, schränken jedoch den Bereich der für es in Frage kommenden Auswahlfunktionen mehr oder weniger stark ein.

Offenbar basierte die oben getroffene Unterscheidung zwischen Entscheidungsregel und -prinzip auf dem Begriff der Auswahlfunktion, ohne daß dieser explizit erwähnt wurde. Eine Entscheidungsregel legt die Auswahlfunktion fest; ein Entscheidungsprinzip schränkt nur den Bereich zulässiger Auswahlfunktionen mehr oder weniger stark ein. Je mehr Entscheidungsprinzipien zu beachten sind, desto enger wird der Bereich der noch verfügbaren Auswahlfunktionen, bis schließlich im Grenzfall nur eine einzige Auswahlfunktion übrigbleibt. Dann haben die Entscheidungsprinzipien sich zu einer Entscheidungsregel verdichtet.

Die meisten Entscheidungskriterien beziehen sich nun aber auf eine *Präferenzrelation* im Bereich der Aktionen[1]. Das ist eine Festsetzung, die zu je zwei Aktionen eines Entscheidungsproblems angibt, welche von ihnen der anderen vorgezogen wird bzw. ob sie zueinander indifferent sind (eventuell auch, ob sie unvergleichbar sind). Wird a_1 der Aktion a_2 vorgezogen, dann schreiben wir

$$a_1 \succ a_2 \quad \text{oder} \quad a_2 \prec a_1.$$

Die Indifferenz zwischen a_1 und a_2 wird durch die Schreibweise

$$a_1 \sim a_2$$

ausgedrückt. Wird a_1 der Aktion a_2 vorgezogen oder sind die beiden indifferent (schwache Präferenz), dann lautet die zugehörige Bezeichnung:

$$a_1 \succsim a_2.$$

$a_1 \sim a_2$ ist gleichbedeutend mit: $a_1 \succsim a_2$ und $a_2 \succsim a_1$.

---

[1] Ausnahmen sind die Arbeiten von MILNOR [1954] und CHERNOFF [1954], die Entscheidungsprinzipien für Auswahlfunktionen zum Gegenstand haben.

Eine Präferenzrelation im Bereich $\mathscr{A}$ der Aktionen ist wohl zu unterscheiden von der Präferenzrelation auf der Menge der Ergebnisse e_{ij} der Ergebnismatrix (vgl. S. 12 f.). Diese ist ein Datum des Entscheidungsproblems, jene soll erst mit Hilfe eines oder mehrerer Entscheidungskriterien ermittelt werden. Genau das ist die Aufgabe von Entscheidungskriterien: aus der vorgegebenen Präferenzstruktur der Ergebnismatrix — so wie sie etwa mit Hilfe einer Nutzenfunktion in der Entscheidungsmatrix zum Ausdruck kommt — auf die Präferenzstruktur des Aktionsbereichs zu schließen.

Unter einer *Präferenzvorschrift* verstehen wir eine Regel, die aus jeder Ungewißheitssituation eindeutig eine Präferenzrelation $\gtrsim$ auf dem zugehörigen Aktionsraum $\mathscr{A}$ herzuleiten gestattet. Mit Hilfe dieses Begriffs kann jetzt erneut ein Entscheidungskriterium definiert werden als ein Verfahren, das aus allen möglichen Präferenzvorschriften einen Teilbereich von allein zulässigen Präferenzvorschriften abgrenzt. Das Entscheidungskriterium kann geradezu mit diesem Teilbereich identifiziert werden. Wieder können Entscheidungsregel und Entscheidungsprinzip unterschieden werden:

I. Eine Entscheidungsregel legt die Präferenzvorschrift fest, gibt also zu jeder Ungewißheitssituation genau eine Präferenzrelation auf dem Aktionsraum an.

II. Ein Entscheidungsprinzip dagegen legt die Präferenzvorschrift nicht fest, sondern gestattet es, zwischen verschiedenen Vorschriften noch frei zu wählen.

Wir werden im folgenden den Begriff des Entscheidungskriteriums immer im Zusammenhang mit Präferenzvorschriften verwenden. Doch besteht unter gewissen Voraussetzungen ein sehr enger Zusammenhang mit der früher gegebenen, auf dem Begriff der Auswahlfunktion basierenden Definition eines Entscheidungskriteriums[1]. Läßt man nämlich nur solche Präferenzvorschriften zu, die die jeweiligen Aktionsräume einfach, schwach ordnen, dann erzeugen diese in natürlicher Weise zugehörige Auswahlfunktionen. Um eine solche aus einer Präferenzvorschrift abzuleiten, braucht man nur aus dem Aktionsraum $\mathscr{A}$ den Bereich $\mathscr{A}_0$ aller Aktionen abzusondern, die vermöge der Präferenzordnung am höchsten stehen. $\mathscr{A}_0$ existiert immer, sofern $\mathscr{A}$ endlich ist[2] und sofern die Präferenzrelation $\mathscr{A}$ einfach, schwach ordnet. Dann sind die Aktionen von $\mathscr{A}_0$ zueinander indifferent, und jede Aktion aus $\mathscr{A}_0$ wird jeder anderen Aktion aus $\mathscr{A}$ (also aus $\mathscr{A} - \mathscr{A}_0$) vorgezogen. $\mathscr{A}_0$ besteht aus den opti-

---

[1] Die logischen Zusammenhänge zwischen Auswahlfunktion und Präferenzvorschrift werden von RUTSCH [1964] ausführlich diskutiert.

[2] Bei unendlichem $\mathscr{A}$ sind zusätzliche Voraussetzungen nötig, um die Existenz eines Bereiches optimaler Aktionen $\mathscr{A}_0$ zu garantieren. Es kann nämlich der Fall eintreten, daß man zu jeder Aktion immer noch eine bessere findet, ohne je die beste vorweisen zu können, ein Fall, der offenbar bei endlichem $\mathscr{A}$ nicht vorkommen kann.

2*

malen Aktionen des Entscheidungsproblems (optimal, im Sinne der Präferenzvorschrift). Da auf diese Weise die Präferenzvorschrift für jede Ungewißheitssituation einen Optimalbereich $\mathscr{A}_0$ angibt, erzeugt sie dadurch eine Auswahlfunktion.

Wenn wir noch voraussetzen, daß die Präferenzvorschrift nach Hinzufügen beliebiger neuer Aktionen zu einer Ungewißheitssituation die Präferenzbeziehungen unter den alten Aktionen unverändert läßt — eine offenbar sehr vernünftige Forderung, die aber keineswegs immer erfüllt zu sein braucht[1] —, dann besitzt die zugehörige Auswahlfunktion die — ebenfalls vernünftige — Eigenschaft, daß bei Erweiterung des Aktionsraumes $\mathscr{A}$ zu dem umfassenderen Raum $\mathscr{B}$ ($\mathscr{B} \supset \mathscr{A}$) der neue Optimalbereich $\mathscr{B}_0$ entweder $\mathscr{A}_0$ umfaßt, wobei eventuell hinzugekommene optimale Aktionen sich aus den neuen Aktionen (also aus $\mathscr{B} - \mathscr{A}$) rekrutieren, oder aber $\mathscr{B}_0$ nur aus neuen Aktionen besteht. Denn jede neu hinzutretende Handlungsalternative kann nur schlechter, gleich gut (d.h. indifferent) oder besser als die alten optimalen Aktionen sein; nur im letzten Fall ändert sich der Optimalbereich so, daß der alte durch die neue Handlungsalternative ersetzt wird.

Umgekehrt erzeugt eine Auswahlfunktion mit der eben genannten Eigenschaft in natürlicher Weise eine Präferenzvorschrift, die die jeweiligen Aktionsräume einfach, schwach ordnet, und zwar so, daß Erweiterungen des Aktionsraumes die Präferenzbeziehungen unter den alten Aktionen nicht ändern. Um mit Hilfe einer Auswahlfunktion die Präferenzbeziehung zwischen zwei beliebigen Aktionen a_1 und a_2 eines Entscheidungsproblems zu ermitteln, braucht man nur das ursprüngliche Entscheidungsproblem durch Fortlassen sämtlicher restlichen Aktionen auf ein Problem zu reduzieren, in der nur die beiden Aktionen a_1 und a_2 zur Wahl stehen. Die Auswahlfunktion bestimmt nun einen Optimalbereich, der entweder nur a_1 oder nur a_2 oder beide Aktionen enthält. Je nachdem kann man $a_1 \succ a_2$ oder $a_2 \succ a_1$ oder $a_1 \sim a_2$ setzen. Man zeigt leicht, daß die so definierte Präferenzvorschrift die oben genannten Eigenschaften besitzt. Außerdem induziert sie ihrerseits dieselbe Auswahlfunktion, aus der sie hervorgegangen ist. In diesem Sinne bedingen sich also Präferenzvorschrift und Auswahlfunktion gegenseitig, sofern sie gewissen plausiblen Forderungen genügen.

1.2.2. Beispiele

Beispiele für Entscheidungskriterien des Typs I sind die allgemein bekannten Entscheidungsregeln[2], die hier für die Entscheidungsmatrix von S. 13 formuliert seien:

---

[1] Sie wird z.B. vom Savage-Niehans-Kriterium (vgl. S. 24) verletzt.
[2] Vgl. z.B. MILNOR [1954].

(1) *Wald-Regel* (auch Minimax [1]-Regel):

$$a_i \gtrsim a_j, \quad \text{wenn} \quad \min_k u_{ik} \gtrsim \min_k u_{jk}.$$

(2) *Hurwicz-Regel* mit dem Optimismusparameter λ, wobei $0 \leq \lambda \leq 1$:

$$a_i \gtrsim a_j, \quad \text{wenn} \quad (1-\lambda) \min_k u_{ik} + \lambda \max_k u_{ik} \geq (1-\lambda) \min_k u_{jk} + \lambda \max_k u_{jk}.$$

(3) *Savage-Niehans-Regel* [2]:

$$a_i \gtrsim a_j, \quad \text{wenn} \quad \min_k (u_{ik} - \max_h u_{hk}) \geq \min_k (u_{jk} - \max_h u_{hk}).$$

(4) *Laplace-Regel*:

$$a_i \gtrsim a_j, \quad \text{wenn} \quad \sum_k u_{ik} \geq \sum_k u_{jk}.$$

(5) *Bayes-Regel* [3]:

$$a_i \gtrsim a_j, \quad \text{wenn} \quad \sum_k u_{ik} p_k \geq \sum_k u_{jk} p_k.$$

(6) *Hodges-Lehmann-Regel* [4] mit dem Vertrauensparameter λ, wobei $0 \leq \lambda \leq 1$:

$$a_i \gtrsim a_j, \quad \text{wenn} \quad \lambda \sum_k u_{ik} p_k + (1-\lambda) \min_k u_{ik} \geq \lambda \sum_k u_{jk} p_k + (1-\lambda) \min_k u_{jk}.$$

Alle diese Kriterien fixieren für jedes Entscheidungsproblem eine eindeutige Rangfolge der Aktionen − die Kriterien (2) und (6) allerdings erst, wenn λ einen bestimmten numerischen Wert hat. Sie gehören daher zum Typ I. Die Lösung eines Entscheidungsproblems besteht aus den Aktionen, die in der jeweiligen Rangordnung am höchsten stehen.

Bis auf die Minimax-Regel setzen alle Kriterien einen kardinalen Nutzen voraus. Er wird aber auch für diese benötigt, sobald gemischte Strategien, wie in der Spieltheorie üblich, zugelassen sind.

---

[1] In der angegebenen Formulierung eigentlich „Maximinregel": Es wird zunächst zu jeder Handlungsalternative der Minimalnutzen (das am geringsten bewertete Ergebnis) notiert und dann von zwei Aktionen diejenige mit dem größeren Minimalnutzen vorgezogen. Man sucht also den kleinstmöglichen Nutzen einer Aktion zu maximieren. Die Minimaxregel geht gerade umgekehrt vor und ist anwendbar, wenn die u_{ij} nicht Nutzenwerte, sondern Verluste bedeuten; dann wird der größtmögliche Verlust einer Aktion zu minimieren gesucht. Im Grunde handelt es sich um dieselbe Regel in zwei verschiedenen Formulierungen; eine geht in die andere über, wenn in der Entscheidungsmatrix sämtliche Vorzeichen umgedreht werden (WALD [1950]).

[2] SAVAGE [1951], NIEHANS [1948].

[3] Sie setzt voraus, daß den Zuständen der Welt Wahrscheinlichkeiten zukommen (Risikosituation). Mit ihr werden wir uns noch im größeren Zusammenhang ausführlich beschäftigen.

[4] HODGES und LEHMANN [1952].

Alle Kriterien induzieren ihre Präferenzordnung auf dem Aktionsraum nach demselben Schema: Sie ordnen zunächst jeder Aktion einen
Wert zu, der nach einer (vom jeweiligen Kriterium vorgeschriebenen)
Formel errechnet wird. Es sind das die rechts und links vom $\geq$ Zeichen
stehenden Formeln. Nach dieser (Nutzen-)Bewertung der Aktionen
wird von zwei Aktionen diejenige mit der höheren Bewertung vorgezogen.
Haben beide Aktionen den gleichen Wert, dann sind sie indifferent. Man
kann dieses Verfahren als Aggregation der Nutzenbewertungen der
einzelnen Ergebnisse zu den Nutzenbewertungen der Aktionen interpretieren.

In der folgenden Tafel sind zur Illustration des Gesagten diese Bewertungen für
die auf S. 13 angegebene Entscheidungsmatrix zusammengestellt, wobei diese um
einen dritten Zustand s_3 mit $\alpha = 5100$, $\beta = 300$ und $\gamma = 0,5$ erweitert worden ist. In
jeder Bewertungsspalte ist der maximale Wert durch Kursivdruck hervorgehoben.
Die zugehörige Aktion ist im Sinne des jeweiligen Entscheidungskriteriums optimal.

| | s_1 | s_2 | s_3 | Kriterien | | | | | |
				(1)	(2)	(3)	(4)	(5)	(6)
a_1	2000	6800	7040	2000	3512	− 2000	15840	2984	2196,8
a_2	−3400	−2880	−2920	−3400	−3244	−11960	− 9200	−3300	−3380
a_3	1600	8800	9040	1600	3832	− 400	19440	3064	1892,8
					($\lambda = 0,3$)				($\lambda = 0,2$)

Für die Kriterien (5) und (6) wurde die folgende Wahrscheinlichkeitsverteilung über
den Zuständen der Welt angenommen:

$$p_1 = 0,8; \quad p_2 = 0,1; \quad p_3 = 0,1.$$

Nach Kriterium (3) muß die ursprüngliche Entscheidungsmatrix in die Matrix der
sog. Opportunitätskosten umgeformt werden. Sie entsteht, indem man von den
Elementen jeder Spalte das jeweilige Spaltenmaximum subtrahiert:

	s_1	s_2	s_3	Zeilenminima
a_1	0	− 2000	− 2000	− 2000
a_2	−5400	−11680	−11960	−11960
a_3	− 400	0	0	− 400 ← Maximum

Auf die derart umgeformte Matrix wird dann die gewöhnliche Wald-Regel angewandt.

Die Wald-Regel ist offensichtlich ein äußerst pessimistisches Kriterium, da sie die verfügbaren Handlungsalternativen nach deren schlechtestmöglichen Ergebnissen bewertet. Sie ist sehr gut geeignet für den Fall,
daß die „Welt" ein rational handelnder Gegenspieler ist, von dem man

ja in der Tat annehmen kann, daß er jede Aktion des Entscheidenden mit dem besten Gegenzug zu parieren versucht. Bei einem Nullsummenspiel ist dieser beste Gegenzug zugleich der Zug, der dem Entscheidenden das schlechteste Ergebnis einbringt. Daher tut dieser gut daran, seine eigenen Handlungen nach den schlechtestmöglichen Ergebnissen auszurichten. Im Falle einer indifferenten Umwelt, deren Zustand sich unabhängig von der Aktion des Entscheidenden realisiert, ist jedoch die Wald-Regel, streng genommen, nicht vertretbar, der in ihr zum Ausdruck kommende Pessimismus unbegründet.

Diesen Mangel sucht das Hurwicz-Kriterium abzustellen, indem es neben dem schlechtesten auch das beste mögliche Ergebnis jeder Handlungsalternative berücksichtigt. Es werden nämlich beider Nutzen zu einem gewogenen Mittel vereinigt, das dann zur Bewertung der Handlungsalternative dient. Je nachdem wie die Gewichte verteilt sind, spiegelt das Kriterium ein mehr oder weniger pessimistisches Verhalten wider; um so pessimistischer, je kleiner der Optimismusparameter λ. Bei $\lambda = 0$ erhält man wieder die Wald-Regel als Grenzfall der Hurwicz-Regel. Im Grenzfall $\lambda = 1$ fällt eine neue, der Wald-Regel entgegengesetzte Entscheidungsregel an. Sie bewertet die Aktionen nach deren bestmöglichen Ergebnissen, ist also absolut optimistisch. Charakteristischerweise wurde diese Regel zwar gelegentlich vorgeschlagen aber meines Wissens nirgends angewandt. Die Hurwicz-Regel kann formal als (lineare) Mischung der Wald-Regel mit der letztgenannten Entscheidungsregel angesehen werden.

Ähnlich ist die Regel von HODGES und LEHMANN eine Mischung aus Wald- und Bayes-Regel. Der Mischungsparameter λ ist ein Maß für das Vertrauen, das man in die (a priori-) Wahrscheinlichkeitsverteilung (p_k) setzt. Bei $\lambda = 1$ ist das Vertrauen ungetrübt, und die Bayes-Regel kommt ungeschmälert zum Zuge. Bei $\lambda = 0$ wird im Gegenteil die Wahrscheinlichkeitsverteilung völlig unberücksichtigt gelassen und nach dem Minimaxkriterium entschieden.

Es ist klar, daß man durch (gegebenenfalls mehrfache) Mischung aus den elementaren Entscheidungsregeln [z.B. (1), (4), (5)] mannigfache komplexe Kriterien zusammensetzen kann, die sich u.U. als recht elastisch erweisen können, d.h. den verschiedensten individuellen Bedürfnissen des Entscheidenden angepaßt werden können[1].

Eine ganz andere Modifikation der Wald-Regel stellt das Entscheidungskriterium von SAVAGE bzw. NIEHANS dar. Der Ausdruck max $u_{hk} - u_{ik}$ kann als Opportunitätsverlust interpretiert werden, der bei Ergreifen der Aktion a_i anfällt, wenn s_k der wahre (wenn auch unbekannte) Zustand der Welt ist. Denn er mißt den Nutzenunterschied des Ergebnisses der Aktion a_i zu dem bestmöglichen Ergebnis, das man bei Kennt-

---

[1] Vgl. MENGES [1963a].

nis des Zustandes s_k durch Ergreifen der optimalen Aktion erreichen könnte. Er ist zugleich ein Maß des Bedauerns (englisch: regret), das man beim nachträglichen Bekanntwerden des wahren Zustandes der Welt empfindet, etwa nach dem Motto: „Hätte ich nur diese andere Aktion ergriffen". Freilich, nachher ist man immer klüger. Regel (3), die Minimax-Regret-Regel, sucht sich gegen solche wehleidigen ex post-Klagen von vornherein zu schützen, indem sie den maximalen Opportunitätsverlust minimiert. Sie erscheint übrigens hier wieder in der Form einer Maximin-Regel[1], da die Opportunitätsverluste sämtlich mit einem Minuszeichen versehen, also als negative Opportunitäts- gewinne geschrieben worden sind. Die Savage-Niehans-Regel hat den schwerwiegenden Nachteil, daß sie die Präferenzordnung auf dem Aktionsraum beim Hinzufügen neuer oder Fortlassen alter Handlungs- alternativen ändert. Dabei kann es vorkommen, daß eine (im Sinne des Kriteriums) optimale Aktion ihre Eigenschaft, optimal zu sein, dadurch verliert, daß eine andere, nicht optimale Aktion aus dem Raum zulässiger Aktionen ausgeschlossen wird[2].

In der statistischen Entscheidungstheorie wurden alle Kriterien aus- probiert, doch scheinen die Minimax- und die Bayes-Regel (bzw. das mit dieser zusammenhängende Bernoulli-Prinzip — man vergleiche S. 64) den anderen den Rang abgelaufen zu haben und in einem scharfen Wettstreit miteinander zu liegen. Dabei kann die Laplace-Regel, die CHERNOFF [1954] propagiert, als Grenzfall der Bayes-Regel angesehen werden, für den Fall nämlich des sog. mangelnden Grundes (dafür, daß einer der Zustände gegenüber den anderen größere Chancen haben sollte). Auch die Minimax-Regel wird gelegentlich als Spezialfall der Bayes-Regel angesehen, indem man eine solche Wahrscheinlichkeits- verteilung für die Zustände der Welt postuliert, wie sie ein rational handelnder Gegenspieler (im Falle eines Zwei-Personen-Nullsummen- Spiels) als gemischte Strategie anwenden würde. Diese an Aberglauben grenzende Identifizierung der indifferenten Welt mit einem rationalen Gegenspieler ist jedoch offenbar eine künstliche Konstruktion[3], so nützlich sie als Kunstgriff bei der Lösung konkreter Entscheidungs- probleme nach der Minimax-Regel auch sein mag[4]. Ihre Künstlichkeit enthüllt sich, wenn man bedenkt, daß diese Wahrscheinlichkeitsverteilung allein von der Entscheidungsmatrix abhängt und daher bei jeder Ände- rung dieser Matrix — z.B. bei der Entdeckung neuer Handlungsmöglich- keiten des Entscheidenden — sich ebenfalls ändert. Der Bayes-Fall

---

[1] Vgl. Fußnote 1 von S. 21.

[2] Vgl. auch die Diskussion auf S. 21 ff.

[3] Das Minimax-Kriterium läßt sich freilich auch unabhängig von einer solchen Konstruktion einigermaßen begründen. Vgl. z.B. MILNOR [1954].

[4] Vgl. WALD [1950].

hingegen setzt Wahrscheinlichkeiten für die Zustände voraus, die zwar auch subjektiver Natur sein mögen, aber unabhängig sind von den möglichen Aktionen und deren Ergebnissen.

Entscheidungsprobleme mit vorgegebenen Wahrscheinlichkeiten werden uns später ausschließlich beschäftigen, wobei das Bayes-Prinzip nur ein Entscheidungskriterium unter vielen darstellen wird. Eine Kritik der einzelnen Kriterien (die sich ja gegenseitig widersprechen) können wir uns daher jetzt ersparen[1]. Sie wird für den Risikofall nachgeholt (vgl. S. 33, 107 f. und S. 111).

Ein typisches Entscheidungskriterium vom Typ II ist das

(7) *Ordnungsprinzip* (auch *ordinales Prinzip*):

Die Aktionen jedes Entscheidungsproblems sind vermöge der Präferenzrelation einfach, schwach geordnet. Das heißt (vgl. S. 11):

(a) Für je zwei Aktionen a_i, a_j gilt $a_i \gtrsim a_j$ oder/und $a_j \gtrsim a_i$.

(b) Wenn $a_i \gtrsim a_j$ und $a_j \gtrsim a_k$, dann ist $a_i \gtrsim a_k$ (Transitivität).

Mit diesem Prinzip kann also keine bestimmte Präferenzrelation aufgefunden werden; es fordert ja nur, daß die noch zu suchende Präferenzrelation gewisse Eigenschaften (a) und (b) besitzen soll und schränkt somit den Bereich der überhaupt möglichen Präferenzrelationen wesentlich ein. In diesem Sinne gehört das ordinale Prinzip zu den Kriterien des Typs II. Es wird von allen früher genannten Entscheidungsregeln erfüllt.

Von ganz anderem Charakter ist das

(8) *Dominanz-Prinzip*:

$$a_i \gtrsim a_j, \quad \text{wenn} \quad u_{ik} \geq u_{jk} \quad \text{für alle } k.$$

Eine Aktion wird danach also einer anderen vorgezogen (oder ist zu dieser indifferent), wenn zu jedem möglichen Zustand der Welt das Ergebnis der einen zumindest nicht schlechter ist als das der anderen.

Das Prinzip erscheint so selbstverständlich, daß ein Verstoß dagegen vermutlich von jedermann als unrational angesehen würde. In der Tat wird es von allen vorher genannten Entscheidungsregeln erfüllt.

In der Entscheidungsmatrix auf S. 22 wird die Aktion a_2 von den beiden anderen dominiert. Entsprechend ist sie bei keiner der angegebenen Entscheidungsregeln optimal.

Übrigens ist das Dominanzprinzip verwandt mit dem Prinzip des sog. Pareto-Optimums in der Wohlfahrtstheorie. Was hier die Zustände der Welt sind, denen bei einer bestimmten projektierten Aktion je ein Nutzen zukommt, sind dort die einzelnen Individuen der Gesellschaft,

---

[1] Siehe aber MILNOR [1954].

die bei einer bestimmten Einkommens- bzw. Vermögensverteilung je einen Betrag an Nutzen „konsumieren". Freilich ist das Pareto-Prinzip weniger plausibel als das entsprechende Dominanz-Prinzip, da sich letzteres nur auf eine Person bezieht und daher die ganze Problematik des interpersonellen Nutzenvergleichs fortfällt.

Das Prinzip stellt in der Menge der Aktionen eine partielle Ordnung[1] her, die jedoch nur in Ausnahmefällen zu einer eindeutigen Entscheidung führt. Insofern als es nur in gewissen Fällen eindeutig eine Präferenz festgelegt, in anderen Fällen hingegen offenläßt, welche Aktion vorzuziehen ist, insofern ist das Dominanzprinzip keine Entscheidungs*regel*, sondern eben nur ein Entscheidungs*prinzip*. Es unterscheidet sich von dem vorangehenden darin, daß es immerhin einige Präferenzen festlegt. Man könnte von einer *Teilentscheidungsregel* sprechen[2]. Im Extremfall werden von einem Entscheidungsprinzip dieses Typs nicht nur einige, sondern alle Präferenzen im Bereich $\mathscr{A}$ festgelegt; dann aber liegt eine Entscheidungs*regel* vor, die mithin als Grenzfall eines Entscheidungsprinzips aufgefaßt werden kann.

Allgemein nähert sich ein Entscheidungsprinzip um so mehr dem Charakter einer Entscheidungsregel, je weniger Präferenzvorschriften zugelassen sind. Man kann auch sagen, daß ein Entscheidungsprinzip sich allmählich in eine Entscheidungsregel verwandelt, wenn mehr und mehr zusätzliche Forderungen an die zulässigen Präferenzvorschriften gestellt werden. Beispielsweise ist das Hurwicz-Kriterium mit unbekanntem Optimismusparameter ein Entscheidungsprinzip und wird erst dann zur Regel, wenn dieser zusätzlich angegeben ist.

So sind auch fast alle Entscheidungskriterien für Risikosituationen, die im zweiten Kapitel aufgeführt sind, Entscheidungsprinzipien und werden erst nach genaueren Angaben − z.B. über die Präferenzfunktion (S. 48) oder über die Nutzenfunktion (S. 64) − zu Entscheidungsregeln.

Oft kann eine Entscheidungsregel (oder ein kompliziertes Prinzip) in einfache Entscheidungsprinzipien − wie etwa das ordinale Prinzip − zerlegt werden derart, daß diese zusammengenommen die Regel (oder das Prinzip) ausmachen. Die Entscheidungsregel erscheint dann gerade so plausibel und vernünftig wie ihre Teilprinzipien. Geschieht eine solche Zerlegung zum Zwecke der rationalen Begründung einer Regel (oder eines Prinzips), dann sprechen wir von einer *Rationalitätsanalyse* eines Entscheidungskriteriums. Analysen der Regeln (1) bis (4) findet man bei MILNOR [1954]. Mit der Rationalitätsanalyse des Bernoulli-Prinzips wird sich der Abschnitt 2.3.3. befassen.

---

[1] ARROW spricht von einem „unanimity quasi-ordering": ARROW [1951b], S. 35f.

[2] ADAMS [1960] führt diesen Typ eines Entscheidungskriteriums getrennt neben den Typen I und II an.

1.3. Die Risikosituation

1.3.1. Wahrscheinlichkeiten

Wir werden uns in den folgenden Ausführungen nur noch mit Risikosituationen befassen, mit Ungewißheitssituationen also, bei denen für die Zustände der Welt gewisse Wahrscheinlichkeiten ihres Auftretens vorliegen und dem Entscheidenden bekannt sind (stochastische Welt). Sie treten öfter auf, als gelegentlich angenommen wird[1].

Im Bereich der Unternehmensforschung (operations research) seien nur drei Problemkreise genannt, die sich fast ausschließlich mit Risikosituationen befassen: das stochastische Programmieren, die stochastische Lagerhaltungstheorie und die Warteschlangentheorie. Risikosituationen sind die „Ware", mit denen Versicherungsgesellschaften gewöhnlich und Lotterien ausnahmslos handeln. So sind die Sterbewahrscheinlichkeiten wesentlich zu berücksichtigen bei der Festsetzung von Lebensversicherungsprämien. Auch die normalen Schadensversicherungen werden mit Hilfe von Wahrscheinlichkeitsverteilungen (nämlich für die Schadenshäufigkeit und -höhe pro Jahr) bewertet. Im Glücksspiel findet man die Risikosituation in Reinform. Es ist daher bevorzugtes Studien- und Demonstrationsobjekt für die Wahrscheinlichkeitsrechnung einerseits und die Entscheidungstheorie (des Risikofalles) andererseits. Auch ist seine wirtschaftliche Bedeutung nicht ganz unerheblich (Staatslotterien, Zahlenlotto, Spielbanken). Dagegen ist die Basierung wirtschaftspolitischer Maßnahmen auf ein ökonometrisches Modell und damit auf eine stochastische Welt doch wohl etwas problematisch[2]. Ebenso dürfte die Annahme nur stochastisch variierender Aktienkurse als Grundlage zur optimalen Aufteilung eines Wertpapierportefeuilles nur approximativ gültig sein[3].

Das sind Grenzfälle von Risikosituationen, die schon zu der Ungewißheitssituation im engeren Sinne hinüberleiten. In der Tat tummeln sich zwischen den beiden Extremen, dem Risiko einerseits und der Ungewißheit i.e.S. andererseits, zahlreiche Misch- und Zwischenformen (vgl. S. 12). „These cases, as a matter of fact, are probably of greater practical importance than is either of the two extremes"[4]. Man kann annehmen, daß in fast jeder Ungewißheitssituation, die keine reine Risikosituation ist, doch mehr oder weniger versteckt Risikosituationen enthalten sind. Investitionsentscheidungen und Versicherungen ausgefallener Schadensfälle (LLOYD's) sind Beispiele.

---

[1] Die folgenden Beispiele für Risikosituationen werden z.T. im Anhang I ausführlich behandelt.
[2] Vgl. THEIL [1961], Kapitel VIII. Vgl. auch MARSCHAK [1955].
[3] Vgl. MARKOWITZ [1959].
[4] STARR und MILLER [1962], bes. S. 49.

Der typische Fall einer solchen Mischform ist das statistische Entscheidungsmodell. Es kann, wie wir wissen (vgl. S. 14 f.), auf das Grundmodell der Entscheidungstheorie, und zwar auf den Fall der Ungewißheit i. e. S. zurückgeführt werden. Doch sind dabei Risikosituationen zu bewerten, nämlich die Wahrscheinlichkeitsverteilungen der Ergebnisse, die aus der Anwendung der verschiedensten Entscheidungsfunktionen bei jeweils einem bestimmten Zustand der Welt resultieren. Wahrscheinlichkeiten treten auf, weil die Entscheidungsfunktionen auf Zufallsstichproben angewandt werden.

Auch die in der Spieltheorie und in der statistischen Entscheidungstheorie nach WALD verwendeten gemischten Strategien müssen wie Risikosituationen bewertet werden.

Entgegen einer verbreiteten Ansicht können objektive Wahrscheinlichkeiten vielfach auch für solche Ereignisse (Zustände der Welt) berechnet werden, die sich nicht ständig wiederholen, sofern sie sich nur aus anderen Ereignissen zusammensetzen (oder von solchen abhängen), die ihrerseits als beliebig oft wiederholbar gedacht werden können. Dabei kann die Art der Zusammensetzung selbst (historisch) einmalig sein. Die Ökonometrie macht z. B. von dieser Tatsache Gebrauch. Jedenfalls dürfte auch diese Beobachtung den potentiellen Anwendungsbereich für Risikosituationen ausweiten.

Schließlich hat der Fall des Risikos den Bereich der Ungewißheit i. e. S. mit der Einführung subjektiver Wahrscheinlichkeiten usurpiert. Danach können in jeder Ungewißheitssituation — die Spielsituation einmal ausgenommen — Wahrscheinlichkeiten (und zwar subjektive) für die Zustände der Welt angenommen werden. Zwar wird damit ein neues subjektives Element (neben dem Präferenzfeld) eingeführt, aber man kann mit diesen Größen genauso rechnen wie mit objektiven Wahrscheinlichkeiten. Diese werden übrigens oft nicht richtig eingeschätzt und in Entscheidungssituationen zu subjektiven deformiert.

RAMSEY [1931], DE FINETTI [1937] und SAVAGE [1954][1] haben die Existenz subjektiver Wahrscheinlichkeiten für rational handelnde Personen sehr plausibel gemacht. Genauer: Ein rationaler Mensch handelt nach diesen Theorien so, als ob er den Zuständen der Welt gewisse Wahrscheinlichkeiten zuteilt. Ihre direkte Ermittlung ist deshalb schwierig, weil der Betreffende seine Handlungen auch noch von seinen (ebenfalls zunächst verborgenen, weil subjektiven) Nutzenvorstellungen abhängig macht. Deshalb kann die subjektive Wahrscheinlichkeit für das Eintreffen eines Ereignisses (für das Bestehen eines Zustands der Welt) s nicht aus der Höhe des Einsatzes für eine Wette auf s erschlossen

---

[1] Bei SAVAGE findet man weitere Literaturhinweise. MARSCHAK [1955] nennt eine Entscheidungsregel, die subjektive Wahrscheinlichkeiten und Nutzen voraussetzt, „Ramsey-Norm".

werden[1]. Dagegen kann man schließen, daß s_1 als wahrscheinlicher angesehen wird als ein anderes Ereignis s_2, wenn eine Wette (beliebiger Höhe) lieber auf s_1 als auf s_2 eingegangen wird. Damit sind zunächst die subjektiven Wahrscheinlichkeiten für alle möglichen Ereignisse angeordnet. Sie lassen sich sodann numerisch approximieren durch Vergleich mit den (ebenfalls subjektiven) Wahrscheinlichkeiten der Ereignisse von Münz-Wurfserien.

RAIFFA und SCHLAIFER [1961] haben die Existenz subjektiver Wahrscheinlichkeiten zur Grundlage ihrer statistischen Entscheidungstheorie gemacht. Auch findet man bei ihnen eine axiomatische Begründung dafür. GRAYSON [1960] plädiert mit starken Argumenten für die Benutzung subjektiver Wahrscheinlichkeiten bei Investitionsentscheidungen unter Ungewißheit und zeigt die Fruchtbarkeit ihrer Anwendung am Beispiel der Investitionen zur Erdölförderung.

Die Bemerkungen dieses Abschnitts sollen die künftige Beschränkung auf den offenbar ungemein wichtigen Risikofall rechtfertigen.

1.3.2. Geldeinkommen

Um den Risikofall fester in den Griff zu bekommen, gestatten wir uns in Zukunft die vereinfachende Annahme, daß sämtliche Ergebnisse e_{ij} monetäre Einkommen sind.

Zumindest aber sollte eine kardinale Nutzenfunktion auf dem Ergebnisraum existieren; dann kann dieser Nutzen ohne Bedenken als eine Art „Einkommen" angesehen werden.

Die Bewertung von Ergebnissen mit Hilfe einer kardinalen Nutzenfunktion kann — wenigstens prinzipiell — auf verschiedenerlei Weise geschehen[2]. Kardinal ist ein Nutzen, wenn er bis auf die messende Nutzeneinheit und den Nutzennullpunkt eindeutig festgelegt ist. Er ist dann in der Tat einem monetären Einkommen formal ganz ähnlich. Auch ein Nullpunkt kann zumeist leicht eindeutig fixiert werden, jedenfalls dann, wenn ein „Ergebnis" (so wie ein Einkommen) als Veränderung des status quo verstanden wird, der dann eben diesen Nullpunkt markiert.

---

[1] So aber scheint BAYES [1763], der der modernen Schule der subjektiven Wahrscheinlichkeiten den Namen gegeben hat, vorgegangen zu sein. Vgl. MARSCHAK [1955]. Nach BAYES bedeutet die Aussage, jemandes persönliche Wahrscheinlichkeit für s sei z.B. gleich $\frac{1}{3}$, daß die betreffende Person bereit ist, mit dem Einsatz 2:1, aber keinem höheren Einsatz, auf das Eintreffen von s zu wetten. Dieses Verhältnis gibt jedoch zumeist ein verzerrtes Maß für die subjektive Wahrscheinlichkeit, weil ein Verlust von 2 Geldeinheiten vermutlich mehr als das Doppelte einer Geldeinheit wiegt, besonders dann, wenn große Beträge im Spiel sind. Erst wenn die Einsätze mit einer geeigneten Nutzenskala gemessen würden, bestünde die Möglichkeit, subjektive Wahrscheinlichkeiten durch die Höhe des Wetteinsatzes zu bestimmen.

[2] Vgl. SCHNEEWEISS [1963]. Auf die Bedeutung solcher Nutzenmessungen für die Sozialökonomik hat vor einigen Jahren wieder ALLAIS [1953] aufmerksam gemacht.

Kardinale Nutzen brauchen wir, weil erst dann viele Entscheidungskriterien, auf die es uns ankommt (nämlich solche, die gewisse Verteilungsparameter benutzen), sinnvoll werden. Daß wir diese Nutzen
mit monetären Einkommen gleichsetzen, geschieht offenbar nur aus
Gründen der Bequemlichkeit und schränkt die Allgemeingültigkeit der
folgenden Ausführungen nicht wesentlich ein.

Der Begriff des Einkommens ist hier jedoch sehr weit gefaßt und muß
für konkrete Situationen gegebenenfalls noch präzisiert werden. Gemeint
ist in erster Linie ein Geldbetrag, der dem Entscheidenden als Folge einer
ausgeführten Aktion als Gewinn zufließt bzw. als Verlust (negatives
Einkommen) anzurechnen ist. Sind die Gewinne (wie das z.B. bei
Anlageinvestitionen üblich ist) zeitlich verteilt, dann sind sie durch geeignete Diskontierung auf einen Zeitpunkt zu beziehen, um sie durch
einen einzigen numerischen Betrag ausdrücken zu können. Oft existiert
ein normaler, konstant bleibender Einkommensstrom; dann brauchen
nur die aus besonderen Aktionen resultierenden *zusätzlichen* Gewinne
als Einkommen im Sinne der Entscheidungstheorie angesehen zu werden.

Schließlich ist auch in manchen Risikosituationen die Verwendung
des Vermögensbegriffes anstelle des Einkommens denkbar. Die Ergeb-
nisse e_{ij} sind dann identisch mit verschiedenen Vermögen, in deren
Besitz sich der Entscheidende mit gewissen Wahrscheinlichkeiten be-
finden kann. Offenbar läßt die Verwendung von Vermögen (allgemeiner:
Zuständen) anstelle von Einkommen (Zustandsänderungen) eine duale
Beschreibung einer Risikosituation zu, die zur ersten äquivalent ist. Der
Übergang von der einen Darstellung zur anderen erfordert lediglich die
Kenntnis des Anfangsvermögens (-zustandes) des Entscheidenden.
MASSÉ [1953] plädiert für den Aufbau einer Ungewißheitstheorie mit
dem Vermögensbegriff, weil dann die Nutzenbewertung der Ergebnisse
unabhängig vom Anfangszustand des Entscheidenden wird. Ebenso
sind die Nutzenfunktionen von DANIEL BERNOULLI [1738] und von
FRIEDMAN und SAVAGE [1948] auf Grund von Vermögenswerten konstruiert, während die von MARKOWITZ [1952] auf dem Einkommen
basiert[1]. Auch in dieser Abhandlung soll das Ergebnis e_{ij} grundsätzlich
als ein Einkommen verstanden werden. Doch sollte eine Uminterpreta-
tion auf den Vermögensbegriff in jedem Fall leicht durchführbar sein.

Aus jeder Aktion des Entscheidenden resultiert also je nach dem
tatsächlich eintretenden Zustand der Welt ein bestimmtes Einkommen.
Da aber jeder Zustand nur mit einer gewissen Wahrscheinlichkeit eintritt, wird auch das zugehörige Einkommen nur mit eben dieser Wahrscheinlichkeit zu erwarten sein. Mit anderen Worten: Jeder Aktion entspricht eine bestimmte *Wahrscheinlichkeitsverteilung des Einkommens.*
Anstatt nun die Aktionen eines Entscheidungsproblems zu bewerten und

---

[1] Vgl. S. 66 f.

anzuordnen, kann man dasselbe für die Wahrscheinlichkeitsverteilungen direkt tun. Wir können also auf den Begriff der Aktion nunmehr verzichten und ihn durch den der Wahrscheinlichkeitsverteilung (des Einkommens) ersetzen.

Auch wird die Beschränkung auf eine endliche Zahl von Zuständen künftig fallengelassen. Die zu bewertenden und zu vergleichenden Wahrscheinlichkeitsverteilungen sind also auf der ganzen (reellen) Zahlengerade definiert. Selbstverständlich ist der endliche Fall darin noch enthalten, vertreten durch diskrete Wahrscheinlichkeitsverteilungen.

Unsere Untersuchungen zusammenfassend, können wir jetzt eine Risikosituation kurz als eine Situation charakterisieren, die den Entscheidenden zur Wahl zwischen verschiedenen Wahrscheinlichkeitsverteilungen (über der reellen Zahlengeraden) zwingt.

Zweites Kapitel

Entscheidungskriterien für Risikosituationen

Im folgenden wird die Frage nach dem adäquaten Entscheidungskriterium für Risikosituationen aufgeworfen. In den letzten Jahrzehnten
ist von führenden Nationalökonomen und Statistikern ein ziemlich
reichhaltiger Komplex möglicher Kriterien vorgeschlagen worden.
Unter ihnen hat sich in letzter Zeit das nach BERNOULLI [1738] oder
auch nach v. NEUMANN und MORGENSTERN [1947] benannte Kriterium
der maximalen Nutzenerwartung fast ganz durchgesetzt, zumindest,
was seinen Gebrauch in theoretischen Erörterungen von Entscheidungsproblemen aller Art betrifft. In der Praxis werden freilich noch gern
ältere, weil einfacher zu handhabende Kriterien angewandt. Darüber
hinaus ist das Bernoulli-Prinzip noch mancherlei Kontroversen ausgesetzt. Mit seiner Begründung werden wir uns daher noch ausführlich
auseinandersetzen. Zunächst aber seien eine Reihe alternativer Kriterien
vorgeführt.

2.1. Grundlegende Kriterien

2.1.1. Die Grundannahme

In konkreten Entscheidungssituationen wird gewöhnlich nur aus
einem beschränkten Bereich möglicher Aktionen zu wählen sein, mithin
nur eine begrenzte Menge von Wahrscheinlichkeitsverteilungen zu beurteilen sein. Da es uns jedoch um universelle Entscheidungskriterien geht,
soll der Bereich der zu vergleichenden Wahrscheinlichkeitsverteilungen
so groß wie möglich sein. Es wird also zunächst die Menge W aller
(eindimensionalen) Wahrscheinlichkeitsverteilungen zugelassen.

Später sind kleinere Einschränkungen vorzunehmen, weil manche
Entscheidungskriterien sich nicht auf alle Wahrscheinlichkeitsverteilungen anwenden lassen. Im vierten Kapitel wird die Klasse der zu vergleichenden Verteilungen sogar ganz drastisch beschränkt − z.B. auf
den Bereich der Normalverteilungen −, wodurch viele Entscheidungskriterien, die bei uneingeschränkter Anwendung nicht sehr vernünftig
wären, erst sinnvoll werden.

Mit dieser Ausweitung der Klasse zu vergleichender Wahrscheinlichkeitsverteilungen, eine Ausweitung, die gewöhnlich den Rahmen eines
konkreten Entscheidungsproblems beträchtlich überschreitet, geht einher die Möglichkeit des Vergleichs verschiedener Entscheidungssituationen. Insofern man sich nämlich nur auf die Bewertung von Wahrscheinlichkeitsverteilungen konzentriert, wird es gleichgültig, in welcher

Risikosituation diese vorkommen. Genauer: Eine Wahrscheinlichkeitsverteilung des Einkommens kann in der verschiedensten Weise durch das
Zusammenspiel einer Welt und einer Aktion entstanden sein: sie wird
immer in der gleichen Weise bewertet; speziell können zwei verschiedene
Aktionen dieselbe Wahrscheinlichkeitsverteilung zur Folge haben: sie
gelten dann immer als indifferent. Dies ist nun in der Tat eine Grund-
voraussetzung, auf der die ganzen folgenden Untersuchungen basieren
und die daher explizite formuliert werden soll[1]:

Grundannahme: Auf der Menge W der Wahrscheinlichkeitsverteilungen (des Einkommens) existiert eine Präferenzrelation $\gtrsim$. Ob
eine Wahrscheinlichkeitsverteilung w_1 einer anderen w_2 vorgezogen
wird ($w_1 \succ w_2$) oder nicht, hängt einzig von w_1 und w_2 ab und nicht
von der Art, wie diese Wahrscheinlichkeitsverteilungen zustande
gekommen sind. Für $w_1 = w_2$ ist $w_1 \sim w_2$ (Indifferenz).

Die Grundannahme impliziert u.a., daß die Präferenzbeziehung
zwischen zwei Aktionen unabhängig ist von allen anderen Aktionen, die
ein Entscheidungsproblem eventuell noch zuläßt. Sie schließt also z.B.
die Savage-Niehans-Regel als Entscheidungskriterium aus.

Die Grundannahme ist ein Entscheidungsprinzip im Sinne des Abschnitts 1.2.1. Sie ist z.T. vom Typ einer Teilentscheidungsregel, insofern
nämlich, als sie für bestimmte Aktionen (solchen mit gleichen Wahrscheinlichkeitsverteilungen) Indifferenz festlegt.

Nun ist freilich durchaus denkbar, daß zwei verschiedene Aktionen
dieselbe Wahrscheinlichkeitsverteilung haben und doch die eine der
anderen vorgezogen wird, weil nämlich mit den Aktionen selbst, unabhängig von deren Ergebnissen, gewisse Wertvorstellungen verbunden
sind. Eine solche Situation zeigt jedoch nur, daß das Entscheidungsproblem nicht richtig formuliert worden ist. Jede mögliche Bewertung
der Aktionen an sich ist in den Nutzen- (hier Einkommens-) Vektor zu
übertragen, so daß die Aktionen selbst wertfrei werden. Das mag nicht
immer, sollte aber in der Regel durchführbar sein. Gleiches gilt für eine
mögliche Bewertung der Zustände an sich; auch diese sollten wertfrei
sein.

Aber nicht nur die unabhängig vom Entscheidungsproblem vorhandenen Qualitäten der Zustände der Welt sollen keinen Einfluß auf die
Beurteilung der resultierenden Wahrscheinlichkeitsverteilung haben, es
muß auch gleichgültig sein, welche Wahrscheinlichkeitsverteilung der

---

[1] Die folgende Grundannahme war natürlich schon in der zum Schluß des vorigen
Kapitels angegebenen Charakterisierung der Risikosituation implizite enthalten; ihre
explizite Herausstellung scheint mir aber zumindest der Deutlichkeit halber wichtig,
aber auch deshalb, weil sie keineswegs völlig selbstverständlich ist. Auch bei axiomatischen Begründungen des Bernoulli-Nutzens wird sie bisweilen explizite angeführt.
Vgl. z.B. LUCE und RAIFFA [1957].

Zustände die vorliegende Wahrscheinlichkeitsverteilung des Einkommens generiert hat.

Kommen z. B. in einer Entscheidungsmatrix mit den vier Zuständen s_1 bis s_4, die mit den Wahrscheinlichkeiten 0,1; 0,4; 0,2; 0,3 eintreten können, die folgenden beiden Aktionen samt ihren möglichen Ergebnissen (= Einkommen) vor:

$$
\begin{array}{c|cccc}
 & s_1 & s_2 & s_3 & s_4 \\
\hline
a_1 & 2 & 1 & 2 & 0 \\
a_2 & 0 & 1 & 0 & 2
\end{array}
$$

dann ist gemäß der Grundannahme $a_1 \sim a_2$, denn beide Aktionen erzeugen dieselbe Wahrscheinlichkeitsverteilung w des Einkommens: $w(0)=0,3$; $w(1)=0,4$; $w(2)=0,3$.

Das folgende Beispiel veranschaulicht diesen Sachverhalt in einer konkreteren Situation: Es kann eine Wahrscheinlichkeitsverteilung, die die Einkommen 2, 1, 0 mit den Wahrscheinlichkeiten $\frac{1}{4}$, $\frac{1}{2}$, $\frac{1}{4}$ eintreten läßt, durch eine Zufallsziehung aus einer Urne mit einem mit 2 bewerteten Los, zwei mit 1 bewerteten Losen und einer Niete repräsentiert werden. Dieselbe Wahrscheinlichkeitsverteilung aber erhält man, wenn die Urne 25 Zweierlose, 50 Einerlose und 25 Nieten enthält. Schließlich könnte die Wahrscheinlichkeitsverteilung auch durch eine doppelte Ziehung zustande kommen: In einer ersten Urne sind zwei Sorten Lose zu gleichen Teilen gemischt; wird die erste Sorte gezogen, erhält man 1, andernfalls ist aus einer zweiten Urne zu ziehen, die ebenfalls zu gleichen Teilen Zweierlose und Nieren enthält. Zahllose andere Möglichkeiten zur Generierung der gewünschten Wahrscheinlichkeitsverteilung sind denkbar. Je komplizierter eine solche Lotterie, um so größeren Reiz könnte sie auf manchen ausüben (Spielernatur); umgekehrt, kann man sich auch vorstellen, daß kompliziertere Spiele langweilen, da es zu lange dauert, bis das Ergebnis erscheint, während die Wahrscheinlichkeitsverteilung ja doch immer dieselbe ist. Der Reiz eines kompliziert mehrfach gestaffelten Spiels liegt natürlich darin, daß sich während des Spielablaufs die bedingte Wahrscheinlichkeitsverteilung für den Ausgang ständig ändert. Am Anfang jedes solchen Spiels aber ist die Wahrscheinlichkeitsverteilung des Ausgangs immer dieselbe. Deshalb erscheint die Elimination des Spielreizes an sich als für einen kühl-rational Handelnden durchaus plausibel. Diesem erscheinen die unterschiedlichsten Zufallsmechanismen als gleichwertig (indifferent), solange sie dieselbe Wahrscheinlichkeitsverteilung erzeugen. Er verhält sich gemäß unserer Grundannahme. Immerhin ist der Nutzen oder auch Unnutzen (disutility) eines Glücksspieles bisweilen ein unangenehmes Problem für die Entscheidungstheorie und mehr noch für die Durchführung von Entscheidungsexperimenten.

Man beachte, daß die Grundannahme nicht die Vergleichbarkeit aller Wahrscheinlichkeitsverteilungen voraussetzt. Es wird also nicht gefordert, daß zu je zwei w_1, w_2 entweder $w_1 \succsim w_2$ oder $w_2 \succsim w_1$ sein müßte. Die Unvergleichbarkeit zweier Wahrscheinlichkeitsverteilungen ($w_1 \not\succsim w_2$ und $w_2 \not\succsim w_1$) ist nicht mit der Indifferenz zu verwechseln ($w_1 \succsim w_2$ und $w_2 \succsim w_1$). Ist letztere schon schwierig zu deuten, wenn man behavioristische Maßstäbe anlegt, so fällt eine Interpretation der Unvergleichbarkeit besonders schwer. Sie entspricht einer Situation, da man sich nicht entscheiden mag, nicht weil einem die Konsequenzen der Entscheidung alle gleichwertig (indifferent) erscheinen, sondern weil man das Problem noch nicht bis ins letzte analysiert hat, weil einem (noch) nicht klar ist, welches Ergebnis (welche Wahrscheinlichkeitsverteilung) man vorziehen würde. Eine solche Haltung widerspricht den idealen Vorstellungen vom rational Handelnden, der mit „unendlich kleiner Reaktionszeit" minimale Nutzenunterschiede feststellen kann. Sie wird denn auch aufgrund der folgenden Hypothese ausgeschlossen.

2.1.2. Das ordinale Prinzip

Die Wahrscheinlichkeitsverteilungen aus W sind vermöge der Präferenzrelation $\succsim$ schwach, einfach geordnet. Das heißt:

(1) Aus $w_1 \sim w_2$ folgt $w_1 \succ w_2$ oder $w_1 \prec w_2$.
(2) Aus $w_1 \succsim w_2$ und $w_2 \succsim w_3$ folgt $w_1 \succsim w_3$.

Dieses Entscheidungsprinzip haben wir schon im Zusammenhang mit der Entscheidungsmatrix kennengelernt (S. 25). Dort war es auf die Präferenzrelation im Bereich $\mathscr{A}$ der Aktionen bezogen, hier — in Übereinstimmung mit der Grundannahme — auf die Präferenzrelation im Bereich W der Wahrscheinlichkeitsverteilungen.

Das ordinale Prinzip erscheint — zumindest auf den ersten Blick — völlig plausibel, ja geradezu trivial. Dennoch ist es keineswegs inhaltsleer. Einmal fordert es nach (1) die unbeschränkte Vergleichbarkeit aller Wahrscheinlichkeitsverteilungen; zum anderen ist die Transitivität (2) der Präferenzrelation empirisch nachprüfbar und gestattet daher einen Test des ordinalen Prinzips. Atransitivitäten widersprechen nicht den Gesetzen der Logik, und sie sind in der Empirie auch durchaus anzutreffen[1]. Der Grund hierfür mag in der oft schwierigen Beurteilung von komplizierten Wahrscheinlichkeitsverteilungen liegen. Auch kann die Existenz einer Unterschiedsschwelle in der Wahrnehmung von Nutzendifferenzen[2] zyklische Präferenzen, also Atransitivitäten, verursachen.

---

[1] Vgl. z.B. MAY [1954].
[2] Nach KRELLE auch „Fühlbarkeitsschwelle". KRELLE [1961], bes. S. 112ff. Vgl. auch SCHNEEWEISS [1963]. Der aus der Psychologie stammende Begriff des Schwellenwertes wurde von ARMSTRONG [1939] in die Nutzentheorie eingeführt.

3*

Besonders problematisch ist die Annahme der Transitivität bei der In-
differenzrelation $\sim$. Denn Indifferenz bedeutet doch oft nur, daß die
Stärke der Präferenz noch unter dem Schwellenwert der Wahrnehmbar-
keit liegt. Daher kann es leicht vorkommen, daß etwa $a_1 \sim a_2$, $a_2 \sim a_3$,
$a_3 \sim a_4$, aber vielleicht schon $a_4 \succ a_1$, weil die unterschwelligen Präferenzen sich aufsummierten und bewußt wurden. Die Empirie bestätigt
also nur bedingt die Transitivität von Präferenzen[1]. Die

In normativer Sicht jedoch erscheint das ordinale Prinzip als Postu-
lat für rationales Verhalten durchaus annehmbar. Atransivitäten versucht der rational Entscheidende zu vermeiden. Wo sie ihm unterlaufen,
trachtet er danach, seine Präferenzrelation zu korrigieren.

Das ordinale Prinzip soll im folgenden in einer etwas stärkeren Form
verwandt werden, als eingangs angegeben. Dadurch wird eine größere
Angleichung an die später noch anzuführenden Entscheidungskriterien
erreicht. In seiner neuen Form lautet das

ordinale Prinzip:

   Es existiert ein sog. Präferenzfunktional[2] Ψ, das jeder Wahrscheinlichkeitsverteilung $w \in W$ eine reelle Zahl $\Psi[w]$ zuordnet derart, daß
für je zwei $w_1, w_2 \in W$

$$\Psi[w_1] \geqq \Psi[w_2] \quad \text{äquivalent mit} \quad w_1 \succsim w_2$$

ist.

Das Präferenzfunktional ist natürlich nur bis auf eine monotone
Transformation bestimmt, d.h.: ist Ψ ein Präferenzfunktional für W
und U eine (reelle) streng monoton steigende Funktion [d.h. aus $x_1 > x_2$
folgt $U(x_1) > U(x_2)$ und umgekehrt], dann ist auch $\overline{\Psi} = U \circ \Psi$ ein Präferenzfunktional:

$$\overline{\Psi}[w] = U(\Psi[w]).$$

---

[1] Man gelangt zu einem transitiven, der Empirie aber besser angepaßten Präferenz-
begriff, wenn man ihn stochastisch interpretiert. Vgl. etwa LUCE [1958]. Vgl. auch
DAVIS [1958].

[2] Der Ausdruck geht in diesem Zusammenhang auf TINTNER zurück; vgl. etwa
TINTNER [1941a]. Derselbe [1941b].
   Ein Funktional ist eine Zuordnungsvorschrift, die jeder Funktion (eines Bereichs)
— als Ganzes — eine Zahl beiordnet; dagegen ist eine Funktion eine Vorschrift, die
jeder Zahl (eines Bereichs) wieder eine Zahl zuordnet. So jedenfalls wird in der Funk-
tionalanalysis definiert, und diese Definitionen liegen dem Begriff des Präferenzfunktionals zugrunde, ist doch auch w keine Zahl. Vielmehr wird die Wahrscheinlichkeitsverteilung w durch eine Funktion, die (kumulative) Verteilungsfunktion, beschrieben. Auf der anderen Seite wird in der modernen Mathematik der Begriff der Funktion
in einem viel weiteren Sinne verstanden, als daß er sich nur auf Zahlen beziehen würde.
Ein Funktional ist in diesem Sinne auch eine (freilich spezielle) Funktion. Daher wäre
auch die Bezeichnung „Präferenzfunktion" für Ψ gerechtfertigt; doch wollen wir diese
später in einem anderen Zusammenhang verwenden. Eine andere gebräuchliche Bezeichnung ist „(ordinale) Nutzenfunktion auf W".

Denn mit $\Psi[w_1] \geq \Psi[w_2]$ ist (wegen der Monotonie von U) auch $\overline{\Psi}[w_1] \geq \overline{\Psi}[w_2]$ und umgekehrt. Beide Ungleichungen sind also miteinander und daher auch mit der Präferenzbeziehung $w_1 \succsim w_2$ äquivalent. Sind umgekehrt Ψ und $\overline{\Psi}$ zwei Präferenzfunktionale, die dieselbe Präferenzrelation repräsentieren, dann muß $\overline{\Psi} = U \circ \Psi$ mit einer geeignet gewählten, streng monoton steigenden Funktion U sein.

Aus dem ordinalen Prinzip folgen die analogen Äquivalenzen:

$$\Psi[w_1] = \Psi[w_2] \quad \text{ist äquivalent mit} \quad w_1 \sim w_2 \,,$$

$$\Psi[w_1] > \Psi[w_2] \quad \text{ist äquivalent mit} \quad w_1 \succ w_2 \,.$$

Aus der Existenz eines Präferenzfunktionals folgt offenbar, daß die Relation $\succsim$ eine schwache, einfache Ordnung ist, und umgekehrt folgt aus einer solchen Relation, wenn sie noch einige topologische Eigenschaften erfüllt, die Existenz eines Präferenzfunktionals[1]. Die beiden Formulierungen des ordinalen Prinzips sind somit fast äquivalent. Die zweite ist etwas stärker und soll, wie schon gesagt, den folgenden Ausführungen zugrunde liegen.

Aus dem ordinalen Prinzip folgt übrigens auch die Existenz einer (schwachen) einfachen Präferenzordnung für die Einkommen selbst, wie man sofort erkennt, wenn man für jedes Einkommen x die zugehörige ausgeartete Wahrscheinlichkeitsverteilung setzt, die also x mit der Wahrscheinlichkeit 1, alle anderen Einkommen mit der Wahrscheinlichkeit 0 eintreten läßt. Überhaupt kann x immer entweder ein bestimmtes Einkommen oder die entsprechende ausgeartete Wahrscheinlichkeitsverteilung bedeuten; im zweiten Fall ist $x \in W$.

In der Regel wird ein höheres Einkommen einem niedrigeren vorgezogen. Dieses Verhalten sei als normal gekennzeichnet:

Normalfall (Monotonieprinzip): Mit $x_1 > x_2$ ist auch $x_1 \succ x_2$.

Natürlich sind Ausnahmen denkbar (z.B. Furcht vor Raub bei zu hohem Einkommen), weshalb der Normalfall nicht als zwingendes Verhaltensprinzip eingeführt werden soll. Immerhin wird im folgenden an den entsprechenden Stellen ein abweichendes Verhalten jeweils vermerkt[2].

Ist das ordinale Prinzip die einzige Richtlinie, an die sich ein rational Handelnder zu halten hat? Ist etwa die Auswahl einer Präferenzordnung völlig seinem Geschmack, seiner Willkür überlassen? Keineswegs, sofern

---

[1] Vgl. DEBREU [1954].

[2] Der Normalfall ist notwendig erfüllt, wenn die Variable x einen (kardinalen) Nutzen bedeutet, weil höhere Nutzenwerte ex definitione vorgezogen werden. Stellt dagegen x nur die Menge eines (zu konsumierenden) Gutes dar, dann ist der Normalfall keineswegs eine zwingende Verhaltensnorm. Oberhalb eines Sättigungswertes wird die Präferenzbeziehung umschlagen, so daß kleinere Mengen den größeren vorgezogen werden.

er mit dem Anspruch, rational handeln zu wollen, auftritt. Mindestens noch ein einschränkendes Prinzip ist zu befolgen:

2.1.3. Das Dominanzprinzip

Es sei x_w eine (reelle) Zufallsvariable mit der Wahrscheinlichkeitsverteilung w und $x' = f(x)$ eine (reelle, meßbare) Funktion, die jedem Einkommen x ein günstigeres $x' \succ x$ zuordnet. w' sei die Wahrscheinlichkeitsverteilung von $f(x_w)$. Dann ist $w' \succsim w$.

w' unterscheidet sich, grob gesprochen, nur dadurch von w, daß mit denselben Wahrscheinlichkeiten wie bei w bei w' günstigere Einkommen eintreten. Damit ist offenbar die ganze Risikosituation besser; und eben das ist die sehr plausible Aussage des Dominanzprinzips[1]. Es wurde übrigens für Entscheidungsmatrizen im Abschnitt 1.2.2. analog definiert.

Unter Umständen führt die Verbesserung einzelner Einkommen zu keiner Verbesserung (aber auch zu keiner Verschlechterung) der Gesamtsituation, weil gerade nur solche Einkommen erhöht wurden, die zusammengenommen mit Wahrscheinlichkeit 0 auftraten. Deshalb schreiben wir nicht $w_1 \succ w_2$ als Implikation des Dominanzprinzips, sondern nur $w_1 \succsim w_2$. Das Dominanzprinzip kann aber in einer stärkeren Form so angegeben werden, daß es diesen Fall explizit berücksichtigt. Hier möge die schwächere Form genügen.

Zur späteren Verwendung sei eine genaue Definition von w' gegeben:

Definition: Ist f eine reelle meßbare Funktion und geht w' aus der Wahrscheinlichkeitsverteilung w dadurch hervor, daß für jede Borel-meßbare Menge X reeller Zahlen $w'(X) = w(f^{-1}(X))$ ist[2], dann heißt w' die durch f transformierte Wahrscheinlichkeitsverteilung von w; w' wird auch mit w_f bezeichnet.

Beispiel: w sei eine diskrete Wahrscheinlichkeitsverteilung mit $w(1) = \frac{1}{4}$, $w(2) = \frac{1}{8}$, $w(3) = \frac{5}{8}$. Ferner sei $f(x) = x^2$, mithin $f(1) = 1$, $f(2) = 4$, $f(3) = 9$, dann ist $w' = w_f$ gegeben durch $w'(1) = \frac{1}{4}$, $w'(4) = \frac{1}{8}$, $w'(9) = \frac{5}{8}$. (Vgl. auch Abb. 2). Mit anderen Worten — und das gilt allgemein —, w_f verlagert die Wahrscheinlichkeitsmassen auf der Zahlengeraden (Einkommensgeraden) genau nach Maßgabe der Funktion f.

Dabei können Überlagerungen auftreten wie etwa im folgenden Beispiel: Es sei $w(-1) = \frac{1}{4}$, $w(1) = \frac{1}{8}$, $w(2) = \frac{5}{8}$ und wieder $f(x) = x^2$. Dann ist $w_f(1) = \frac{1}{4} + \frac{1}{8} = \frac{3}{8}$ und $w_f(4) = \frac{5}{8}$.

Im Normalfall kann jetzt das Dominanzprinzip einfacher formuliert werden:

---

[1] Es wurde übrigens schon von JACOB BERNOULLI [1713] aufgestellt.

[2] Das Zeichen w bezeichnet zunächst nur eine Wahrscheinlichkeitsverteilung, steht aber darüber hinaus für das zugehörige Wahrscheinlichkeitsmaß: $w(X)$ ist die Wahrscheinlichkeit (bezüglich der Wahrscheinlichkeitsverteilung w) dafür, daß x in X zu liegen kommt. Ein Wahrscheinlichkeitsmaß ist gewöhnlich nur auf den Borel-meßbaren Mengen erklärt; daher die in der Definition angeführten Einschränkungen.

Dominanzprinzip I im Normalfall: Es sei f eine zunehmende Funktion (d.h. es sei $f(x) \geq x$ für alle x) und w_f die durch f transformierte Wahrscheinlichkeitsverteilung von w, dann ist $w_f \gtrsim w$.

Man kann noch ein allgemeineres Dominanzprinzip formulieren[1], das allerdings in vielen Fällen mit dem ersten identisch ist, jedoch nur für den Risikofall formuliert werden kann, während das erstere Prinzip auch dann sinnvoll bleibt, wenn keine Wahrscheinlichkeitsverteilung gegeben ist (vgl. 1.2.2.). Wenn wir noch die Bezeichnung F_w für die Verteilungsfunktion von w einführen [$F_w(x)$ ist die Wahrscheinlichkeit dafür, daß ein Einkommen $\leq x$ eintritt, wenn w die bestehende Wahrscheinlichkeitsverteilung des Einkommens ist], lautet es:

Dominanzprinzip II im Normalfall: Ist $F_{w_1}(x) \geq F_{w_2}(x)$ für alle x, dann ist $w_2 \gtrsim w_1$.

Danach ist w_2 deshalb günstiger als w_1, weil für jedes x die Wahrscheinlichkeit, ein Einkommen zu erhalten, das x übersteigt, größer (oder jedenfalls nicht kleiner) ist, wenn die Wahrscheinlichkeitsverteilung w_2 zugrunde liegt, als wenn w_1 vorliegt.

Im Dominanzprinzip I werden die Einkommen verbessert, die Wahrscheinlichkeiten bleiben unverändert; im Prinzip II werden die Einkommen gelassen, aber die Wahrscheinlichkeiten geändert, und zwar so, daß sie für gewisse höhere Einkommen vergrößert und dafür für niedrigere Einkommen verkleinert werden.

Man könnte im ersten Fall von Nutzendominanz, im zweiten von Wahrscheinlichkeitsdominanz sprechen. Der Unterschied sei an dem Beispiel der Abb. 2 geometrisch illustriert.

Die beiden Prinzipien scheinen somit nichts miteinander gemein zu haben. Doch trügt der Schein. Die Beziehungen zwischen den beiden Prinzipien sind vielmehr recht eng, wie die beiden folgenden Sätze zeigen:

Satz 1: Das Dominanzprinzip II ist allgemeiner als das Dominanzprinzip I (II impliziert I).

Der Satz ist eine unmittelbare Folge des nachstehenden Hilfssatzes:

Hilfssatz 1: Ist f eine zunehmende Funktion, dann ist

$$F_w(x) \geq F_{w_f}(x).$$

Beweis: Mit der Bezeichnung A_x für die Menge aller Zahlen, die $\leq x$ sind, ist $F_{w_f}(x) = w_f(A_x) = w(f^{-1}(A_x))$, während $F_w(x) = w(A_x)$. Unsere Behauptung ist somit bewiesen, wenn wir nachweisen können, daß

---

[1] MASSÉ und MORLAT [1953]. Siehe auch MASSÉ [1953], [1954], [1959]. Die diesem Prinzip zugrunde liegende partielle Ordnung der Wahrscheinlichkeitsverteilungen wird in der statistischen Theorie, besonders in der Testtheorie, häufig benutzt. Vgl. z.B. LEHMANN [1955].

$f^{-1}(A_x) \subset A_x$. Sei $y \in f^{-1}(A_x)$, d.h. $f(y) \in A_x$, also $f(y) \leq x$, dann muß auch $y \leq x$, d.h. $y \in A_x$ sein, da andernfalls $f(y) \geq y > x$ wäre. Damit ist die behauptete Inklusion gezeigt und unser Satz bewiesen.

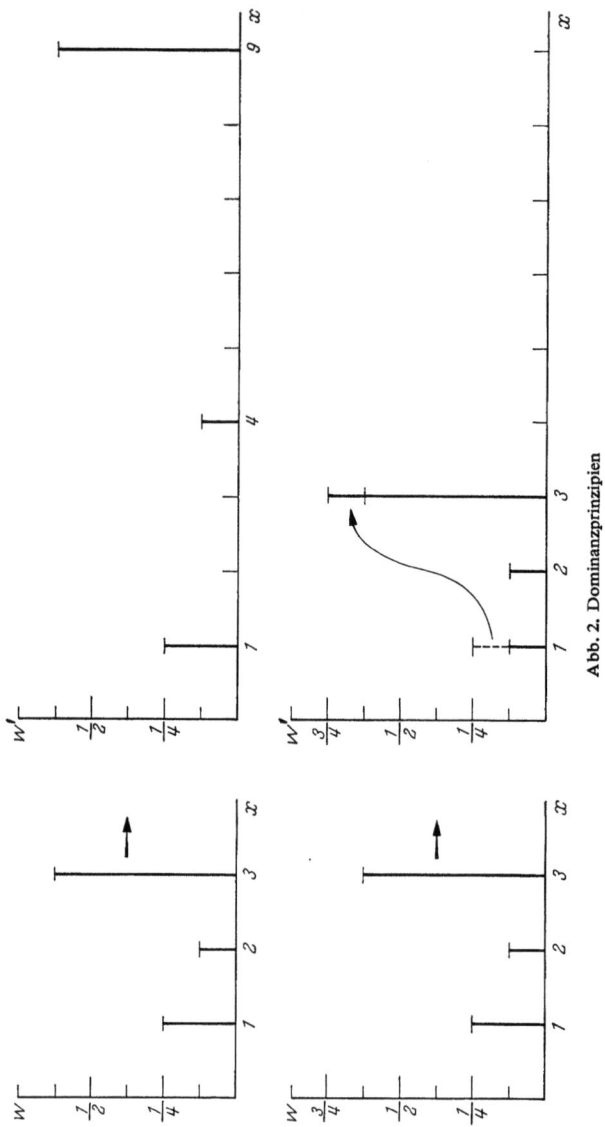

Abb. 2. Dominanzprinzipien

Um zu sehen, daß umgekehrt das Dominanzprinzip II Fälle umfaßt, die nicht zum Geltungsbereich von I gehören, genügt es, das zweite in Abb. 2 dargestellte Beispiel zu betrachten. Offenbar ist es nicht möglich,

nur durch Verschieben der x-Werte die links dargestellte Wahrscheinlichkeitsverteilung in die rechte überzuführen.

In gewissen Fällen folgt jedoch die Geltung des Dominanzprinzips II
aus der des Prinzips I. Genauer:

Satz 2: Sind F_1 und F_2 streng monoton steigende, stetige Verteilungsfunktionen der Wahrscheinlichkeitsverteilungen w_1 und w_2
und gilt das Dominanzprinzip I, dann gilt für diese Wahrscheinlichkeitsverteilungen auch das Dominanzprinzip II.

Der Satz folgt unmittelbar aus dem

Hilfssatz 2: Sind F_1 und F_2 streng monoton steigende, stetige
Verteilungsfunktionen der Wahrscheinlichkeitsverteilungen w_1 und
w_2 und ist $F_1(x) \geq F_2(x)$ für alle x, dann gibt es eine zunehmende
Funktion f, und zwar $f = F_2^{-1} \circ F_1$, derart, daß $w_2 = w_{1_f}$ ist.

Beweis: Wegen der vorausgesetzten Eigenschaften von F_2 ist F_2 in-
vertierbar und daher f auf der ganzen reellen Zahlengeraden definiert.
Auch ist f überall umkehrbar: $f^{-1} = F_1^{-1} \circ F_2$. f ist zunehmend, denn aus
$F_1(x) \geq F_2(x)$ folgt wegen der Monotonie von F_2 und damit von F_2^{-1}, daß
auch $F_2^{-1}(F_1(x)) \geq F_2^{-1}(F_2(x))$; das aber ist gleichbedeutend mit $f(x) \geq x$.
Darüber hinaus ist f streng monoton steigend, denn mit $x_1 > x_2$ ist
$F_1(x_1) > F_1(x_2)$ und daher $f(x_1) > f(x_2)$. F_f sei die Verteilungsfunktion
von w_{1_f}. Es ist zu zeigen, daß F_f mit F_2 übereinstimmt. Nun ist $F_f(x) =$
$w_1(f^{-1}(A_x))$. Aber $f^{-1}(A_x) = A_{f^{-1}(x)}$ wegen der Monotonie von f bzw.
f^{-1}. Daher ist $F_f(x) = F_1(f^{-1}(x)) = F_1 \circ F_1^{-1} \circ F_2(x) = F_2(x)$, was zu beweisen war (vgl. auch Abb. 3).

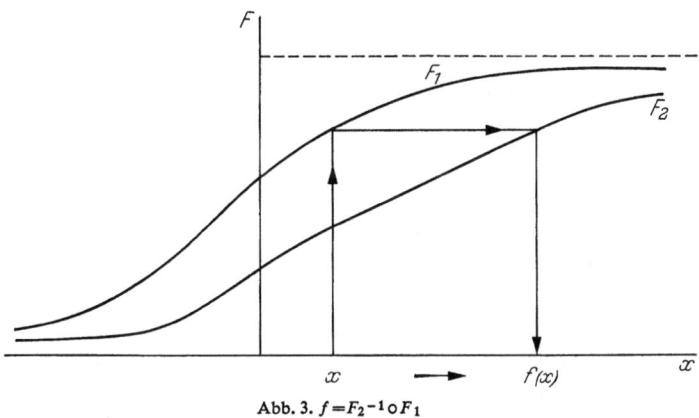

Abb. 3. $f = F_2^{-1} \circ F_1$

Bemerkung zum Satz 2: Die Konstruktion der zunehmenden Funktion f beruht wesentlich auf den angenommenen Eigenschaften der
Verteilungsfunktionen, streng monoton und stetig zu sein. Man kann

jedoch die erste der beiden Voraussetzungen fallen lassen, ohne die Behauptung von Satz 2 abschwächen zu müssen. Beweis und Konstruktion von f werden dann allerdings bedeutend komplizierter. Es kann also nur im Falle, daß eine der beiden Verteilungsfunktionen Unstetigkeitsstellen besitzt, vorkommen, daß die eine die andere Verteilung gemäß Prinzip II, aber nicht gemäß Prinzip I dominiert. Das kann insbesondere bei diskreten Verteilungen vorkommen, wofür der zweite Fall von Abb. 2 ein Beispiel ist. Immerhin lassen sich Unstetigkeitsstellen durch minimale Änderungen der Wahrscheinlichkeitsverteilungen gewissermaßen glattbügeln. Unstetige Verteilungsfunktionen sind (auch im topologischen Sinne) Randfälle der stetigen Verteilungsfunktionen. Das Dominanzprinzip II ist also nur insofern allgemeiner als das Prinzip I, als es noch gewisse Grenzfälle umfaßt, die das Prinzip I nicht mehr berücksichtigt.

Unsere Untersuchungen zeigten also, daß die beiden Dominanzprinzipien, so verschieden sie auch formuliert sein mögen, im wesentlichen identisch sind. Das zweite etwas stärkere, scheint das für Risikosituationen angemessene zu sein.

Wieder stehen wir vor der Frage, ob man über das Dominanzprinzip hinausgehende Restriktionen für die rationale Wahl eines Präferenzfunktionals angeben kann. Nach ALLAIS ist das nicht möglich[1]: Die ordinale Hypothese und das Dominanzprinzip — behauptet er — seien die einzigen Kriterien für rationales Verhalten. Ohne Zweifel sind diese so unmittelbar einleuchtend, daß man über ihre Gültigkeit leicht einen allgemeinen Konsensus herbeiführen kann. Doch leugnet die von ALLAIS so bezeichnete „Amerikanische Schule", daß man keine weiteren Rationalitätsforderungen stellen könne.

Bevor wir aber (in den Abschnitten 2.2. und 2.3.) auf weitere Präzisierungen des Präferenzfunktionals eingehen, sei ein wichtiger Begriff definiert.

2.1.4. Sicherheitsäquivalente

Es wird definiert: Ein *Sicherheitsäquivalent* (auch *Gewißheitsäquivalent*) einer Wahrscheinlichkeitsverteilung w ist ein (sicheres) Einkommen S, das zu w indifferent ist: $S \sim w$, für das also das Präferenzfunktional denselben Wert annimmt: $\Psi[S] = \Psi[w]$.

So mag es etwa einem Entscheidenden gleichgültig sein, ob er (aufgrund einer Aktion a_1) den Betrag 30 mit Sicherheit bekommt oder ob er (als Antwort auf eine Aktion a_2) die Chance hat, mit 40 % Wahrscheinlichkeit den Betrag 100 zu erhalten, mit 60 % Wahrscheinlichkeit aber leer auszugehen. Mit der zweiten Aktion hat er zwar die Möglichkeit, 100 zu gewinnen, aber ebensogut, ja sogar mit etwas größerer

---

[1] ALLAIS [1953c], insbesondere S. 518. Vgl. auch ALLAIS [1955].

Wahrscheinlichkeit (60%), kann er auch nichts bekommen. Auf der anderen Seite garantiert die erste Aktion den sicheren Betrag 30, der sich zwar zu dem möglichen Betrag 100 bescheiden ausnimmt, der aber dafür sicher ist. Es entspricht durchaus einem plausiblen Verhalten gegenüber diesen beiden Wahlmöglichkeiten, sie als indifferent zu betrachten. Bei einem niedrigeren sicheren Betrag (z.B. 29) würde der Entscheidende die ungewisse Chance, 100 zu gewinnen, vorziehen, bei einem höheren sicheren Betrag (z.B. 31) würde er diesen vorziehen, getreu dem Motto: Besser den Sperling in der Hand als die Taube auf dem Dach. Der Betrag 30, bei dem gerade Indifferenz herrscht, ist (in unserem angenommenen Beispiel) das Sicherheitsäquivalent zu der Wahrscheinlichkeitsverteilung w mit $w(100) = 0,4$ und $w(0) = 0,6$: $S = 30 \sim w$. Natürlich kann eine andere Person, vor dieselbe Alternativen gestellt, möglicherweise den sicheren Betrag 30 noch vorziehen und erst bei 28 Indifferenz empfinden. Dann ist 28 sein Sicherheitsäquivalent zu w.

Allgemein hängen die Sicherheitsäquivalente von dem Präferenzsystem eines Individuums ab. Jede Präferenzrelation auf W ordnet den Wahrscheinlichkeitsverteilungen von W andere Sicherheitsäquivalente zu. Umgekehrt bestimmen diese unter gewissen allgemeinen, noch zu erörternden Bedingungen die Präferenzrelation auf W.

Zunächst sei darauf aufmerksam gemacht, daß nicht notwendig jede Wahrscheinlichkeitsverteilung ein Sicherheitsäquivalent besitzt. Denkbar wäre etwa folgendes Verhalten: Der Entscheidende in unserem früheren Beispiel ziehe den Betrag 30 (und jeden höheren Betrag) der Wahrscheinlichkeitsverteilung w vor, jeden kleineren Betrag aber beurteile er entschieden ungünstiger als w. Da also alle sicheren Beträge entweder günstiger oder ungünstiger als w erscheinen und keiner zu w indifferent ist, gäbe es bei diesem Verhalten kein Sicherheitsäquivalent zu w. Natürlich ist ein solches Verhalten wenig plausibel. Verständlich wäre es, wenn die sicheren Beträge nur in ganzzahligen Schritten variieren könnten; dann wäre leicht vorstellbar, daß der Betrag 29 noch als entschieden schlechter als w angesehen würde, der nächsthöhere Betrag 30 aber schon als bedeutend besser als w. Bei kontinuierlich variierenden Einkommensbeträgen würde man aber sogleich einen Betrag irgendwo zwischen 29 und 30 vermuten, der gerade indifferent zu w ist. Daß es einen solchen nicht geben sollte, erscheint schwerlich vorstellbar, es sei denn, man nimmt eine unstetige Wertungsskala bei dem Entscheidenden an: Beträge von 30 und mehr werden bedeutend höher bewertet als Beträge unter 30, ohne daß ein stetiger Übergang vorhanden ist. Ein solches Verhalten wird durch das folgende Entscheidungsprinzip ausgeschlossen:

Stetigkeitsprinzip: Jede Wahrscheinlichkeitsverteilung besitzt (mindestens) ein Sicherheitsäquivalent.

Mit diesem Prinzip ist auch der — ebenfalls unplausible — Fall ausgeschlossen, daß eine Wahrscheinlichkeitsverteilung so hoch bewertet wird, daß sie jedem noch so hohen Betrag vorgezogen wird, und entsprechend der Fall einer Wahrscheinlichkeitsverteilung, die geringer bewertet wird als jeder noch so hohe Verlust.

Das Stetigkeitsprinzip wollen wir, so plausibel es uns erscheint, nicht als zwingende rationale Verhaltensnorm postulieren. Denn immerhin sind Verhaltensweisen denkbar, die auf so extreme Bewertungsunterschiede bei eng benachbarten Beträgen hinweisen, daß man dort gut und gern eine Unstetigkeitsstelle annehmen kann, selbst wenn eine genauere Untersuchung stetige Übergänge erkennen ließe. Man stelle sich etwa einen Mann in einer lebensbedrohenden Lage vor, dem gerade der Betrag 30 fehlt, um ihn (durch geeignete Bestechung) aus seiner Lage zu befreien. Jeder kleinere Betrag nützt ihm nichts; jeder höhere ist ihm gleichermaßen recht. Dieser Mann könnte zu unserer oben aufgestellten Wahrscheinlichkeitsverteilung w [mit $w(0)=0,6$ und $w(100)=0,4$] kein Sicherheitsäquivalent angeben. 30 und jeden höheren Betrag müßte er der ungewissen Chance, 100 zu gewinnen, vorziehen; jeder kleinere Betrag als 30 müßte ihm dagegen weniger wert sein als die Möglichkeit, eventuell 100 zu bekommen. Hier und in manchen anderen Fällen[1] ist also ein unstetiges Verhaltensprinzip durchaus sinnvoll. Abweichungen vom Stetigkeitsprinzip sollen aber ähnlich wie beim Monotonieprinzip vermerkt werden.

Wenn mit dem Stetigkeitsprinzip ausgeschlossen ist, daß es kein Sicherheitsäquivalent gibt, so bleibt noch die Möglichkeit, daß eine Wahrscheinlichkeitsverteilung zwei oder mehr Sicherheitsäquivalente besitzt. Das würde aber bedeuten, daß zwei (oder mehr) verschiedene sichere Einkommen als indifferent angesehen werden. Im Normalfall, wenn also das Monotonieprinzip gilt, ist freilich diese Möglichkeit ausgeschlossen, denn dann wird von zwei verschiedenen Einkommensbeträgen immer der größere dem kleineren vorgezogen. In diesem Fall und unter der zusätzlichen Voraussetzung, daß das Stetigkeitsprinzip gilt, hat jede Wahrscheinlichkeitsverteilung w genau ein Sicherheitsäquivalent $S=S[w]$. Dieses selbst kann dann als Präferenzfunktional dienen:

$$\Psi[w]=S[w].$$

Denn Wahrscheinlichkeitsverteilungen mit gleichem Sicherheitsäquivalent sind ex definitione indifferent, und solche mit höherem Sicherheitsäquivalent werden anderen mit niedrigerem Sicherheitsäquivalent vorgezogen. Man kann also jede Wahrscheinlichkeitsverteilung durch ihr

---

[1] Ein anderes Unstetigkeitsprinzip ist bei Landeswahlen zu beobachten. 1% mehr oder weniger Stimmen kann über den Sieg einer Partei entscheiden.

Sicherheitsäquivalent bewerten; eine Bewertung, die genau auf die ursprüngliche Präferenzrelation zurückführt. Dieses Ergebnis sei noch einmal als Satz formuliert:

Satz 3: Gehorcht die nach der Grundannahme existierende Präferenzrelation auf W dem Stetigkeitsprinzip und liegt der Normalfall vor, dann hat jede Wahrscheinlichkeitsverteilung ein eindeutig bestimmtes Sicherheitsäquivalent, und dieses ist ein Präferenzfunktional.

Ein Beweis erübrigt sich.

Unter den Annahmen von Satz 3 können also Sicherheitsäquivalent oder Präferenzrelation in gleicher Weise zur Beschreibung der Präferenzstruktur auf W und damit zur Lösung von Entscheidungsproblemen herangezogen werden. Beide Begriffe bedingen sich gegenseitig. Hat man zu jeder Wahrscheinlichkeitsverteilung das zugehörige Sicherheitsäquivalent gefunden, dann kennt man auch die ganze Präferenzrelation auf W und umgekehrt. Der Lösung eines Entscheidungsproblems sind wir mit dieser Feststellung freilich keinen Schritt näher gekommen. Denn die Frage, mit Hilfe welcher Kriterien das jeweilige Sicherheitsäquivalent gefunden werden soll, ist offenbar gleichbedeutend mit der Frage nach geeigneten Entscheidungskriterien zur Festlegung einer Präferenzrelation.

Das Sicherheitsäquivalent von solchen Risikosituationen, in denen nur Verluste eintreten können, ist gerade gleich dem Betrag, bis zu dem man gewillt ist, eine Prämie zu zahlen, um sich gegen dieses Risiko zu versichern. Wenn man z. B. mit der vergleichsweise geringen Wahrscheinlichkeit von $1^0/_{00}$ den vielleicht als hoch angesehenen Verlust von 1000 erleiden kann (während mit $999^0/_{00}$ Wahrscheinlichkeit nichts passiert), dann mag es ratsam erscheinen, durch eine entsprechende Versicherung diesen ungewissen, aber empfindlichen Verlust gegen einen sicheren, aber geringfügigen „Verlust" (nämlich die Versicherungsprämie) von z. B. dem Betrag 2 einzutauschen. Vielleicht ist man bereit, auch eine höhere Prämie, etwa bis zu 2,5 zu zahlen, aber jedenfalls nicht mehr. Dann ist $-2,5$ gerade das Sicherheitsäquivalent der Wahrscheinlichkeitsverteilung w mit $w(-1000)=0,001$ und $w(0)=0,999$: $S[w]=-2,5$.

Mit Hilfe des Begriffs des Sicherheitsäquivalents können bequem die beiden Grundtypen des Verhaltens bei Risiko charakterisiert werden: *Risikoaversion* und *Risikosympathie*. Von ersterer sprechen wir, wenn das Sicherheitsäquivalent kleiner als die mathematische Erwartung einer Wahrscheinlichkeitsverteilung ausfällt, von letzterer, wenn es größer als diese ist. (Vgl. auch die Diskussion in 2.2.2., 2.2.3. und 2.3.1.)

Bei der Interpretation des Sicherheitsäquivalents ist Vorsicht angebracht:

Die Indifferenz $S\sim w$ bedeutet, daß es dem Entscheidenden gleichgültig ist, ob ihm das sichere Einkommen S oder die Einkommens-

Wahrscheinlichkeitsverteilung w angeboten wird. Eine andere, falsche Interpretation sähe in S jenen Betrag, den ein Individuum maximal zu geben bereit wäre, um dafür die Wahrscheinlichkeitsverteilung w einzutauschen; m. a. W.: S wäre der Spieleinsatz für w. Der *Einsatz Y* für w ist aber definiert als der mit einem Minuszeichen versehene Betrag, um den die Wahrscheinlichkeitsverteilung w verschoben werden muß, damit sie das Sicherheitsäquivalent 0 hat; ist also w' durch $F_{w'}(x) = F_w(x + Y)$ definiert, dann soll $w' \sim 0$ sein. Das ist offenbar ein komplizierterer Begriff als das Sicherheitsäquivalent und im allgemeinen auch nicht mit ihm identisch[1].

Ein Beispiel mag den Unterschied erläutern. Nehmen wir an, jemand habe die Chance, mit Wahrscheinlichkeit $\frac{1}{2}$ den Betrag 25000 zu gewinnen. Vielleicht ist ihm diese Chance gleichwertig damit, mit Sicherheit 10000 zu bekommen. Dann ist also 10000 das Sicherheitsäquivalent dieser Chance. Nehmen wir aber jetzt an, der Betreffende erhält jene Chance nur, wenn er vorher einen Einsatz in Höhe von 10000 zahlt. Offenbar liegt dann eine völlig neue Situation vor, denn jetzt kann er mit Wahrscheinlichkeit $\frac{1}{2}$ nur 15000 gewinnen und kann andererseits ebenfalls mit Wahrscheinlichkeit $\frac{1}{2}$ seinen Einsatz von 10000 verlieren. Es ist daher keineswegs selbstverständlich, daß er auf dieses Angebot eingeht. Vielmehr ist anzunehmen, daß er einen weit geringeren Einsatz als maximal zulässig ansieht. Man könnte zwar argumentieren, die neue Situation unterscheide sich von der alten nur um eine Verschiebung der ursprünglichen Wahrscheinlichkeitsverteilung um den Betrag 10000 nach links, aber damit ist nicht gesagt, daß auch das Sicherheitsäquivalent sich um diesen Betrag verringert. In dem Bereich zwischen -10000 und 15000 trifft man eben gewöhnlich ganz andere Bewertungen als in dem Bereich zwischen 0 und 25000. Daher stimmen in den meisten Fällen Sicherheitsäquivalent und Einsatz nicht überein.

Der Begriff des Sicherheitsäquivalents taucht auch in der Theorie des stochastischen Programmierens auf[2], ist aber mit dem hier definierten nur entfernt verwandt.

2.2. Klassische Entscheidungsprinzipien

2.2.1. Präferenzfunktionen von Verteilungsparametern

Es wurde schon früh in der ökonomischen Diskussion des Risikos vorgeschlagen, daß das Präferenzfunktional nicht von der ganzen Wahrscheinlichkeitsverteilung, sondern nur von einigen ihrer Verteilungs-

---

[1] Vgl. MENGER [1934]. Vgl. auch den Anhang zu diesem Kapitel.
[2] SCHNEEWEISS [1962]. Vgl. auch Anhang I.

parameter (auch statistische Maßzahlen oder Kollektivmaße[1] genannt) abhängen soll, wie dem Mittelwert, der Streuung und den höheren Momenten[2]. Sind $\alpha_1, \alpha_2, \ldots, \alpha_n$ solche Parameter für die Wahrscheinlichkeitsverteilung w und ist W' der Raum aller Wahrscheinlichkeitsverteilungen, für die die genannten Parameter existieren, dann sei also jetzt das Präferenzfunktional Ψ auf W' durch eine *Präferenzfunktion* ψ in den α_i repräsentiert:

Das klassische Prinzip: Zu den Parametern $\alpha_1, \ldots, \alpha_n$ gibt es eine Funktion ψ mit

$$\Psi[w] = \psi(\alpha_1, \alpha_2, \ldots, \alpha_n).$$

Genau genommen müßte die Abhängigkeit der Parameter von der Wahrscheinlichkeitsverteilung w gekennzeichnet werden, etwa durch α_w oder $\alpha[w]$. Der Parameter α ist ein Funktional auf W', $\alpha[w]$ ist sein Wert, wenn die Wahrscheinlichkeitsverteilung w vorliegt. Unsere vereinfachte Schreibweise dürfte aber kaum zu Mißverständnissen führen. Immerhin müßte man ausführlicher schreiben:

$$\Psi[w] = \psi(\alpha_1[w], \alpha_2[w], \ldots, \alpha_n[w]).$$

Die Präferenzfunktion ψ ist natürlich wieder nur bis auf eine monotone Transformation U bestimmt.

Dieses — wie ich es nennen möchte — klassische Prinzip ist in Wirklichkeit eine Sammlung verschiedenster Verhaltenskriterien, die sich darin unterscheiden, welche Parameter zugrunde gelegt werden. Sind die Parameter $\alpha_1, \alpha_2, \ldots, \alpha_n$ festgelegt, dann können wir auch präziser von dem $(\alpha_1, \ldots, \alpha_n)$-*Prinzip* sprechen, als einem Einzelfall des klassischen Sammelprinzips. Die wichtigsten dieser Einzelfälle werden in den folgenden Abschnitten noch im einzelnen beschrieben und kritisch gewürdigt.

Als Konsequenz des klassischen Prinzips sind alle Wahrscheinlichkeitsverteilungen, für die die Parameter $\alpha_1, \ldots, \alpha_n$ dieselben Werte annehmen, indifferent, gleichgültig, wie sehr die Verteilungen ansonsten voneinander abweichen. Gewöhnlich ergeben sich so Indifferenzklassen,

---

[1] Ein Verteilungsparameter α in unserem Sinne ist ein Funktional, das auf einem Teilbereich von W, dem Definitionsbereich von α, erklärt ist und dort jeder Wahrscheinlichkeitsverteilung w eine reelle Zahl $\alpha[w]$, den Wert des Verteilungsparameters, zuordnet. PFANZAGL [1962], bes. S. 58f., gebraucht deshalb den Ausdruck „Funktionalparameter" und unterscheidet von diesem die sog. „expliziten Parameter", die zur Identifizierung einzelner Wahrscheinlichkeitsverteilungen innerhalb einer Klasse von Verteilungen dienen.

[2] Vgl. z.B. MARSCHAK [1938], HICKS [1934]. Die Ersetzung des Präferenzfunktionals durch eine Präferenzfunktion in den Parametern war gewöhnlich als Approximation gedacht.

die unendlich viele Verteilungen umfassen. Im n-dimensionalen Parameterraum treten sie als Indifferenzgebiete (meistens Indifferenzhyperflächen) in Erscheinung.

Die Frage nach der Form der Präferenzfunktion wird in dem klassischen Prinzip zunächst offengelassen; es wird ja nur verlangt, daß überhaupt eine solche existiert. Man kann aber, falls erforderlich, an die Präferenzfunktion ψ die Forderung nach Stetigkeit oder Differenzierbarkeit stellen. Das schränkt aber zugleich den Bereich der Transformationsfunktionen U auf stetige bzw. differenzierbare ein. Andere sachlich sinnvolle Forderungen an ψ sind die Verträglichkeit mit dem Normalfall und mit dem Dominanzprinzip. Schließlich kann im Extremfall die genaue Form der Präferenzfunktion vorgegeben sein. Dann ist aus dem Entscheidungsprinzip eine Entscheidungsregel geworden (vgl. 1.2.1.).

2.2.2. Der Erwartungswert als Entscheidungskriterium, andere Mittelwerte der Lage

Der wichtigste Fall des klassischen Prinzips liegt vor, wenn ψ eine streng monoton steigende Funktion des Mittelwertes μ_w der Wahrscheinlichkeitsverteilung w ist, wobei also

$$\mu_w = E_w[x] = \int_{-\infty}^{\infty} x \, dF_w(x)$$

der Erwartungswert des Einkommens x bei der Verteilung w bedeutet. Nach einer geeigneten monotonen Transformation kann man immer erreichen, daß ψ die Identität wird. Mithin lautet das

μ-*Kriterium:*

$$\Psi[w] = \mu_w.$$

Das Kriterium stimmt mit der früher formulierten Bayes-Regel überein[1] und ist eigentlich eine Entscheidungs*regel* und nicht ein Entscheidungs*prinzip.*

---

[1] Vgl. S. 21. Im Falle, daß die Wahrscheinlichkeitsverteilung w nur endlich viele Einkommen $x_1, x_2, \ldots, x_r$ mit positiven Wahrscheinlichkeiten $p_1, p_2, \ldots, p_r$ belegt, errechnet sich der Erwartungswert einfach als gewogenes Mittel der x_i:

$$\mu_w = \sum_{i=1}^{r} p_i x_i.$$

Bei kontinuierlicher Wahrscheinlichkeitsverteilung w, die also durch eine Dichtefunktion $f(x)$ beschrieben wird, ist

$$\mu_w = \int_{-\infty}^{\infty} x f(x) \, dx.$$

Das oben angegebene Integral mit der Verteilungsfunktion F_w von w umfaßt beide Fälle.

μ hängt als Erwartungswert von allen möglichen Einkommen samt deren Eintreffenswahrscheinlichkeiten ab und ist daher nicht mit dem Begriff des „erwarteten Einkommens" $\hat{x}$ zu verwechseln. Letzteres bedeutet das Einkommen, das der Entscheidende mit Sicherheit erwartet. Es bezieht sich also auf eine — wenigstens subjektive — Gewißheitssituation. In einer Ungewißheitssituation sui generis könnte $\hat{x}$ den wahrscheinlichsten Wert bedeuten.

Unter der Verhaltenshypothese des μ-Kriteriums ist μ_w das Sicherheitsäquivalent von w. Denn der sichere Betrag $x = \mu_w$ hat, als ausgeartete Wahrscheinlichkeitsverteilung aufgefaßt, den Erwartungswert μ_w, also denselben Erwartungswert wie die Wahrscheinlichkeitsverteilung w. Daher ist nach dem μ-Kriterium $\mu_w \sim w$ und demnach $\mu_w = S[w]$. Dem Entscheidenden ist es also gleichgültig, ob er in ein ungewisses Unternehmen eintritt, das durch eine Wahrscheinlichkeitsverteilung w für die möglichen Gewinne und Verluste beschrieben wird, oder ob er mit Sicherheit einen Betrag von der Größe des Mittelwertes μ_w eben dieser Wahrscheinlichkeitsverteilung erhält. Er empfindet weder Risikoaversion noch -sympathie. Alle Wahrscheinlichkeitsverteilungen mit gleichem Mittelwert sind indifferent, und solche mit höherem Mittelwert werden anderen mit niedrigerem Mittelwert vorgezogen. Das μ-Kriterium entspricht somit dem Normalfall. Es ist natürlich nur auf solche Wahrscheinlichkeitsverteilungen anwendbar, für die der Mittelwert existiert; sie machen den Bereich W' aus, von dem beim allgemeinen klassischen Entscheidungsprinzip schon die Rede war.

Das μ-Kriterium wird in der überwiegenden Mehrheit der in der Praxis vorkommenden Ungewißheitssituationen angewandt. Der Erwartungswert wurde seit den ersten Anfängen der Wahrscheinlichkeitsrechnung zur Bewertung von Glücksspielen benutzt. Er galt als der adäquate Einsatz, den man für ein Glücksspiel wagen konnte. Wir wollen freilich μ lieber als Sicherheitsäquivalent, statt als Einsatz ansehen (vgl. S. 46), obwohl bei uneingeschränkter Geltung des μ-Kriteriums Sicherheitsäquivalent und Einsatz — wie man sich leicht überlegt [1] — übereinstimmen.

Zur Rechtfertigung des μ-Kriteriums (im normativen Sinne) wird gewöhnlich das Gesetz der großen Zahlen herangezogen. Werden nämlich zwei Glücksspiele mit den Erwartungswerten μ_1 und μ_2 sehr häufig gespielt, dann wird mit an Sicherheit grenzender Wahrscheinlichkeit der Gesamtgewinn des ersten Spieles größer oder kleiner sein als der des zweiten Spieles, je nachdem, ob $\mu_1 > \mu_2$ oder $\mu_1 < \mu_2$.

---

[1] Ist $E_w[x] = \mu$ und geht w' aus w durch Verschieben um den Betrag $-\mu$ hervor, dann ist $E_{w'}(x) = 0$, also (auf Grund des μ-Kriteriums) $w' \sim 0$ und folglich μ der Einsatz für w. Zugleich ist μ (ebenfalls wegen des μ-Kriteriums) das Sicherheitsäquivalent zu w.

In diesem Sinne ist demnach das Glücksspiel mit dem größeren Erwartungswert vorzuziehen. Eine Grundbedingung für diese Art der Argumentation ist freilich, daß gelegentliche Zwischenverluste während des Spielverlaufs ertragen werden können, daß es den Spielern also wirklich nur auf das Endergebnis ankommt.

Diese Situation ist nun aber sehr häufig auch im Bereich wirtschaftlicher Entscheidungen anzutreffen. Bei der Kalkulation des durch Ausschuß bedingten Risikos genügt es, den durchschnittlichen Ausschuß zugrunde zu legen, wenn dieser bei der laufenden Produktion oder bei wiederholter Abnahme desselben (homogenen) Gutes auftritt. Auf die Überwachung eben dieses Durchschnitts ist die statistische Qualitätskontrolle abgestellt. Auch die optimale Lagerhaltung richtet sich vornehmlich nach dem pro Periode durchschnittlich zu erzielenden Gewinn[1]. Ebenso sind periodische Produktions- bzw. Absatzentscheidungen in Hinblick auf den durchschnittlichen Gewinn zu planen, sofern es sich um dasselbe Gut und um dieselbe Käuferschicht (mit stochastisch variierender Nachfrage) handelt. Ob bei einer so enorm veränderlichen Produktionsfunktion wie der landwirtschaftlichen, auch wenn diese Veränderungen einem festen stochastischen Gesetz unterworfen sind, der Erwartungswert für den Jahresgewinn allein zur Bewertung eines Produktionsplanes ausreicht, ist allerdings schon die Frage[2]. Versicherungen hingegen können sehr wohl den Erwartungswert ihren Prämienberechnungen zugrunde legen, wobei jedoch noch ein Sicherheitsbestand hinzutritt.

Die gebräuchliche Verwendung des Erwartungswertes als Entscheidungskriterium bei der Lösung stochastischer Programme zeigt, daß er seine Beliebtheit seit den Anfängen der Wahrscheinlichkeitslehre nicht verloren hat. Man muß sich freilich im klaren darüber sein, daß hierfür auch, wenn nicht gar wesentlich, die relativ einfache mathematische Handhabung dieses Prinzips verantwortlich ist. So mag das μ-Kriterium oft auch dann verwandt werden, wenn es, streng genommen, nicht mehr gerechtfertigt ist, wenn es aber noch eine gute Approximation an das wirkliche Entscheidungskriterium darstellt. (Mehr hierüber auf S. 65.)

Erscheint das μ-Kriterium bei sich häufig wiederholenden Entscheidungssituationen ähnlichen Typs plausibel — inwieweit diese Plausibilität zu rechtfertigen ist, wird noch zu untersuchen sein (vgl. Kap. 5) —, so ist seine Anwendung auf einmalige Ungewißheitssituationen jedenfalls problematisch. Man braucht, um das einzusehen, nicht einmal das

---

[1] Eine Diskussion über die Grenzen der Zweckmäßigkeit des μ-Kriteriums bei der Lösung stochastischer Lagerhaltungsprobleme findet man z.B. bei STARR und MILLER [1962], S. 16f.

[2] FREUND [1956] legt seinem stochastischen Programm für die landwirtschaftliche Produktion eine nichtlineare Nutzenfunktion zugrunde.

Petersburger Paradoxon[1] zu bemühen. Zwei typische Verhaltensweisen widersprechen dem μ-Kriterium als Verhaltenshypothese:

1. Ein faires Glücksspiel, d. h. ein solches mit $\mu = 0$, hat das Sicherheitsäquivalent 0. Vor die Wahl gestellt, müßte es also einem Individuum, das nach dem μ-Kriterium handelt, gleichgültig sein, ob es mitspielt oder nicht. Für symmetrische Spiele — das sind solche, bei denen jedem möglichen Gewinn ein gleichgroßer Verlust mit derselben Wahrscheinlichkeit gegenübersteht — mit kleinen Verlust- oder Gewinnmöglichkeiten mag das in etwa zutreffen.

Tatsächlich werden aber Glücksspiele mit oft beträchtlichem negativen Erwartungswert ($\mu < 0$) gern gespielt, vermutlich auch dann noch, wenn die Freude am Spiel als solchem ausgeschaltet ist[2]. Hier wird das Risiko gesucht (Risikosympathie).

2. Ein umgekehrtes Verhalten zeigt der Versicherungsnehmer. Er ist vergleichbar mit jemandem, für den das Schicksal ein Roulette spielt, das (zur Vereinfachung) nur zwei Ausgänge zuläßt, entweder verliert er einen enormen Betrag, wenn auch mit sehr kleiner Wahrscheinlichkeit, oder es ändert sich nichts an seiner Einkommenssituation — dies mit hoher Wahrscheinlichkeit. Der Erwartungswert ist negativ, aber vergleichsweise gering. Der „Spieler" ist gezwungen an dem Spiel teilzunehmen, es sei denn, eine Versicherung nimmt es ihm ab. Er wird gewöhnlich bereit sein, ein Vielfaches des Erwartungswertes als Kaufpreis für die Übernahme des Risikos zu zahlen. Er versucht das Risiko zu vermeiden (Risikoaversion).

So ist in dem auf S. 45 angeführten Beispiel die mathematische Erwartung des Schadensverlustes $\mu = -1000 \cdot 0,001 = -1$. Dennoch war angenommen, der Versicherungsnehmer würde eine Prämie bis zu 2,5 zahlen. Auch das dort voranstehende Beispiel demonstrierte einen Fall von Risikoscheu: Der Erwartungswert des unsiche-

---

[1] MENGER [1934]. Das Petersburger Spiel wird wie folgt gespielt: Man wirft eine (ideale) Münze so oft, bis zum erstenmal „Zahl" erscheint. Geschieht das schon beim ersten Wurf, zahlt einem die Bank 2 DM, kommt aber „Zahl" erst beim zweiten Wurf, erhält man 4 DM, beim dritten Wurf 8 DM usw. (allgemein beim n-ten Wurf 2^n DM). Die Wahrscheinlichkeiten, daß „Zahl" zum erstenmal beim ersten, zweiten, dritten Wurf fällt, sind $\frac{1}{2}$, $\frac{1}{4}$, $\frac{1}{8}$ usw. Daher ist die mathematische Gewinnerwartung dieses Spiels: $\mu = 2 \cdot \frac{1}{2} + 4 \cdot \frac{1}{4} + 8 \cdot \frac{1}{8} + \ldots = \infty$. Die Bank wäre also theoretisch berechtigt, einen unendlich großen Spieleinsatz zu fordern. Niemand aber ist bereit, auch nur einen mäßig großen Einsatz zu zahlen. Dieses Verhalten wurde in den Anfängen der Wahrscheinlichkeitstheorie als paradox empfunden, ist aber nur dann paradox, wenn man sich auf die Allgemeingültigkeit des μ-Kriteriums dogmatisch festlegt.

[2] Es ist gewiß schwierig, in der Praxis am Risikoverhalten eines Individuums dessen Lust am Spielbetrieb zu isolieren. Durch Introspektion kann man aber vermutlich doch in etwa beurteilen, ob die eigene Entscheidung kühl und leidenschaftslos, oder aber unter dem Einfluß einer wie auch immer gearteten Spielleidenschaft getroffen wurde. Objektive Verhaltenspostulate, die zumindest implicite die Lust am Spiel als solchem ausschließen, sind die in 2.3.4. angeführten Axiome (2) und (4). Vgl. S. 74 sowie S. 34.

4*

ren Gewinns betrug immerhin $\mu = 40$, während die dort hypothetisch angenommene Person sich schon für den sicheren Gewinn entschied, wenn dieser nur den Betrag 30 überstieg.

Keine der geschilderten Verhaltensweisen kann als unrational angesehen werden. Sie zeigen, daß neben dem Erwartungswert noch andere Verteilungsparameter bei der Bewertung von Wahrscheinlichkeitsverteilungen eine Rolle spielen.

Bevor diese erörtert werden, sei noch schnell vermerkt, daß auch *andere Mittelwerte der Lage* die Rolle des Erwartungswertes in dem μ-Kriterium übernehmen können. Insbesondere wird man sich oft nach dem wahrscheinlichsten Wert $\hat{x}$ des Einkommens richten[1]. Auch der Median $x_{\frac{1}{2}}$ könnte verwandt werden[2]. Diese Maße zeichnen sich zwar in der Einfachheit ihrer Berechnung aus — wenn man da überhaupt von „Berechnung" sprechen will —, sie besitzen aber einige gewichtige Nachteile, besonders wenn sie als Entscheidungskriterien verwandt werden sollen:

1. Ihre statistische Ermittlung — die Informations-Grundlage der meisten Entscheidungsprobleme — ist beträchtlich ungenauer als die des Erwartungswertes.

2. Ihre mathematische Behandlung in komplizierten Entscheidungsproblemen (stochastische Programme) ist zumeist sehr schwierig.

3. Bei Wiederholungen kennzeichnen sie nicht das Gesamtergebnis, wie es der Erwartungswert tut (S. 49f.); es kann vielmehr leicht vorkommen, daß von zwei Wahrscheinlichkeitsverteilungen die mit dem größeren wahrscheinlichsten Wert bzw. Median bei oftmaliger Wiederholung mit hoher Wahrscheinlichkeit den kleineren Gesamtgewinn einspielt.

4. Ihre Verwendung als Entscheidungskriterien widerspricht dem Bernoulli-Prinzip. Das sollen spätere Ausführungen belegen (vgl. 3.3.).

2.2.3. Die Streuung als Risikomaß, höhere Momente

Entscheidungskriterien, die nicht nur von einem Mittelwert der Lage (zumeist dem Erwartungswert) abhängen, werden andere Verteilungsparameter insoweit zu berücksichtigen suchen, als sie ein adäquates Maß für das Risiko, d.h. für die Ungewißheit selbst, darstellen. Hier bietet sich sogleich die Standardabweichung $\sigma = \sqrt{E(x-\mu)^2}$ an[3], die zur Aufstellung des folgenden Kriteriums veranlaßt:

(μ, σ)-*Prinzip:* Es gibt eine Präferenzfunktion ψ in μ und σ, so daß

$$\Psi[w] = \psi(\mu, \sigma).$$

---

[1] Vgl. z.B. BROSS [1964], S. 104.

[2] Vgl. z.B. MOXTER [1962].

[3] Nach CRAMÉR wird im Versicherungswesen σ das mittlere Risiko (mean risk) eines Versicherungsfalles genannt. CRAMÉR [1930], bes. S. 32.

Dies ist ein durchaus traditionelles Prinzip. Seine Anwendung in stochastischen linearen Programmen verwandelt diese in quadratische Programme[1]. MARSCHAK [1938][2] hat es als für die meisten Fälle hinreichende Approximation des klassischen Prinzips bezeichnet. Ebenso gründet MARKOWITZs Analyse[3] der optimalen Wertpapierportefeuilles auf dem (μ, σ)-Prinzip, allerdings im Laufe der Abhandlung ergänzt durch das Bernoulli-Prinzip. ROY [1952] schlägt ein ganz bestimmtes (μ, σ)-Prinzip vor, eines, das die Präferenzfunktion $\psi(\mu, \sigma) = \dfrac{\mu - r}{\sigma}$ benutzt. Man beachte, daß das (μ, σ)-Prinzip über die Gestalt der Präferenzfunktion ψ nichts aussagt. Bei FREUND [1956] ist ψ eine lineare Funktion von μ und σ^2, bei THOMAS, Jr. [1958] eine lineare Funktion von μ und σ, bei ROY [1952] ein Quotient. In anderem Zusammenhang sollen später verschiedene Formen für ψ untersucht werden (vgl. 4.3.2.). Da ψ nur bis auf eine monotone Transformation bestimmt ist, ist allein das zu ihr gehörige Präferenzfeld relevant. Es kann in der (μ, σ)-Ebene durch eine Schar von Indifferenzlinien dargestellt werden, an denen je ein Pfeil in Richtung zu den vorgezogenen (μ, σ)-Kombinationen angebracht ist. Es hat normalerweise folgendes Aussehen:

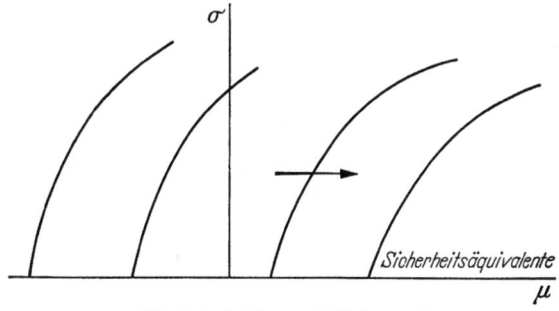

Abb. 4. (μ,σ)-Prinzip mit Risikoaversion

Bei festem σ gelangt man also mit wachsendem μ zu höher bewerteten Wahrscheinlichkeitsverteilungen. Das ist eine Folge des Dominanzprinzips im Normalfall. Denn erhöht man in einer Wahrscheinlichkeitsverteilung mit dem Mittelwert μ und der Standardabweichung σ sämtliche Einkommen um den gleichen positiven Betrag (etwa b), d.h., ver-

---

[1] Vgl. z.B. FREUND [1956].

[2] MARSCHAK [1938], [1955]. Ebenso beschränken sich FRIEDRICH und VERA LUTZ [1951] (mit Vorbehalten) schließlich auf das (μ, σ)-Prinzip zur Erklärung des Investitionsverhaltens.

[3] MARKOWITZ [1959]. Vgl. auch das Referat von MARKOWITZ [1951]. In der anschließenden Diskussion wird MARKOWITZ von BROZEN kritisiert, weil er nur die Streuung als Risikomaß benutzt habe, aber keine höheren Momente. Vgl. auch die Portefeuilleanalyse von SCOTT [1957].

schiebt man die Wahrscheinlichkeitsverteilung als ganze um diesen
Betrag b, dann bedeutet das im (μ, σ)-Diagramm, daß der zur ursprünglichen Wahrscheinlichkeitsverteilung gehörende Punkt (μ, σ) horizontal
um die Strecke b nach rechts in den Punkt ($\mu+b$, σ) verschoben wird.
Auf der anderen Seite führt diese Verschiebung im Normalfall zur Verbesserung sämtlicher Einkommensmöglichkeiten und daher zu einer
— die ursprüngliche — dominierenden Wahrscheinlichkeitsverteilung.
Nach dem Dominanzprinzip wird daher der rechts von (μ, σ) liegende
Punkt ($\mu+b$, σ) jenem vorgezogen.

Auf der μ-Achse liegen die Sicherheitsäquivalente, und zwar befindet
sich im Schnittpunkt einer Indifferenzkurve mit der μ-Achse das Sicherheitsäquivalent für alle Wahrscheinlichkeitsverteilungen dieser Indifferenzkurve. Denn in diesem Punkt ist $\sigma=0$ und daher die Wahrscheinlichkeitsverteilung ausgeartet, d.h., sie ist identisch einem sicheren Ein-
kommensbetrag von gerade der Höhe, wie ihn der Schnittpunkt auf der
μ-Achse anzeigt. Auf der anderen Seite ist dieses sichere Einkommen
indifferent zu allen Wahrscheinlichkeitsverteilungen der Indifferenzkurve
und daher deren Sicherheitsäquivalent.

Ferner sind die Indifferenzlinien nach rechts geneigt, was so zu
interpretieren ist, daß eine Zunahme der Streuung — und damit der
Ungewißheit — durch entsprechende Vergrößerung des Erwartungswertes kompensiert werden muß, damit die veränderte Wahrscheinlichkeitsverteilung der ursprünglichen gleichwertig erscheint. Damit wird
die Risikoaversion zum Ausdruck gebracht.

An einem solchen Präferenzfeld läßt sich daher die Neigung, Versicherungen abzuschließen, erklären: Ein Risiko mit negativem Erwartungswert und großer Streuung besitzt ein Sicherheitsäquivalent, das
kleiner als der ursprüngliche Erwartungswert ist, und zwar um so kleiner,
je größer die Streuung. Der Versicherungsnehmer ist bereit, eine Prämie
bis zu diesem Betrag zu entrichten.

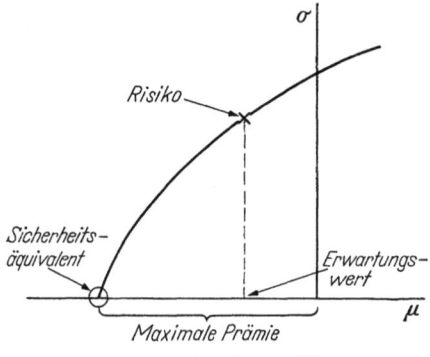

Abb. 5. Versicherungsfall

Risikoaversion kommt auch in vielen anderen wirtschaftlichen Verhaltensweisen zum Ausdruck. So in der hohen Wertschätzung eines festen Gehaltes, einer garantierten Absatzmenge (Subskriptionen, Abonnements), einer festen Verzinsung, eines garantierten Mindestpreises oder Mindestlohnes usw. Ebenso ist unter anderem die Risikoscheu der Motor, der jene Bestrebungen antreibt, die auf möglichst breite Streuung der wirtschaftlichen Aktivitäten hinzielen (mehrere Produkte und/oder Absatzmärkte, Konzerne, gestreute Aktienpakete). Umgekehrt nehmen Wirtschaftssubjekte Risiken (d.h. große Standardabweichungen) gewöhnlich nur dann auf sich, wenn diese zugleich mit einem genügend hohen Erwartungswert einhergehen (Spekulation, riskante Investitionen, Aktien versus festverzinsliche Wertpapiere). All diese Verhaltensweisen können − zumindest qualitativ − mit nach rechts geneigten (μ, σ)-Indifferenzlinien erklärt oder doch beschrieben werden.

Andererseits kann die Vorliebe für Glücksspiele damit nicht erklärt werden. Man müßte dann die Indifferenzlinien in anderer Richtung neigen. Risikoaversion und -vorliebe sind aber zumeist in derselben Person vereinigt, wenn auch erstere in viel stärkerem Maße[1] vorkommt. Um ein solches Verhalten durch das (μ, σ)-Prinzip beschreiben zu können, müßte man Indifferenzlinien benutzen, die sich teils nach links, teils nach rechts neigen:

Das (μ, σ)-Prinzip versagt jedoch, wenn bei gleichen μ und σ bei manchen Verteilungen Risikoscheu, bei anderen Risikosympathie vorgefunden wird. Kompliziertere Modelle sind zur Beschreibung eines solchen Verhaltens offensichtlich erforderlich.

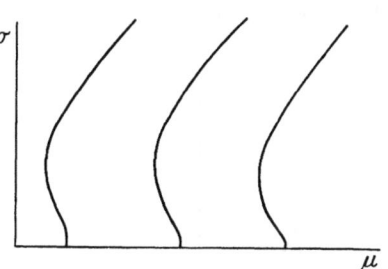

Abb. 6. (μ, σ)-Prinzip
mit Risikoaversion und -sympathie

Man erhält zum (μ, σ)-Prinzip analoge Entscheidungskriterien, wenn man μ durch andere Mittelwerte und vor allem σ durch andere Dispersionsmaße ersetzt. MARKOWITZ [1959] erwähnt z.B. die mittlere absolute Abweichung $\bar{a} = E(|x - \mu|)$. Nach CRAMÉR[2] kann das Risiko außer durch σ (mean risk) auch durch $E(|x|)$ (average risk) gemessen wer-

---

[1] So glaubte MARSHALL, die Neigung zum Risiko nur durch das Vergnügen am Spiel als solchem erklären zu können; die normalen wirtschaftlichen Reaktionen aber seien durch Risikoaversion (economic loss) gekennzeichnet. MARSHALL [1895], bes. S. 211, Fußnote.

Wie unsere folgenden Ausführungen zeigen, kann man jedoch die Neigung zum Risiko auf verschiedenerlei Weise auch ohne die Liebe zum Glücksspiel erklären.

[2] CRAMÉR [1930], S. 34.

den. Lange[1] scheint an ein $(\hat{x}, R)$ oder ein $(\hat{x}, Q)$-Prinzip gedacht zu haben. Dabei ist R die Spannweite (range) $x_{max} - x_{min}$, Q der Quartilsabstand $x_{\frac{3}{4}} - x_{\frac{1}{4}}$, mit $F(x_{\frac{3}{4}}) = \frac{3}{4}$, $F(x_{\frac{1}{4}}) = \frac{1}{4}$ und $\hat{x}$ der schon erwähnte wahrscheinlichste Wert (oder Modalwert). Aus den früher genannten Gründen sollte man dabei $\hat{x}$ durch μ ersetzen (vgl. S. 52).

Markowitz [1959] schlägt auch die Verwendung der Semivarianz v_u an Stelle der Streuung vor. Sie ist definiert als der Erwartungswert $E[h(x - \mu)]$ einer Funktion (vgl. Abb. 7)

$$h(x) = \begin{cases} x^2 & \text{für} \quad x < 0 \\ 0 & \text{für} \quad x > 0. \end{cases}$$

Sie dürfte als Risikomaß besser geeignet sein, da sie nur die Einkommenswerte berücksichtigt, die kleiner als der Erwartungswert ausfallen. Wird der genannte Erwartungswert mit der Funktion

$$h(x) = \begin{cases} -x & \text{für} \quad x < 0 \\ 0 & \text{für} \quad x > 0 \end{cases}$$

gebildet, entsteht die mittlere untere Abweichung a_u; auch sie ist ein denkbares Risikomaß[2].

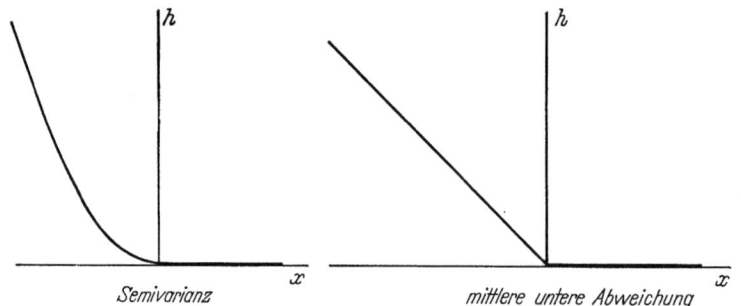

Abb. 7. Funktionen zur Bestimmung von Semivarianz und mittlerer unterer Abweichung

---

[1] Lange [1944], bes. S. 29f. Allgemein bezeichnet er den Abstand zwischen zwei Perzentilen, die ein hohes Maß an Wahrscheinlichkeit (z. B. 95%) umschließen, als „practical range" und benutzt diesen als Risikomaß. Das Intervall zwischen den beiden Quartilen wird mit 50% Wahrscheinlichkeit getroffen. Das nach seinem Prinzip zu einem ungewissen Preis gehörige Sicherheitsäquivalent bezeichnet Lange als „effective expected price". Vorgebildet findet man seinen Ansatz schon bei Hicks [1939], S. 115f., freilich ohne die explizite Angabe eines Risikomaßes.

[2] Ist die Wahrscheinlichkeitsverteilung so geartet, daß sie mit der Wahrscheinlichkeit p das Einkommen x und mit der Wahrscheinlichkeit $q = 1 - p$ das Einkommen 0 eintreten läßt, dann wird die mittlere untere Abweichung gleich pqx. Diese Größe gibt Keynes als Risikomaß an. Keynes [1921], bes. S. 315.

Höhere Momente: MARSCHAK[1] und andere schlagen vor, Wahrscheinlichkeitsverteilungen nicht nur nach Mittelwert und Streuung, sondern auch, falls diese deutlich in Erscheinung tritt, nach ihrer Schiefe

$$\gamma = \frac{1}{\sigma^3} E(x - \mu)^2.$$

zu beurteilen. Danach ergäbe sich ein

(μ, σ, γ)-*Prinzip:*

$$\Psi[w] = \psi(\mu, \sigma, \gamma).$$

Mit der speziellen linearen Präferenzfunktion

$$\Psi[w] = \mu - a\,\sigma + b\,\gamma, \quad a > 0, \quad b > 0,$$

könnte man Risikoscheu wie -vorliebe erklären: Größere Streuung bei gleichen μ und γ führt zunächst zu ungünstigeren Wahrscheinlichkeitsverteilungen (im Sinne des Kriteriums). Bei gegebenem μ und σ kann aber ein genügend großes positives γ den Wert von $\Psi[w]$ größer als μ machen, den negativen Einfluß von σ also aufheben, was bedeutet, daß die schiefe Wahrscheinlichkeitsverteilung einem sicheren Gewinn von der Größe des Erwartungswertes μ vorgezogen wird. In der Tat werden gerade stark linkssteile Wahrscheinlichkeitsverteilungen (mit $\gamma \gg 0$) von Glücksspielern bevorzugt[3]. Sie versprechen hohe Gewinne, wenn auch mit kleinen Wahrscheinlichkeiten (Zahlenlotto). Ist umgekehrt γ negativ (oder nur schwach positiv), dann ist $\Psi[w] < \mu$; der sichere Erwartungswert wird dann also vorgezogen. Mehr noch: Bei negativem μ wäre man bereit, eine Versicherungsprämie bis zu $-\Psi[w]$ zu zahlen, um die Wahrscheinlichkeitsverteilung loszuwerden. (Man beachte, daß $\Psi[w]$ bei diesem Kriterium das Sicherheitsäquivalent darstellt.)

ALBACH[3] erwähnt auch die Kurtosis als einen weiteren Verteilungsparameter, der das Risikoverhalten mitbestimmen könnte.

2.2.4. *Verlustwahrscheinlichkeit und andere Risikomaße*

Ein eigentliches Risikomaß aber ist die Wahrscheinlichkeit des Ruins, das ist die Wahrscheinlichkeit P_r, daß ein Verlust eintritt, der einen gewissen, schon als ruinös empfundenen Betrag r übersteigt.

---

[1] MARSCHAK [1938]. Vgl. auch die in der Fußnote 3 auf S. 53 erwähnte Diskussion im Anschluß an den Vortrag von MARKOWITZ [1951].

[2] ALBACH [1959], bes. S. 136.

[3] MARKOWITZ [1952] stellt fest, daß Spieler auch in ein symmetrisches Spiel, das oft wiederholt wird, durch entsprechende Variation der Einsätze die gewünschte Schiefe hineinbringen können. Sie brauchen nur ihre Einsätze zu erhöhen, solange sie am Gewinnen sind, und sie erniedrigen, sobald sie verlieren. Bei konsequenter Verfolgung dieser Strategie entsteht automatisch eine linkssteile Wahrscheinlichkeitsverteilung für den Gesamtgewinn (bzw. -verlust) einer Spielserie. Ein solches Verhalten wurde von MOSTELLER und NOGEE [1951] beobachtet und für ihre experimentelle Nutzenmessung als störend empfunden.

Anders gesagt, ist P_r die Wahrscheinlichkeit, daß man ein „Einkommen" erhält, das unter dem kritischen Wert $-r$ liegt: $P_r = P(x \leq -r) = F(-r)$. P_r hängt natürlich von der vorliegenden Wahrscheinlichkeitsverteilung w ab: $P_r = P_{rw}$. Für theoretische Erörterungen kann man ohne Verlust der Allgemeinheit $r = 0$ annehmen, da damit nur eine entsprechende Verschiebung des Nullpunktes in der Einkommensskala verbunden ist. In der neuen Skala ist $P_r = P_0$ die Wahrscheinlichkeit, daß ein Verlust eintritt:

$$P_0 = F_w(0).$$

Damit kann ein neues Entscheidungskriterium formuliert werden[1]:

(μ, P_0)-*Prinzip*: Es gibt eine Präferenzfunktion in μ und P_0, so daß

$$\Psi[w] = \psi(\mu, P_0).$$

Ein typisches Präferenzfeld in der (μ, P_0)-Ebene hat etwa folgendes Aussehen:

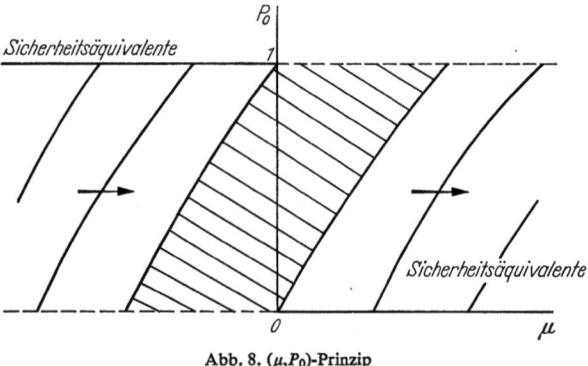

Abb. 8. (μ,P_0)-Prinzip

Die Punkte auf den gestrichelten Linien gehören nicht zum Präferenzfeld, da sie in keiner Risikosituation auftreten können, denn für $P_0 = 0$ befindet sich die ganze Wahrscheinlichkeitsmasse auf der positiven Hälfte der x-Achse, und μ kann nicht negativ sein. Entsprechendes gilt für $P_0 = 1$. Auf den ausgezogenen horizontalen Linien befinden sich die Sicherheitsäquivalente der Indifferenzkurven, denn dort ist entweder $P_0 = 1$ oder $P_0 = 0$. An diesen Stellen findet man daher u.a. die aus-

---

[1] Roy [1952] geht von einem bloßen P_0-Prinzip aus. Er nimmt an, daß Investoren vor allem die Ruin-Wahrscheinlichkeit zu minimieren versuchen. Mit der Tschebyscheffschen Ungleichung kann diese näherungsweise durch μ und σ ausgedrückt werden. So gelangt Roy zu seinem (μ, σ)-Prinzip als Ersatz für das P_0-Prinzip. Ein reines P_0-Prinzip liegt auch der Untersuchung von Cramér [1930] zugrunde. Doch wird, bevor dieses zur Anwendung gelangt, eine Mindesthöhe für den Erwartungswert μ des Einkommens festgelegt.

gearteten Wahrscheinlichkeitsverteilungenen repräsentiert, deren Wahrscheinlichkeitsmassen ganz in einem Punkt, nämlich dem Mittelwert μ,
konzentriert sind. Solch ein Punkt stellt daher das Sicherheitsäquivalent
für alle Wahrscheinlichkeitsverteilungen dar, die auf der in diesen Punkt
mündenden Indifferenzkurve liegen. Die Wahrscheinlichkeitsverteilungen, die sich in dem schraffierten Bereich befinden, besitzen keine
Sicherheitsäquivalente, weil die zugehörigen Indifferenzkurven nur die
gestrichelten, nicht die ausgezogenen Horizontalen schneiden. Das dargestellte Präferenzfeld widerspricht also dem Stetigkeitsprinzip.

Die Richtung des Präferenzpfeiles (von links nach rechts) ist eine
Folge des Dominanzprinzips im Normalfall, denn alle Punkte des
(μ, P_0)-Diagramms, mit Ausnahme der oberen und unteren Begrenzung,
repräsentieren Wahrscheinlichkeitsverteilungen, deren Wahrscheinlichkeitsmassen beiderseits des Nullpunktes (und eventuell auch auf diesem)
positiv verteilt sind — andernfalls wäre $P_0 = 0$ oder $= 1$. Verschiebt man
nun die auf der positiven Halbachse liegenden Wahrscheinlichkeitsmassen (mit Hilfe einer zunehmenden Transformationsfunktion) nach
rechts, dann erhält man eine neue Wahrscheinlichkeitsverteilung mit
höherem Mittelwert, aber unveränderter Ruinwahrscheinlichkeit P_0.
Nach dem Dominanzprinzip wird diese im Normalfall der ursprünglichen
Wahrscheinlichkeitsverteilung vorgezogen; daher der nach rechts ge-
richtete Pfeil.

Ist ψ eine lineare Funktion, sind die Indifferenzkurven Geraden.

Ein anderer wohlbekannter[1] Spezialfall des (μ, P_0)-Prinzips, der auch
gern beim stochastischen Programmieren verwandt wird[2], nimmt
folgende Präferenzfunktion an:

$$\psi(\mu, P_0) = \begin{cases} 1 - P_0, & \text{sofern} \quad P_0 \geq \beta, \ 0 < \beta < 1 \\ 1 - \beta + e^{\mu}, & \text{sofern} \quad P_0 < \beta \end{cases}$$

mit dem Präferenzfeld der Abb. 9.

Dabei ist β ein kritischer, möglichst kleiner Wahrscheinlichkeitswert
(z.B. 1 %). Demnach richtet man sich bei einer Verlustwahrscheinlichkeit
$P_0 \geq \beta$ nur nach dieser, beachtet also nicht den Erwartungswert; Wahrscheinlichkeitsverteilungen mit kleinerem P_0 werden in diesem Bereich
vorgezogen. Ist hingegen $P_0 < \beta$, wird eine Verteilung nur noch nach der

---

[1] Vgl. z.B. ALLAIS [1953c]. Vgl. auch ALBACH [1962], ferner TELSER [1955/56].

[2] Vgl. etwa CHARNES und COOPER [1960]. Vgl. auch SCHNEEWEISS [1962], S. 146f.
Auch Versicherungsgesellschaften bedienen sich neben dem Erwartungswert des
Risikomaßes P_0 bei der Berechnung der Versicherungsprämie. P_0 hängt dann von den
Reserven der Gesellschaft ab. Vgl. RIEBESELL [1936] sowie CRAMÉR [1930]. In modernen
theoretischen Untersuchungen über das wirtschaftliche Verhalten von Versicherungsgesellschaften wird freilich ein Bernoulli-Nutzen zugrunde gelegt. Vgl. z.B. BORCH
[1962].

Größe ihres Erwartungswertes beurteilt; größeres μ wird vorgezogen. Die besondere Form der Präferenzfunktion ist natürlich weitgehend willkürlich, sie beschreibt aber genau das geschilderte Verhalten und ihr

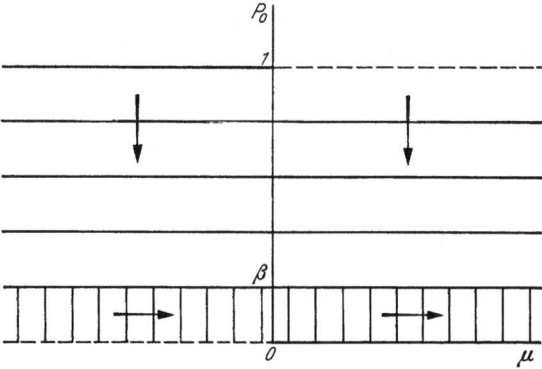

Abb. 9. (μ, P_0)-Prinzip mit kritischer Verlustwahrscheinlichkeit

Wertebereich bedeckt lückenlos die positive Zahlengerade. Wird β numerisch festgelegt (z. B. $\beta = 0,01$), dann wird aus dem (μ, P_0)-Prinzip eine Entscheidungsregel.

Eine Kritik am (μ, P_0)-Prinzip haben wir uns aufgehoben (vgl. S. 99 f.).

Anstelle von P_0 kann $x_{\min}$, das minimal mögliche Einkommen einer Wahrscheinlichkeitsverteilung, als Risikomaß verwandt werden. Für sich allein genommen, liefert es das

$x_{\min}$-*Prinzip*

$$\Psi[w] = x_{\min},$$

welches mit der Wald-Regel identisch ist (vgl. S. 21). Zusammen mit μ entsteht das

$(\mu, x_{\min})$-*Prinzip:*

$$\Psi[w] = \psi(\mu, x_{\min}).$$

Ist ψ eine lineare Funktion, haben wir die Hodges-Lehmann-Regel vor uns (vgl. S. 21).

Anstelle der Ruinwahrscheinlichkeit kann schließlich auch der durchschnittliche Verlust λ in den Risikokalkül aufgenommen werden. Es ist das der Erwartungswert $E[h(x)]$ der Funktion (vgl. Abb. 7, S. 56)

$$h(x) = \begin{cases} -x & \text{für} \quad x \leq 0 \\ 0 & \text{für} \quad x \geq 0. \end{cases}$$

Das heißt, es ist

$$\lambda = -\int_{-\infty}^{0} x \, dF(x).$$

Das (μ, λ)-Prinzip:

$$\Psi[w] = \psi(\mu, \lambda)$$

wird z.B. in einer Arbeit von DOMAR und MUSGRAVE [1944] verwendet. Dort wird λ das Risiko (degree of risk) und μ der (durchschnittliche) Gewinn (yield of investment) genannt. Das Indifferenzkurvenfeld ähnelt dem des (μ, σ)-Prinzips, jedenfalls für $\mu > 0$ (während es für $\mu < 0$ durch die Bedingung $\mu + \lambda \geqq 0$ beschränkt ist). Die Größe λ ist übrigens wohl zu unterscheiden von der früher angeführten durchschnittlichen unteren Abweichung, die als $E[h(x - \mu)]$ definiert ist.

Man könnte in endloser Folge neue Entscheidungskriterien des klassischen Typs konstruieren. Es kam mir jedoch nur darauf an, die gebräuchlichen bzw. die in der Literatur vorgeschlagenen Prinzipien und ihre relative Plausibilität vorzuführen. Ihre Schwächen werden deutlich, wenn wir uns jetzt dem modernen Bernoulli-Prinzip zuwenden.

2.3. Das Bernoulli-Prinzip[1]

2.3.1. Definition und Grundeigenschaften

Das *Bernoulli-Prinzip* kann wie folgt formuliert werden:

Es gibt für den Entscheidenden eine Funktion $u(x)$, seine (subjektive) *Nutzenfunktion*[2], so daß sein Präferenzfunktional die Gestalt

$$\Psi[w] = E_w[u(x)]$$

annimmt.

Im Gegensatz zum klassischen Prinzip kann das Bernoulli-Prinzip auch für Wahrscheinlichkeitsverteilungen formuliert werden, die nicht über Einkommens- oder andere meßbare Größen definiert sind. Dann ist x irgendein (nichtnumerisches) Ergebnis, das aus dem Zusammen-

---

[1] Nach MARSCHAK [1955] „Bernoulli-Norm". Nach ADAMS [1960] „Bernoulli-Hypothese".

[2] Genauer: Bernoulli-Nutzen, auch Neumann-Morgenstern-Nutzen, erwartungstreuer Nutzen, Risiko-Nutzen, linearer Nutzen. Der angegebene Erwartungswert ist natürlich allgemein wieder durch das Integral

$$\int_{-\infty}^{\infty} u(x)\, dF_w(x)$$

definiert. Bei diskreten Wahrscheinlichkeitsverteilungen reduziert es sich zu

$$\sum_{i=1}^{r} u(x_i)\, p_i,$$

bei kontinuierlichen mit der Dichtefunktion f_w zu

$$\int_{-\infty}^{\infty} u(x)\, f_w(x)\, dx.$$

Vgl. Fußnote 1 auf S. 48.

treffen einer Aktion des Entscheidenden und eines Zustandes der Welt resultiert, und $u(x)$ seine Nutzenbewertung.

Das Bernoulli-Prinzip erfüllt das *Dominanzprinzip*, denn der Übergang von einem Einkommen x zu einem (subjektiv) günstigeren x' vergrößert den Nutzen — $u(x')>u(x)$ — und damit den Wert des Präferenzfunktionals. Im *Normalfall* ist $u(x)$ eine streng monoton steigende Funktion. In diesem Fall gilt das *Dominanzprinzip II*.

Zwischen Dominanzprinzip II und Bernoulli-Prinzip besteht nach QUIRK und SAPOSNIK [1962] noch folgender Zusammenhang: Eine Wahrscheinlichkeitsverteilung w_1 dominiert eine andere w_2 genau dann, wenn für alle streng monoton wachsenden Nutzenfunktionen u der Erwartungswert $E_{w_1}[u(x)] \geq E_{w_2}[u(x)]$ ist.

Nach dem Bernoulli-Prinzip ist das *Sicherheitsäquivalent* einer Verteilung w, sofern es eindeutig existiert, gegeben durch

$$S[w]=u^{-1}\big(E_w[u(x)]\big),$$

wobei u^{-1} die Umkehrfunktion von u bedeutet. Es existiert immer eindeutig, sofern u eine stetige, streng monoton steigende Funktion ist. In diesem Fall und nur in diesem Fall sind *Stetigkeits-* und *Monotonieprinzip* erfüllt.

Man kann die Konstruktion des Sicherheitsäquivalents für einfache Wahrscheinlichkeitsverteilungen, die nur zwei Werte x_1 und x_2 mit den Wahrscheinlichkeiten p_1 und p_2 $(p_1+p_2=1)$ eintreten lassen, leicht geometrisch verfolgen (Abb. 10).

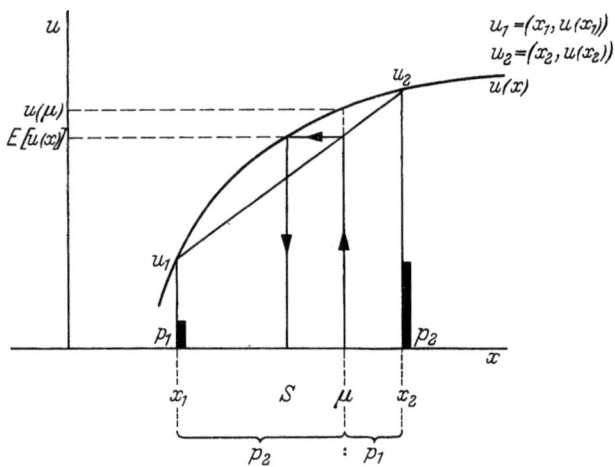

Abb. 10. Sicherheitsäquivalent beim Bernoulli-Prinzip

Der Mittelwert $\mu=x_1p_1+x_2p_2$ dieser Verteilung ist ihr Schwerpunkt, wenn man sich die Wahrscheinlichkeiten von x_1 und x_2 als (Wahrscheinlichkeits-) Massen in den Punkten x_1 und x_2 denkt. Die Stelle μ teilt die Strecke $\overline{x_1 x_2}$ im Verhältnis $p_2 : p_1$. Der Punkt, der die Sehne $\overline{U_1 U_2}$ der Nutzenfunktion in demselben Verhältnis teilt, liegt senkrecht über der Stelle μ in einer Höhe, die gerade gleich dem Erwartungswert der Nutzenfunktion ist: $E[u(x)] = u(x_1)p_1 + u(x_2)p_2$. Geht man von diesem Punkt horizontal bis zur Kurve der Nutzenfunktion und von dort lotrecht zur x-Achse — eine Operation, die der Abbildung durch die inverse Nutzenfunktion u^{-1} entspricht —, dann gelangt man zum Sicherheitsäquivalent S.

Gewöhnlich ist $S \neq \mu$. Bei (von unten) streng konkaven Nutzenfunktionen ist — wie in Abb. 10 — immer $S < \mu$, es sei denn, die Wahrscheinlichkeitsverteilung w ist ausgeartet. Bei streng konvexen Nutzenfunktionen ist entsprechend immer $S > \mu$. Im ersten Fall wird ein sicherer Betrag der Größe μ jeder (nicht ausgearteten) Wahrscheinlichkeitsverteilung mit dem Mittelwert μ vorgezogen (Risikoaversion), was auch darin zum Ausdruck kommt, daß $E[u(x)] < u(\mu)$ — vgl. Abb. 10. Im zweiten Fall wird umgekehrt die Wahrscheinlichkeitsverteilung mit dem Mittelwert μ dem sicheren Betrag μ vorgezogen (Risikosympathie). Man ahnt, daß man durch entsprechende Formgebung der Nutzenfunktion die verschiedensten Risikoverhalten eines Entscheidenden beschreiben kann und daß daher das Bernoulli-Prinzip ungemein flexibel ist. Dieser Eindruck wird sich im folgenden noch mehrfach bestätigen. (Vgl. insbesondere den folgenden Abschnitt.)

Eine unstetige, monoton steigende Nutzenfunktion gibt Anlaß zu Wahrscheinlichkeitsverteilungen, die kein Sicherheitsäquivalent haben, wie aus der folgenden Abbildung hervorgeht.

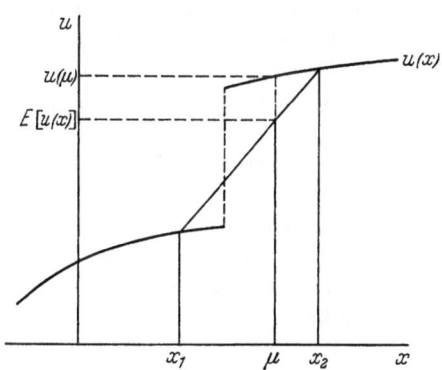

Abb. 11. Unstetige Nutzenfunktion

Ihr liegt dieselbe Wahrscheinlichkeitsverteilung zugrunde wie der vorangegangenen Abbildung. Doch hat jetzt die Nutzenfunktion eine Sprungstelle. Da jetzt die Horizontale in der Höhe $E[u(x)]$ die Kurve der

Nutzenfunktion nicht schneidet — die lotrechte, die Sprunghöhe verbindende Linie gehört nicht zur Kurve der Nutzenfunktion —, versagt die Konstruktion des Sicherheitsäquivalents; es existiert keines. (Immerhin kann man aber noch an $u(\mu) > E[u(x)]$ erkennen, daß der sichere Betrag μ der in der Figur angenommenen Wahrscheinlichkeitsverteilung vorgezogen wird.) Die unstetige Nutzenfunktion ist der präzise Ausdruck von jener „unstetigen Bewertung" der Ergebnisse, von der im Zusammenhang mit der möglichen Verletzung des Stetigkeitsprinzips auf S. 44 die Rede war.

Der *Einsatz* für die Verteilung w ist definiert als diejenige Zahl $Y = Y[w]$, mit der

$$E_w[u(x - Y)] = u(0)$$

wird. Das folgt aus der allgemeinen Definition des Einsatzes (2.1.4.); denn der angegebene Erwartungswert ist gleich der mathematischen Erwartung von $u(x)$ für die um $-Y$ verschobene Wahrscheinlichkeitsverteilung w, und voranstehende Gleichung gibt an, daß die so verschobene Verteilung zu dem Einkommen 0 indifferent ist.

Einsatz und Sicherheitsäquivalent sind im allgemeinen verschieden voneinander, es sei denn, daß die Nutzenfunktion eine sehr spezielle Form hat. Im Anhang zu diesem Kapitel wird untersucht, für welche Nutzenfunktionen Einsatz und Sicherheitsäquivalent generell übereinstimmen.

Bemerkenswert an dem Bernoulli-Prinzip ist, daß es keine Aussage über die Gestalt der Nutzenfunktion macht. Sie gehört gewissermaßen zum persönlichen Geschmack des Entscheidenden. Insofern ist also das Bernoulli-Prinzip ein Entscheidungs*prinzip* und wird erst dann zur Entscheidungs*regel*, wenn auch die Nutzenfunktion genau festgelegt ist. Dann kann aber das Einkommen x durch $u(x)$ ersetzt werden, und die Anwendung des Bernoulli-Prinzips auf die Einkommen ist äquivalent mit der Anwendung der Bayes-Regel auf deren Bernoulli-Nutzen.

In der Tat dürfte die fast ausschließliche Verwendung der Bayes-Regel in der statistischen Entscheidungstheorie und in der Spieltheorie — sofern dort Risikosituationen auftreten — darauf zurückzuführen sein, daß man den Übergang von der Ergebnismatrix (e_{ij}) zur Entscheidungsmatrix (u_{ij}) (vgl. S. 12 f.) von vornherein mittels Bernoulli-Nutzen durchführt. So gesehen, ist die Bayes-Regel in Wahrheit das Bernoulli-Prinzip mit bekannter Nutzenfunktion.

2.3.2. Die Gestalt der Nutzenfunktion

Man erhält das μ-Kriterium (also die Bayes-Regel) aber auch dann, wenn x zwar keinen Bernoulli-Nutzen bedeutet, sondern etwa ein monetäres Einkommen, wenn aber der Nutzen von x proportional zu x ist:

Das μ-Kriterium ist ein Spezialfall des Bernoulli-Prinzips, wenn $u(x)=ax$. Da nun eine differenzierbare Nutzenfunktion an jeder Stelle durch ihre Tangente linear approximiert werden kann, darf man für Wahrscheinlichkeitsverteilungen, die mit dem Hauptanteil ihrer Wahrscheinlichkeitsmasse nur ein kleines Einkommensintervall überdecken, das μ-Kriterium generell als erste Näherung des Bernoulli-Prinzips verwenden.

Bei weit ausgedehnten Wahrscheinlichkeitsverteilungen ist dagegen das μ-Kriterium im allgemeinen auch approximativ nicht mehr gültig, da sich die Nutzenfunktion über weite Strecken gewöhnlich eben nicht mehr durch eine lineare Funktion annähern läßt. Jetzt ist die genaue Gestalt der Nutzenfunktion (ihre Konvexität oder Konkavität, das Ausmaß ihrer Krümmung) für das Risikoverhalten des Entscheidenden von Bedeutung. Dieses kann beträchtlich von dem des μ-Kriteriums abweichen (vgl. Abb. 10).

Gerade die Unzulänglichkeiten des μ-Kriteriums zur Beschreibung realistischer Verhaltensweisen gegenüber Risikosituationen veranlaßten DANIEL BERNOULLI [1738], das nach ihm benannte Prinzip aufzustellen, wobei er freilich der Nutzenfunktion eine ganz bestimmte mathematische Form gab, die des Logarithmus[1] $u(x)=\log x$. Die Plausibilität gerade dieser Funktion wird deutlich, wenn man bedenkt, daß sie das Fechnersche Gesetz (jedenfalls für den Fall der Nutzenbewertung) vorwegnimmt. Für die Lösung seines Problems, des Petersburger Paradoxons, hätte BERNOULLI auch andere Nutzenfunktionen verwenden können. So schlug GABRIEL CRAMER[2] schon früher sowohl die Wurzelfunktion $u(x)=\sqrt{x}$ als auch eine nach oben begrenzte lineare Funktion vor (vgl. Abb. 12). Nach den Untersuchungen MENGERs [1934] muß jede Nutzenfunktion beschränkt sein, wenn sie nicht ein dem Petersburger analoges Paradoxon zeitigen soll.

Der Erwartungswert der Nutzenfunktion für das Petersburger Spiel (vgl. Fußnote 1 auf S. 51) errechnet sich in den drei angegebenen Fällen zu

$$E[u(x)] \quad = \sum_{n=1}^{\infty} (\log 2^n)\left(\frac{1}{2}\right)^n = \log 2 \sum n \left(\frac{1}{2}\right)^n = 2\log 2, \quad \text{(a)}$$

---

[1] BERNOULLIs (und ebenso CRAMERs) Nutzenfunktion war eigentlich mehr eine Bewertungsfunktion des Besitzes als des Einkommens. Daher braucht sie nur für $x>0$ definiert zu sein. Er nahm an, daß der Nutzenzuwachs $\varDelta u$ einer (differentiellen) Vergrößerung des Besitzes x um $\varDelta x$ proportional zu $\varDelta x$ und umgekehrt proportional zu x sei: $\varDelta u = a \dfrac{\varDelta x}{x}$. Daraus folgt: $u(x)=a\log x$.

[2] In einem von DANIEL BERNOULLI [1738] erwähnten Brief an NICOLAS BERNOULLI. Vgl. auch MENGER [1934]. Aufgrund psychophysikalischer Versuche kommt STEVENS [1959] zu dem Schluß, daß die Nutzenfunktion (des Einkommens oder der Menge eines Konsumgutes) eher dem Cramerschen Wurzelgesetz als dem Bernoullischen Logarithmusgesetz folgt. Doch ist der Nutzen, den er meint, nicht notwendig identisch mit dem hier gemeinten Erwartungsnutzen.

$$E[u(x)] \quad = \sum_{n=1}^{\infty} \sqrt{2^n} \left(\frac{1}{2}\right)^n = \sum \left(\frac{1}{\sqrt{2}}\right)^n = 1 + \sqrt{2}, \qquad \text{(b)}$$

$$E[u(x)] \quad = \sum_{n=1}^{n'} 2^n \left(\frac{1}{2}\right)^n + u_m \sum_{n=n'+1}^{\infty} \left(\frac{1}{2}\right)^n = n' + u_m \frac{1}{2^{n'}}, \qquad \text{(c)}$$

wobei n' die größte ganze Zahl $\leq {}^2\log u_m$ bedeutet. In allen Fällen ist dieser Erwartungswert endlich, während er für den Gewinn selbst, wie wir wissen, unendlich ist.

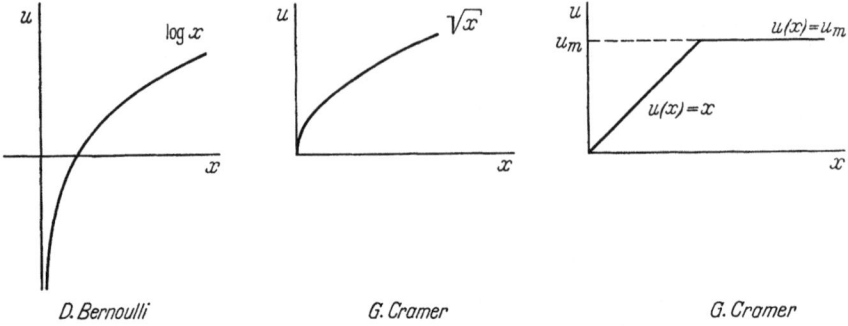

Abb. 12. Spezielle Nutzenfunktionen

Wenn man auch die spezielle Form der Bernoullischen Nutzen-funktion bald aufgab, so hielt man doch an ihrer Eigenschaft des ab-nehmenden Grenznutzens fest, da diese dem ersten Gossenschen Gesetz und den Grundannahmen der Grenznutzenschule entsprach. Mit dieser Annahme konnte auch jede Art von Risikoaversion erklärt werden. Denn bei konkaven Nutzenfunktionen ist, wie wir sahen, das Sicherheits-äquivalent immer kleiner als der Mittelwert. Risikoaversion führt zu vielen in der realen Welt typischen Verhaltensweisen, wie Versicherungs-abschlüssen, Risikostreuung, Absatzsicherung usw. (vgl. S. 55). Vorliebe für Glücksspiele wurde dagegen von den Klassikern als irrational, wenn nicht gar als unmoralisch angesehen[1]. Heute ist man eher geneigt, eine mäßige Risikofreude dann und wann als ein Merkmal des Unternehmers anzuerkennen. Durchweg Risikosympathie hat man bei konvexen Nut-zenfunktionen (zunehmender Grenznutzen), weil dann immer das Sicherheitsäquivalent größer als der Mittelwert ausfällt. Von FRIEDMAN und SAVAGE [1948] stammt eine (konkav-konvexe) Nutzenfunktion — sie wurde von MARKOWITZ [1952] modifiziert und verbessert —, die sowohl Versicherungsneigung als auch Spielvorliebe erklärt und dabei das Petersburger Paradoxon vermeidet. Sie ist unserem (μ, σ, γ)-Prinzip (S. 57) vorzuziehen und konnte experimentell weitgehend bestätigt

---

[1] Vgl. etwa MARSHALL [1895], bes. S. 468 sowie im mathematischen Anhang: Note IX, S. 796, auch PIGOU [1820], Anhang 1.

werden[1]. LEO TÖRNQVIST [1956] nimmt eine Nutzenfunktion mit mehreren konkaven und konvexen Stücken an, die er aus kumulativen Normalverteilungsfunktionen zusammensetzt.

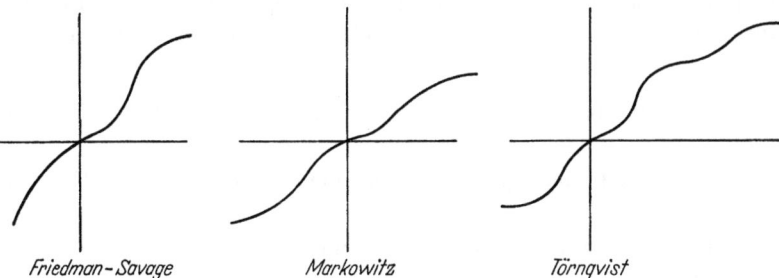

Friedman-Savage   Markowitz   Törnqvist

Abb. 13. Spezielle Formen der Nutzenfunktion

All diesen Versuchen ist gemeinsam, daß ihre Nutzenfunktionen z. T. zunehmenden Grenznutzen besitzen, im Widerspruch zum ersten Gossenschen Gesetz[2]. Im Extremfall hat man in einem relativ engen Einkommensintervall einen so stark zunehmenden Grenznutzen, daß man die Nutzenfunktion dort als unstetig, mit einer Sprungstelle versehen, annehmen kann (vgl. Abb. 11).

Weitere Angaben zur Geschichte des Bernoulli-Nutzens, auch im Zusammenhang mit der des klassischen Nutzenbegriffs[3], findet man bei EDWARDS [1954], der insbesondere über die zahlreichen experimentellen Studien über das Verhalten bei Ungewißheit berichtet.

2.3.3. Nutzenmessung

Wird das Bernoulli-Prinzip als Verhaltenshypothese angenommen, dann kann man auf operationale Weise den individuellen Nutzen jedes Einkommens (allgemeiner: jedes Ergebnisses) messen[4]. Für zwei Ein-

---

[1] Vgl. MOSTELLER und NOGEE [1951].

[2] Aus diesem Grunde wandte sich VICKREY noch 1945 gegen die Benutzung des Bernoulli-Prinzips zur Erklärung von Risikovorliebe beim Glücksspiel. VICKREY [1945], bes. S. 327ff. Andere Nutzenfunktionen findet man bei TÖRNQVIST [1945], ebenso bei FREUND [1956].

[3] Für diesen siehe insbesondere STIGLER [1950], S. 307—327, 373—396.

[4] Das geschilderte Verfahren der Nutzenmessung liegt in der Tat den experimentellen Ermittlungen von Nutzenfunktionen, wie sie Nationalökonomen und Psychologen durchgeführt haben, zugrunde. Vgl. z.B. MOSTELLER und NOGEE [1951]. Vgl. auch Fußnote 3 auf S. 72. Dabei taucht oft das zusätzliche Problem der richtigen Interpretation der Indifferenz auf. Da dem praktischen Verhalten von realen Individuen die in der Theorie geforderte (oder angenommene) Eindeutigkeit und Konsistenz gewöhnlich fehlt, ist der Experimentator gezwungen, die Theorie so zu modifizieren, daß sie auf stochastische Wahlhandlungen paßt. Indifferenz ist dann statistisch festzustellen als diejenige Situation, bei der jede der beiden indifferenten Wahlmöglichkeiten gleich oft ergriffen wird. Vgl. auch die Bemerkungen auf S. 35f.

kommenswerte müssen dazu allerdings willkürliche Nutzenwerte angenommen werden, z.B. für das Einkommen 0 den Nutzen 0, für das Einkommen 1 den Nutzen 1: $u(0)=0$, $u(1)=1$ — wir nehmen an, daß das Einkommen 1 dem Einkommen 0 vorgezogen wird ($1\succ0$). Für den Nutzen $u(x)$ eines beliebigen von 0 und 1 verschiedenen Einkommens x sind nun drei Fälle zu unterscheiden:

1. $u(x)<0$, dann gibt es ein $p=p(x)$, $0<p<1$, mit $u(x)(1-p)+1\cdot p=0$.

2. $0<u(x)<1$, dann gibt es ein $p=p(x)$, $0<p<1$, mit $0\cdot(1-p)+1\cdot p=u(x)$.

3. $1<u(x)$, dann gibt es ein $p=p(x)$, $0<p<1$, mit $0\cdot(1-p)+u(x)p=1$.

Diese Beziehungen folgen aus einfachen arithmetischen Regeln, ohne daß den Größen u und p bestimmte inhaltliche Bedeutungen (nämlich Nutzen und Wahrscheinlichkeit) unterschoben werden müßten. Zum Beispiel sagt die erste Gleichung nur, daß sich 0 als gewogenes Mittel der Größen $u(x)$ und 1 darstellen läßt, was wegen $u(x)<0<1$ selbstverständlich ist. Entsprechendes gilt für die beiden anderen Fälle.

Nun lassen diese Beziehungen aber eine wichtige inhaltliche Interpretation zu. Im ersteren Fall z.B. muß es einem Entscheidenden, sofern er sich — wie wir annehmen wollen — gemäß dem Bernoulli-Prinzip verhält, gleichgültig sein, ob er an einem Glücksspiel teilnimmt, das ihm mit der Wahrscheinlichkeit $p=p(x)$ das Einkommen 1, mit der Gegenwahrscheinlichkeit $1-p$ das (in diesem Fall negative) Einkommen x verspricht, oder ob er nicht daran teilnimmt und damit das sichere 0 erhält. Denn die erste Gleichung sagt aus, daß der Erwartungswert der Nutzenfunktion bezüglich der Wahrscheinlichkeitsverteilung des Glücksspiels gleich dem Wert der Nutzenfunktion an der Stelle 0 ist:

$$u(x)(1-p)+u(1)p=u(0).$$

Entsprechend zeigt die zweite Gleichung, geschrieben in der Form

$$u(0)(1-p)+u(1)p=u(x),$$

daß das sichere Einkommen x indifferent ist einer Chance, mit Wahrscheinlichkeit p das Einkommen 1 zu erhalten (und mit der Gegenwahrscheinlichkeit nichts). Schließlich bedeutet die dritte Gleichung

$$u(0)(1-p)+u(x)p=u(1),$$

daß das sichere Einkommen 1 indifferent ist gegenüber der Chance, mit Wahrscheinlichkeit p das Einkommen x zu erhalten. Man mag sich in allen drei Fällen $u(x)$ als gegebene Nutzenfunktion vorstellen und $p(x)$ als zugehörige Wahrscheinlichkeitsfunktion.

In Wirklichkeit aber ist $u(x)$ eine unbekannte (Nutzen-) Funktion, die es mit Hilfe der angegebenen Indifferenzbeziehungen zu messen gilt. Letztere gelten auf Grund des Bernoulli-Prinzips — dessen Gültigkeit wir ja für diesen Abschnitt angenommen haben — in jedem Fall, ob nun $u(x)$ bekannt ist oder nicht. Wenn $u(x)$ unbekannt ist, muß umgekehrt $p(x)$ bekannt sein, damit $u(x)$ bestimmt werden kann. Wie aber kann die Funktion $p(x)$ gemessen werden? Den Schlüssel liefern die oben beschriebenen Glücksspiele.

Liegt etwa der erste Fall vor, dann wird der Person, deren Nutzenfunktion man messen will, ein Glücksspiel angeboten, das mit einer zunächst unbestimmten Wahrscheinlichkeit p das Einkommen 1, mit der Wahrscheinlichkeit $1-p$ das Einkommen x verspricht. p wird so lange variiert, bis man einen Wert erhält, bei dem das Glücksspiel dem sicheren Einkommen 0 indifferent erscheint. Auf Grund des Bernoulli-Prinzips ist dann gerade mit diesem $p=p(x)$ die obige Gleichung des Falles 1 erfüllt. Aus ihr errechnet man

$$u(x) = -\frac{p(x)}{1-p(x)} \qquad \text{(Fall 1)}.$$

Analog verfährt man mit den anderen Fällen und erhält:

$$u(x) = p(x) \qquad \text{(Fall 2)},$$

$$u(x) = \frac{1}{p(x)} \qquad \text{(Fall 3)}.$$

Allgemein ist die Nutzenfunktion des Bernoulli-Prinzips eindeutig bestimmt, wenn man nur zwei Werte beliebig vorgibt. Ferner zeigt man leicht[1], daß zwei verschiedene Nutzenfunktionen u_1 und u_2, die dasselbe Präferenzfunktional induzieren, sich nur um eine positiv lineare Funktion unterscheiden: $u_2(x) = a u_1(x) + b, a > 0$. Mit anderen Worten, die zu einem Präferenzfunktional des Bernoulli-Typs gehörige Nutzenfunktion ist eindeutig bestimmt, wenn man noch eine Nutzeneinheit und einen Nutzennullpunkt (willkürlich) festlegt.

Diese Eigenschaft des Bernoulli-Nutzens kennzeichnet seine kardinale Meßbarkeit. Man beachte jedoch, daß diese eine Folge des Bernoulli-Prinzips ist, das als Verhaltenshypothese erst bestätigt werden muß (vgl. den folgenden Abschnitt 2.3.4.). Immerhin scheint das Prinzip weitgehend gesichert und damit ein langer Disput über die Frage der kardinalen Meßbarkeit des Nutzens beendet zu sein. Jedoch ist folgender

---

[1] Vgl. etwa ADAMS [1960]. Zum Beispiel ist im zweiten Fall allgemein $u_i(x) = u_i(0) + [u_i(1) - u_i(0)] p(x) = a_i + b_i p(x)$, $i = 1, 2$, und daher $u_2(x) = b_2/b_1 u_1(x) + (a_2 - a_1 b_2/b_1) = a u_1(x) + b$ mit $a > 0$ wegen $b_i > 0$, $i = 1, 2$.

Irrtum zu vermeiden, auf den von verschiedener Seite hingewiesen wurde[1]: Auch wenn man die empirische Gültigkeit des Bernoulli-Prinzips hinnimmt, ist der resultierende Nutzen nicht notwendig identisch mit dem psychologischen Nutzen, den man meint, wenn man von dem introspektiv empfundenen Nutzenunterschied zwischen zwei Einkommen spricht[2]. Für letzteren mag beispielsweise das Gesetz des abnehmenden Grenznutzens gelten; die Friedman-Savage-Hypothese widerspricht dem gar nicht, gilt sie doch für den Bernoulli-Nutzen, nicht für den psychologischen. Anders gesagt: Bewertet man die verschiedenen Einkommen einer Wahrscheinlichkeitsverteilung mit ihrem psychologischen Nutzen, wie auch immer dieser gemessen sein mag, dann ist keineswegs sicher, ob allein der Erwartungswert des Nutzens den Wert der Wahrscheinlichkeitsverteilung charakterisiert; soweit hat übrigens ALLAIS [1953c] recht[3]. Aber das behauptet das Bernoulli-Prinzip auch gar nicht; denn die dort vorkommende Nutzenfunktion ist nicht notwendig identisch mit dem psychologischen Nutzen, dem Grad subjektiver Befriedigung. Der Bernoulli-Nutzen mißt vielmehr den subjektiven Wert eines Einkommens *und* das Verhalten bei Risiko oder *nur in Hinblick auf* das Verhalten bei Risiko[4].

Mag auch die Frage der kardinalen Meßbarkeit für die Grenznutzentheorie und eventuell für die Wohlfahrtstheorie von Bedeutung sein, für das Bernoulli-Prinzip entscheidend ist allein die Eigenschaft der Erwartungstreue des Nutzens, d.h., daß eine Wahrscheinlichkeitsverteilung durch ihren Erwartungswert des Nutzens (ihre „moralische Erwartung") bewertet wird.

---

[1] Zum Beispiel ARROW [1951], bes. S. 9ff.; FRIEDMAN und SAVAGE [1952]; ELLSBERG [1954]. Auch VICKREY [1945] unterschied zwischen risk utility (Bernoulli-Nutzen) und independence utility (durch Vergleich unabhängiger Güter ermittelter Nutzen) und diesen wieder von der subjektiven Befriedigung (dem psychologischen Nutzen). Daß er dennoch die Bernoullische Nutzenfunktion als konkav annahm, zeigt nur, wie mächtig die Lehre vom abnehmenden Grenznutzen noch nachwirkte. BAUMOL [1951b] lehnte das Bernoulli-Prinzip ab, und zwar offensichtlich, weil er dieser Verwechslung (des erwartungstreuen Neumann-Morgenstern-Nutzens mit dem psychologischen Nutzen) unterlag. Später [1953] korrigierte er diesen Irrtum.

[2] Eine Klassifizierung der verschiedensten Schulen bzw. Auffassungen des Nutzenbegriffs, sei es, daß er ordinal oder kardinal, introspektiv oder behavioristisch interpretiert wird, findet man bei MAJUMDAR [1958]. Es ist jedenfalls möglich, auch auf mancherlei anderen Wegen als dem der Risikopräferenztheorie zu einer kardinalen Nutzenfunktion zu gelangen. Vgl. SCHNEEWEISS [1963].

[3] Nach ALLAIS [1953c] gibt es keinen zwingenden Grund für die Existenz eines Bernoulli-Nutzens, wohl aber eines psychologischen Nutzens. Ein Präferenzfunktional für Wahrscheinlichkeitsverteilungen über solchen Nutzenwerten muß aber im allgemeinen — im Gegensatz zum Bernoulli-Prinzip — die Streuung und höhere Momente berücksichtigen. Vgl. auch ALLAIS [1953b].

[4] Deshalb vermeidet KRELLE [1961] das Wort „Nutzenfunktion" für $u(x)$ und spricht statt dessen von einer „(Chancen-)Bewertungsfunktion".

Ob Individuen sich tatsächlich so verhalten, als existiere für sie ein Bernoulli-Nutzen – es wird nicht behauptet, sie rechneten für jedes Risiko bewußt den Erwartungswert aus –, ist eine empirische Frage, die getestet werden kann (und getestet worden ist). Eine andere Frage ist, ob das Bernoulli-Prinzip als Norm für rationales Verhalten gelten kann. Bevor wir uns dieser strittigen Frage zuwenden, sei noch der bei aller Freiheit in der Wahl der Nutzenfunktion recht restriktive Charakter des Bernoulli-Prinzips hervorgehoben. Bei der Gelegenheit können wir noch eine andere, der früheren ähnliche Methode der Nutzenmessung angeben.

Wie schon aus den vorangegangenen Ausführungen über die Nutzenmessung hervorgeht, genügt es nämlich, gewisse sehr einfache Wahrscheinlichkeitsverteilungen anzuordnen, um aus dieser Ordnung die Präferenzstruktur für ganz W zwingend zu folgern. Gemeint sind die sog. *einfachen Chancen und Risiken*[1]. Das sind Wahrscheinlichkeitsverteilungen, die mit einer gewissen Wahrscheinlichkeit p das Einkommen x – bei einer Chance ist dieses positiv, bei einem Risiko negativ – und mit der Gegenwahrscheinlichkeit $1-p$ das Einkommen 0 eintreten lassen. Zu jedem x und p $(0 \le p \le 1)$ gibt es eine solche Wahrscheinlichkeitsverteilung. Man kann sie in der (x, p)-Ebene zu einem Chancenpräferenzfeld anordnen, das im Normalfall und bei Geltung des Dominanzprinzips II etwa folgende Gestalt hat[2]:

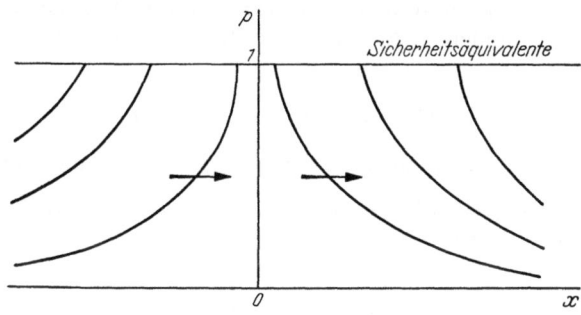

Abb. 14. Chancenpräferenzfeld

Der Schnittpunkt einer Indifferenzlinie mit der Geraden $p=1$ gibt, auf die x-Achse projiziert, deren Sicherheitsäquivalent an. Die x-Achse selbst ist aus dem Präferenzfeld ausgeschlossen, ebenso die p-Achse. Das Bernoulli-Prinzip beschränkt nun weitgehend die Freiheit in der Zeichnung der Indifferenzlinien: $p_1(x)$ und $p_2(x)$ seien zwei solche. Dann sind die Erwartungswerte des Nutzens $u(x)p_1(x)+u(0)(1-p_1(x))$ und

---

[1] KRELLE [1961], insbesondere S. 90 ff.
[2] Vgl. BAUMOL [1951 a], S. 89.

$u(x)p_2(x)+u(0)(1-p_2(x))$ jeweils konstant (unabhängig von x) und daher auch — wie man leicht nachrechnet[1] — das Verhältnis $p_1(x)$: $p_2(x)$. Die sämtlichen Ordinaten je zweier Indifferenzlinien stehen also in einem jeweils konstanten Verhältnis zueinander. Daraus folgt, daß eine Indifferenzlinie der rechten (linken) Hälfte der (x,p)-Ebene die ganze Präferenzstruktur rechts (links) von ihrem Sicherheitsäquivalent festlegt[2].

Ebenso ist in diesem Bereich die Nutzenfunktion (bis auf Einheit und Nullpunkt) bestimmt, nämlich durch

$$u(x)=\frac{u(x_0)}{p(x)},$$

wenn x_0 das Sicherheitsäquivalent der Indifferenzlinie $p(x)$ bedeutet und wenn man $u(0)=0$ setzt. (Man beachte, daß $p(x_0)=1$.) Das Chancenpräferenzfeld determiniert also die ganze Nutzenfunktion und damit die Präferenzstruktur auf ganz W, wenn nur noch eine Relation zwischen zwei Nutzen der rechten und linken Seite des (x,p)-Diagramms, etwa zwischen $u(1)$ und $u(-1)$, gegeben ist. Aus dem Chancenpräferenzfeld ist diese Relation nicht zu ermitteln, sie muß zusätzlich bestimmt werden. Hierzu suche man (etwa durch Probieren) eine Wahrscheinlichkeit p, so daß gerade Indifferenz besteht zwischen der Lotterie, das Einkommen 1 mit Wahrscheinlichkeit p zu gewinnen und -1 mit Wahrscheinlichkeit $1-p$ zu verlieren, einerseits und dem sicheren Ereignis, 0 zu erhalten, andererseits. Diese Indifferenz impliziert die gesuchte Relation:

$$pu(1)+(1-p)u(-1)=u(0)=0.$$

Damit ist erneut die Möglichkeit der Nutzenmessung aufgezeigt[3].

---

[1] Ist etwa $u(x)p_i(x)+u(0)(1-p_i(x))=c_i$, $i=1,2$, dann folgt zunächst $(u(x)-u(0))p_i(x)=c_i-u(0)$ und schließlich

$$\frac{p_1(x)}{p_2(x)}=\frac{c_1-u(0)}{c_2-u(0)}=c.$$

[2] Daß eine einzige Indifferenzlinie die Präferenzstruktur der ganzen Halbebene festlegt, wie KRELLE [1961] behauptet, kann allerdings nicht gefolgert werden.

[3] KRELLE [1961], S. 597ff., schlägt z.B. vor, die Nutzenfunktion der Betriebsleitung durch Befragen zu ermitteln: Man lasse hypothetische Risikosituationen (einfache Chancen oder Risiken) miteinander vergleichen bzw. nach ihrer Präferenz anordnen und errechne aus den Ergebnissen nach dem oben oder auf S. 68f. beschriebenen Verfahren die Nutzenfunktion. Sie dient als Grundlage (Zielfunktion) für die Optimierung von stochastischen Programmen, mit denen die Unternehmung sich konfrontiert findet. Nach dieser Methode hat GRAYSON [1960] tatsächlich die Nutzenfunktion einiger Unternehmer der Erdölförderung konstruiert. Vgl. auch GREEN [1961].

Die Bewertung komplizierterer Wahrscheinlichkeitsverteilungen mit Hilfe des einfachen Chancenpräferenzfeldes kann nach KRELLE[1] auch rein geometrisch vorgenommen werden. Dabei fällt in natürlicher Weise ein Axiomensystem des Bernoulli-Nutzens ab.

2.3.4. Nutzenaxiomatik

Es ist nicht meine Absicht, zu dem weitschweifigen Disput über die Frage der Rationalität des Bernoulli-Prinzips beizutragen, ja ihn auch nur annähernd erschöpfend darzulegen. Es scheint aber in diesem Zusammenhang nicht unnötig, wenigstens kurz anzudeuten, warum das Prinzip als rational angesehen werden kann, zumal es später die Grundlage bei der Beurteilung der früher genannten Entscheidungskriterien abgeben soll. Auch haben wir die Messung der Nutzenfunktion nur unter der Annahme der Gültigkeit des Bernoulli-Prinzips abgeleitet. Inwieweit aber diese Annahme gerechtfertigt ist, bleibt noch zu prüfen.

Die Diskussion entbrannte nach der Veröffentlichung des berühmten Axiomensystems für den Nutzen von NEUMANN und MORGENSTERN[2]. Der Grundgedanke bei der rationalen Begründung des Bernoulli-Prinzips durch ein Axiomensystem besteht darin, daß man zunächst versucht, einige möglichst einleuchtende Konsequenzen des Bernoulli-Prinzips herzuleiten. Diese sollen Entscheidungsprinzipien für sehr einfache Risikosituationen sein, Prinzipien, nach denen sich zu richten, allgemein als rational anerkannt wird. Je mehr man solche plausiblen Konsequenzen findet, um so plausibler wird das Bernoulli-Prinzip selbst. Im Extremfall erhält man so viele voneinander unabhängige und durchweg rational erscheinende Entscheidungsprinzipien als Folgerungen des Bernoulli-Prinzips, daß sie nun umgekehrt dieses zur Folge haben. Das Bernoulli-Prinzip ist dann mit dieser ausgewählten Menge seiner Konsequenzen — man bezeichnet sie als Axiome — äquivalent.

Im Laufe der Diskussion um den Bernoulli-Nutzen sind verhältnismäßig viele Axiomensysteme entwickelt worden, die aber alle sehr verwandt sind[3]. Im folgenden wird ein solches System angegeben. Es reicht

---

[1] KRELLE [1957]. Übrigens geht SHACKLEs [1955] Risikotheorie von einem ähnlichen Chancenpräferenzfeld aus. Ich will sie in diese Untersuchung deshalb nicht einbeziehen, weil sie anstelle der Wahrscheinlichkeiten die (subjektiven) sog. Überraschungsgrade verwendet. Auch wenn man diese (bzw. ihre reziproken Werte) als Wahrscheinlichkeiten deutet, muß diese Theorie, wie KRELLE [1957] gezeigt hat, noch bedeutend verschärft werden, bis sie mit dem Bernoulli-Prinzip übereinstimmt.

[2] NEUMANN und MORGENSTERN [1947]. Eine frühere, aber unbeachtet gebliebene Axiomatisierung des Nutzens sowie der subjektiven Wahrscheinlichkeit stammt von RAMSEY [1931], vgl. bes. Kap. VII: Truth and Probability.

[3] MARSCHAK [1950], FRIEDMAN und SAVAGE [1952], SAMUELSON [1952], SAVAGE [1954], HERSTEIN und MILNOR [1953], LUCE und RAIFFA [1957], MARKOWITZ [1959]. Einen vergleichenden Überblick über die wichtigsten Axiomensysteme findet man bei SCHNEEWEISS [1963].

zwar hin, um das Bernoulli-Prinzip zu fundieren, ist aber nicht in der knappsten Form dargestellt. Dafür wird die Ableitung des Bernoulli-Prinzips einfacher. Im übrigen sind alle Axiome verhältnismäßig leicht zu vollziehende Folgerungen aus dem Bernoulli-Prinzip. Sie sollen aber jetzt unabhängig von diesem auf ihre Plausibilität überprüft werden.

(1) Als erstes Axiom wird verlangt, daß die Präferenzrelation in W eine schwache, einfache Ordnung induziert[1], kurz, daß das *ordinale Prinzip* besteht.

(2) Sodann werden besonders einfache Wahrscheinlichkeitsverteilungen betrachtet, die mit Wahrscheinlichkeit p das Einkommen x, mit $1-p$ das Einkommen y eintreten lassen; sie seien mit xpy bezeichnet. Ohne Zweifel akzeptabel ist die Forderung[2] — übrigens ein Spezialfall von (4) und daher eigentlich überflüssig —, daß aus $x \succ y$ folgt, daß $x \succ xpy \succ y$, sofern $0 < p < 1$, oder sogar, daß $xp_1y \succ xp_2y$, falls $p_1 > p_2$; sie stimmt mit dem *Dominanzprinzip* II überein.

(3) Ein zusätzliches, immer noch sehr plausibles Axiom ist die Forderung nach einem stetigen Übergang von x zu y, wenn p von 1 nach 0 abnimmt. Genauer: Ist $x \succ z \succ y$, dann gibt es ein p, $0 < p < 1$, so daß $z \sim xpy$. Mit diesem *Stetigkeitsaxiom* (auch *archimedisches Axiom* genannt und nicht zu verwechseln mit dem früher auf S. 43f. diskutierten Stetigkeitsprinzip) kann man schon eine Nutzenfunktion aufstellen[3], und zwar genau in der früher beschriebenen Weise (2.3.3.). Ob freilich diese — bis auf Einheit und Nullpunkt — eindeutig ist und ob sie alle anderen Wahrscheinlichkeitsverteilungen durch ihren Erwartungswert bewertet, kann erst entschieden werden, wenn noch ein Axiom hinzutritt, das den Vergleich zusammengesetzter Wahrscheinlichkeitsverteilungen gestattet.

(4) Sind w_1, w_2, w_3 drei Wahrscheinlichkeitsverteilungen und ist $w_1 \succsim w_2$, dann gilt für die mit irgendeinem p, $0 < p < 1$, zusammengesetzten Wahrscheinlichkeitsverteilungen $w_1 p w_3 \succsim w_2 p w_3$, und umgekehrt. Man kann also hiernach, wenn wir einmal nur das Indifferenz-

---

[1] AUMANN [1962] untersucht einen Nutzen, der zu einer nur partiell geordneten Präferenzstruktur gehört. Er läßt also zu, daß ein Individuum zwischen gewissen Alternativen nicht wählen kann oder mag, ohne daß ihm diese indifferent sind. Noch eine stochastisch variierende Präferenzstruktur kann durch eine Nutzenfunktion (zusammen mit anderen Strukturelementen) beschrieben werden. Vgl. LUCE [1958].

[2] Es sind freilich Ausnahmen denkbar, nämlich dann, wenn die Bewertung der Ergebnisse x oder/und y von p abhängt. So führt MARSCHAK [1950] das Beispiel des Bergsteigers an: Steht dort x für „Leben" und y für „Tod", dann ist zwar sicherlich $x \succ y$, aber eine riskante Bergbesteigung wird höher als das sichere Leben bewertet, d.h. $xpy \succ x$, entgegen Forderung (2). Vgl. auch ELLSBERG [1958].

[3] Wird das Stetigkeitsaxiom fallengelassen, dann läßt sich nur noch eine mehrdimensionale Nutzenfunktion konstruieren, die zu einer lexikographischen Ordnung führt; sie erfüllt aber noch die Eigenschaft der Erwartungstreue. Vgl. HAUSNER [1954].

zeichen betrachten, in einer zusammengesetzten Wahrscheinlichkeitsverteilung eine der konstituierenden Verteilungen durch eine indifferente
ersetzen, ohne den Nutzen der zusammengesetzten Verteilung zu ändern.
(Ähnliches gilt, wenn man die konstituierende Verteilung durch eine
vorgezogene ersetzt.) Man bezeichnet daher dieses Axiom als *Substitutionsaxiom*. Zur Verdeutlichung ist folgendes Diagramm geeignet[1].

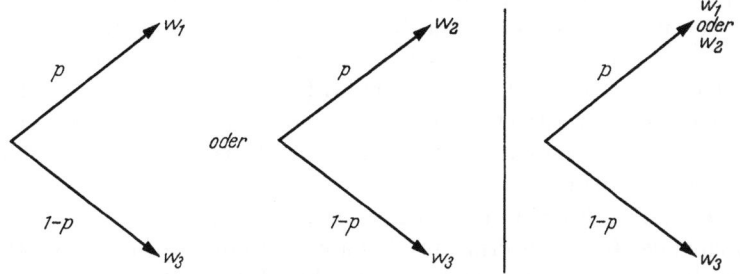

Abb. 15. Wahlhandlungen zum Unabhängigkeitsaxiom

Auf der rechten Seite ist folgende Entscheidungssituation abgebildet:
Man ist an einem Glücksspiel beteiligt, das einem in der ersten Stufe
mit der Wahrscheinlichkeit $1-p$ die Verteilung w_3 beschert, diese wird
in einer zweiten Stufe bei der Ausspielung des endgültigen Einkommens
zugrunde gelegt. Mit der Wahrscheinlichkeit p kann man aber auch in
der ersten Stufe vor eine Wahlmöglichkeit gestellt werden, nämlich
zwischen w_1 und w_2 für die zweite Stufe zu wählen. Ist $w_1 \succ w_2$, wird man
sich für w_1 entscheiden. Auf der linken Seite hat man einfach zwischen
den beiden zweistufigen Glücksspielen $w_1 p w_3$ und $w_2 p w_3$ zu wählen.
Diese Wahl aber erscheint der ersten offenbar äquivalent; wenn man
dort w_1 vorzog, so jetzt $w_1 p w_3$, unabhängig davon, was für eine Verteilung w_3 ist, und unabhängig von der Größe von p, sofern nur $p > 0$.
(Ähnliches gilt, wenn $w_1 \sim w_2$.) Anstatt sich also erst nach der ersten
Stufe zu entscheiden, kann man das gleich zu Anfang des Glücksspiels
tun. Die endgültige Wahl selbst wird davon, ob man ex post oder ex
ante entscheidet, nicht beeinflußt. Genau das ist der Inhalt des vierten
Axioms, das man wegen dieser Interpretation auch *Unabhängigkeitsaxiom*[2] und mit SAVAGE[3] „*sure thing*"-*Prinzip* nennt. FRIEDMAN und

---

[1] MARKOWITZ [1959].

[2] SAMUELSON [1952]. Im Zusammenhang mit diesem Aufsatz findet man in demselben Band der Econometrica (20), S. 661—679, eine ausgedehnte Diskussion über
das Unabhängigkeitsaxiom, besonders im Zusammenhang mit sich oft wiederholenden
Risikosituationen (WALD, MANNE, MALINVAUD, SAVAGE, SHACKLE, CHARNES).

[3] SAVAGE [1954], S. 21 ff. Das genannte Prinzip von SAVAGE ist in Wirklichkeit
allgemeiner als das Unabhängigkeitsaxiom, da es auch für solche Situationen anwendbar ist, in denen keine objektiven Wahrscheinlichkeiten gegeben sind, wird es doch
unter anderem dazu benutzt, die Existenz subjektiver Wahrscheinlichkeiten herzuleiten.

SAVAGE[1] nennen es "a principle that we believe practically unique among maxims for wise action in the face of uncertainty, in the strength of its intuitive appeal". Sie fahren fort: "The principle is universally known and recognized; and the Greeks must surely have had a name for it, ... "

Auf der anderen Seite bestreitet ALLAIS [1953c] die Plausibilität des Axioms: ex post- und ex ante-Analyse könnten auch bei rational handelnden Personen zu unterschiedlichen Entscheidungen führen. Ob dann aber nicht eine Bewertung des Spielmechanismus an sich dafür verantwortlich ist? In der Tat kann Axiom (4) [und in geringerem Maße auch Axiom (2)] als Ausdruck für die Abwesenheit der Lust am Spielbetrieb und damit als Kennzeichnung des rationalen Handelns bei Ungewißheit angesehen werden.

Daß dieses Prinzip in der Tat hinreicht, zusammen mit den vorerwähnten das Bernoulli-Prinzip zu bestätigen, sei für beschränkte diskrete Verteilungen andeutungsweise gezeigt. Die Einkommen $x_1, x_2, \ldots, x_n$ seien mit den Wahrscheinlichkeiten $p_1, p_2, \ldots, p_n (\sum p_i = 1)$ belegt. Es seien x und y zwei Einkommen, zwischen denen die x_i liegen: $x \succ x_i \succ y$. Man setze $u(x) = 1$, $u(y) = 0$. Damit ist nach dem oben Gesagten eine Nutzenfunktion u festgelegt (Stetigkeitsaxiom). Es sei $u(x_i) = u_i$, $0 < u_i < 1$; d.h. es ist (nach Fall 2 der Konstruktion einer Nutzenfunktion – vgl. 2.3.3.) $x u_i y \sim x_i$. Nach dem Substitutionsaxiom kann man in der ursprünglichen Wahrscheinlichkeitsverteilung für x_i die indifferente Wahrscheinlichkeitsverteilung $x u_i y$ setzen. Das Ergebnis ist eine zusammengesetzte Verteilung, die in einer ersten Stufe mit Wahrscheinlichkeit p_i die Wahrscheinlichkeitsverteilung $x u_i y$, darauf in einer zweiten Stufe mit Wahrscheinlichkeit u_i das Einkommen x eintreten läßt. x trifft also (nach Additions- und Multiplikationssatz der Wahrscheinlichkeitsrechnung) insgesamt mit der Wahrscheinlichkeit $\sum\limits_{i=1}^{n} p_i u_i$ zu, y mit der Gegenwahrscheinlichkeit. Folglich ist die zusammengesetzte und damit auch die ursprüngliche Wahrscheinlichkeitsverteilung indifferent zu $x(\sum p_i u_i) y$. Die Summe $\sum p_i u_i$ ist aber gerade der Erwartungswert von u bezüglich der ursprünglichen Verteilung. Sind zwei Verteilungen mit den moralischen Erwartungen $\bar{u}_1$ und $\bar{u}_2$ zu vergleichen und werden beide nach oben und unten von x und y beschränkt, dann brauchen also nur $x \bar{u}_1 y$ und $x \bar{u}_2 y$ verglichen zu werden. Es ist aber (nach unserem zweiten Axiom) $x \bar{u}_1 y \succsim x \bar{u}_2 y$ genau dann, wenn $\bar{u}_1 \geq \bar{u}_2$. Folglich werden Wahrscheinlichkeitsverteilungen in der Tat durch den Erwartungswert ihres Nutzens geordnet. Das aber ist der Inhalt des Bernoulli-Prinzips.

---

[1] FRIEDMAN and SAVAGE [1952], bes. S. 468.

Ohne ausdrückliche Erwähnung wurde bei dieser Herleitung mehrfach das Axiom (1) benutzt, nämlich bei den einzelnen Verwandlungsschritten der ursprünglichen Wahrscheinlichkeitsverteilung die Transitivität von Präferenz und Indifferenz. Bei unbeschränkten Wahrscheinlichkeitsverteilungen ist dieser Beweis zu modifizieren, da jetzt die Fälle 1 und 3 bei der Konstruktion einer Nutzenfunktion zu berücksichtigen sind.

Übrigens folgt noch, daß die Bewertung zusammengesetzter Wahrscheinlichkeitsverteilungen in derselben Weise aus den Bewertungen der konstituierenden Verteilungen aufgebaut werden kann wie einfache Wahrscheinlichkeitsverteilungen aus den Nutzenbewertungen der Einkommen:

$$\Psi[w_1 \, p \, w_2] = p \, \Psi[w_1] + (1-p) \, \Psi[w_2], \quad \text{wenn} \quad \Psi[w] = E_w[u(x)].$$

2.4. Zum Rationalitätsproblem

2.4.1. Rationalität des Bernoulli-Prinzips

Die vorstehenden Erörterungen sollten zeigen, wieso das Bernoulli-Prinzip rational genannt werden kann.

Bei diesem Vorgehen wird allerdings gleichzeitig präzisiert, was unter rational zu verstehen ist. Offenbar kann man mit einer allgemeinen (abstrakten) und notwendig verschwommenen Definition, wie sie traditionellerweise vorgetragen wird, nicht viel anfangen. ALLAIS formuliert für den rational Handelnden wie folgt[1]: «(a) il poursuit des fins cohérentes avec elle-mêmes, (b) il emploie des moyens appropriés aux fins poursuivies». Stattdessen sind operationale Definitionen der Rationalität erforderlich. Man kann an ihnen in konkreten (oder vorgestellten) Situationen (z.B. durch Introspektion) nachprüfen, ob man sich nach einer solchen Definition rational verhalten würde oder nicht, und man kann an Versuchspersonen testen, ob ihr Verhalten der rationalen Norm entspricht oder nicht. Ein Nachteil der operationalen Methode ist, daß man an jeder als rational proklamierten Verhaltensweise ihre Rationalität bezweifeln kann; auch können jederzeit neue typische Verhaltensnormen für rational erklärt werden. Das Problem der Rationalität ist also immer offen, selbst dann, wenn ein weitgehend allgemeiner Konsensus erzielt werden kann.

Immerhin sind aber die Axiome des Bernoulli-Nutzens so einleuchtend, daß ihre Verletzung geradezu unlogisch erscheint. Diese These ist

---

[1] ALLAIS [1953c]. ALLAIS folgert aus (a) und (b), daß rational Handelnde sich nach dem ordinalen und nach dem Dominanz-Prinzip richten und nur nach diesen. Mir erscheint diese gefolgerte Aussage über rationales Handeln klarer (weil operational und daher überprüfbar) als die voranstehende allgemeine Definition der Rationalität, aus der sie (angeblich) folgt. Eine andere Frage ist, ob man ihr zustimmen soll.

freilich zu qualifizieren. Denn mit Logik haben die Verhaltensaxiome (1) bis (4) nichts zu tun, da sie sich auf Entscheidungen zwischen Aktionen beziehen, während Logik das richtige Schließen von (wahren oder falschen) Behauptungen auf andere Behauptungen lehrt. Allerdings, auch die Logik ist eine wichtige Grundlage für rationales Verhalten: Eine Handlung, die aufgrund falscher Berechnungen oder falscher Deduktionen unternommen wird, ist unrational. Daß logische Konsistenz die unerläßliche Grundbedingung für rationales Handeln ist, darüber ist man sich wohl einig. Aber – um es zu wiederholen – die in 2.3.4. angeführten Verhaltensnormen stehen außerhalb des Bereichs der reinen Logik. Nach SAVAGE[1] sind sie jedoch ebenso zwingend wie logische Gesetze. Sie können zwar genau wie diese durch das tatsächliche Verhalten verletzt werden, aber, darauf aufmerksam gemacht, müßte jeder rationale Mensch sein Verhalten so zu korrigieren versuchen, daß es mit den logischen Regeln wie mit den axiomatischen Prinzipien des Bernoulli-Nutzens übereinstimmt. Gerade darin liegt die überragende Stellung des Bernoulli-Prinzips vor allen anderen Entscheidungskriterien. Man könnte es ein quasilogisches Prinzip nennen.

Um die Plausibilität ihrer Axiome ins rechte Licht zu rücken, schreiben NEUMANN und MORGENSTERN[2]: "It can be shown that under the conditions on which the indifference curve analysis is based very little extra effort is needed to reach a numerical utility." " ... we hope we have shown that the treatment by indifference curves implies either too much or too little: if the preferences of the individual are not all comparable, then the indifference curves do not exist. If the individual's preferences are all comparable, then we can even obtain a (uniquely defined) numerical utility."

Mit anderen Worten, werden ordinales und Dominanz-Prinzip als rational erachtet, dann ist nur noch ein kleiner Schritt erforderlich (nämlich die Hinzunahme von Stetigkeits- und Unabhängigkeitsaxiom), um auch noch das bedeutend stärkere Bernoulli-Prinzip als rational anzuerkennen.

Wir werden jedenfalls für unsere Ausführungen im zweiten Teil die Konsequenz aus dieser Diskussion ziehen und ein Verhalten nach dem Bernoulli-Prinzip als rationales Verhalten deklarieren[3].

---

[1] SAVAGE [1954], insbesondere S. 20ff.

[2] NEUMANN und MORGENSTERN [1947], S. 17 und S. 19ff.

[3] Ein Abweichen von der Bernoulli-Norm ist entsprechend als unrational zu bezeichnen. Unrationalität in dem hier gebrauchten Sinne sollte nicht mit dem psychologischen und hier irrelevanten Begriff der Irrationalität verwechselt werden. Irrationales, d.h. rational nicht Erfaßbares (bzw. nicht Begründbares), liegt nämlich auch dem rationalen Verhalten zugrunde. Denn erstens ist der Wunsch nach Rationalität irrational, und zweitens stammen die in die Nutzenfunktion einfließenden Wertvorstellungen aus dem emotionalen, also irrationalen Bereich.

2.4.2. Subjektive und objektive Rationalität

Mag man auch davon überzeugt sein, daß das Bernoulli-Prinzip eine rationale Verhaltensnorm darstellt, weil es sich auf einfache Axiome zurückführen läßt, deren Rationalität unmittelbar einleuchtet, so wird man doch hinsichtlich seines empirischen Gehaltes skeptisch sein dürfen. Wir haben gesehen (vgl. 2.3.4.), daß die Zurückführung auf einfache Axiome keineswegs trivial ist. Gerade die relative Komplexität dieses Verfahrens läßt aber vermuten, daß tatsächliches Verhalten oft von der rationalen Norm abweichen wird.

ALLAIS [1953c][1] hat einige raffiniert konstruierte Wahl-Experimente durchgeführt, deren Ergebnisse gewöhnlich dem Bernoulli-Prinzip widersprachen. Dieser Befund kann jederzeit bestätigt werden. Wenn man jedoch die Versuchspersonen die ihnen vorgelegten (hypothetischen) Risikosituationen analysieren läßt, d.h. sie auf einfache Alternativen des auf S. 75 bildhaft dargestellten Typs reduzieren läßt, werden diese zumeist die Inkonsistenz ihrer ursprünglichen Entscheidungen einsehen und sie zu korrigieren versuchen[2].

Hierzu betrachte man etwa das folgende Beispiel von ALLAIS, wonach zunächst die folgenden beiden Angebote zur Wahl stehen:

(A_1) Man erhält 1 Million Francs mit Sicherheit.

(B_1) Man erhält 5 Millionen Francs mit Wahrscheinlichkeit 0,10
oder 1 Million Francs mit Wahrscheinlichkeit 0,89
oder nichts mit Wahrscheinlichkeit 0,01.

Auf Befragen erklären viele, daß sie A_1 wählen würden. Dieselben Personen werden aber auch oft bei der folgenden Wahl das Angebot B_2 vorziehen:

(A_2) Man erhält 1 Million Francs mit Wahrscheinlichkeit 0,11
oder nichts mit Wahrscheinlichkeit 0,89.

(B_2) Man erhält 5 Millionen Francs mit Wahrscheinlichkeit 0,10
oder nichts mit Wahrscheinlichkeit 0,90.

Die beiden Präferenzbeziehungen $A_1 \succ B_1$ und $B_2 \succ A_2$ widersprechen aber einander, wenn man das Bernoulliprinzip mit irgendeiner Nutzenfunktion u den Wahlhandlungen zugrunde legt; oder anders gesagt: die Tatsache, daß dieselbe Person zugleich die Präferenzen $A_1 \succ B_1$ und $B_2 \succ A_2$ äußerte, zeigt, daß sie sich nicht nach dem Bernoulliprinzip gerichtet hat. In der Tat widerspricht die Ungleichung $u(1) >$ $0,1\, u(5) + 0,89\, u(1) + 0,01\, u(0)$ der zur zweiten Wahlhandlung gehörenden Ungleichung $0,1\, u(5) + 0,9\, u(0) > 0,11\, u(1) + 0,89\, u(0)$, und dieser Widerspruch besteht für jede Funktion u. (Um ihn aufscheinen zu lassen, addiere man die rechten und linken Seiten beider Ungleichungen.)

Das Bernoulli-Prinzip gestattet zwar keine Entscheidung darüber, ob Angebot A_1 dem B_1 vorgezogen werden sollte oder B_1 dem A_1 — das könnte erst nach Kenntnis der Nutzenfunktion entschieden werden. Jedoch, die einmal gewählte Präferenz

---

[1] Vgl. auch den ausführlichen Fragebogen in ALLAIS [1953b], sowie ein besonders drastisches Beispiel von MORLAT [1953].

[2] MARKOWITZ [1959], S. 218ff.

(z.B. $A_1 \succ B_1$) impliziert nach dem Bernoulli-Prinzip notwendig eine entsprechende Präferenz (nämlich $A_2 \succ B_2$) in dem zweiten Entscheidungsproblem, und zwar unabhängig davon, welche Nutzenfunktion zu Grunde liegt.

Daß ein solches Verhalten, und nicht das oben beschriebene, von ALLAIS tatsächlich beobachtete Verhalten, mit Recht rational genannt werden kann, zeigt MARKOWITZS Analyse [1959]: Man stelle die oben genannte Person (natürlich nur hypothetisch) vor folgende dritte Wahlmöglichkeit:

(A_3) Man erhält 1 Million Francs mit Sicherheit.

(B_3) Man erhält 5 Millionen Francs mit Wahrscheinlichkeit 10/11 oder nichts mit Wahrscheinlichkeit 1/11.

Nehmen wir an, die Person entscheide sich für A_3. Alsdann veranstalten wir (immer in Gedanken — versteht sich) eine Lotterie, bei der die Person 1 Million Francs mit Wahrscheinlichkeit 0,89 gewinnen kann, während sie mit Wahrscheinlichkeit 0,11 zunächst nichts gewinnt, sondern nur vor die Wahl gestellt wird, A_3 oder B_3 zu wählen. Natürlich wird sie nach wie vor A_3 wählen, sollte der zweite Fall eintreten. Aber als rational handelnde Person wird sie auch schon vor dem Ausgang des Lotteriespiels sich darüber im klaren sein, daß sie A_3 gegenüber B_3 wählen würde (und z.B. einen Agenten beauftragen können, im Falle der Wahl so zu wählen). Genauer: In einer Urne befinden sich 100 Lose, 89 davon mit der Aufschrift „1 Million", 11 mit der Aufschrift „W", was eine Kurzbezeichnung für die Wahl zwischen A_3 und B_3 sein soll. Dabei kann B_3 durch ein zweites Lotteriespiel repräsentiert werden, bei dem aus einer Urne mit 11 Losen gezogen wird, wovon 10 die Aufschrift „5 Millionen" tragen und eines eine „Niete" ist. Da nun eine rational handelnde Person schon vor dem Auftreten von „W" weiß, ob sie A_3 oder B_3 vorziehen wird, kann sie auch zwischen zwei Lotterien A_3' und B_3' rational wählen, bei denen aus der oben beschriebenen Urne mit den 100 Losen gezogen wird, die W-Lose aber im Falle A_3 durch 1-Million-Lose, im Falle B_3 durch die 11 Lose aus der B_3 repräsentierenden Urne ersetzt worden sind, und zwar wird im Falle $A_3 \succ B_3$ auch $A_3' \succ B_3'$ sein. Die beiden einander im wesentlichen äquivalenten Wahlhandlungen entsprechen übrigens rechter und linker Seite der Abb. 15 mit $w_1 = A_3$, $w_2 = B_3$ und $w_3 = 1$ Million. Nun zeigt ein einfaches Abzählen der Lose, daß A_3 äquivalent zu A_1 und B_3 äquivalent zu B_1 ist. Also folgt zwingend $A_1 \succ B_1$ aus $A_3 \succ B_3$.

Analog können Lotterien A_3'' und B_3'' konstruiert werden, die in 89 von 100 Fällen nichts ausschütten und in den restlichen 11 Fällen entweder (im Falle A_3'') 1 Million oder (im Falle B_3'') davon in 10 Fällen 5 Millionen und im letzten Fall wieder nichts. Wie eben folgt aus $A_3 \succ B_3$ für eine rationale Person $A_3'' \succ B_3''$, und da A_3'' zu A_2 und B_3'' zu B_2 äquivalent sind, folgt schließlich $A_2 \succ B_2$.

Die Person, die ursprünglich Präferenzen $A_1 \succ B_1$ und zugleich $B_2 \succ A_2$ zum Ausdruck brachte, erkennt nun, wenn sie allen diesen Überlegungen Schritt für Schritt gewissenhaft gefolgt ist und die einzelnen Schritte als rational anerkennt (was im wesentlichen auf die Anerkennung des Substitutionsaxioms (4) in 2.3.4. hinausläuft), daß ihre geäußerten Präferenzen inkonsistent sind, daß sie vielmehr mit „$A_1 \succ B_1$" notwendig auch „$A_2 \succ B_2$" oder aber mit „$B_2 \succ A_2$" notwendig „$B_1 \succ A_1$" sagen muß[1].

---

[1] Bei diesen Überlegungen, die übrigens nur die früher (S. 76) vorgebrachten Argumente für die Existenz einer Nutzenfunktion, angewandt auf dieses spezielle Beispiel, wiederholen, war es offensichtlich nicht erforderlich, explizit auf das Bernoulli-Prinzip Bezug zu nehmen.

Das Beispiel lehrt, daß erstens Rationalität als Verhaltenshypothese vermutlich nur mehr oder weniger approximativ die wirklichen Handlungen beschreiben und erklären kann und daß zweitens Rationalität als Norm zumeist sehr umfangreiche Analysen gegebener Entscheidungssituationen erfordert, wenn sie angewandt werden soll. Beide Punkte schränken die Bedeutung und Manipulierbarkeit des Rationalitätsbegriffes zweifellos ein.

Dieses Schicksal trifft freilich nicht nur das Bernoulli-Prinzip, sondern ebenso die reine Logik, soweit sie konstituierendes Element des rationalen Verhaltens ist. Wie leicht logische Irrtümer gemacht werden, kann an der Geistesgeschichte abgelesen werden. Auch mag jeder seine eigenen Erfahrungen befragen. Wenn logische Fehler, z.B. durch Vernachlässigung unbedeutend erscheinender Voraussetzungen, entstehen, so die Inkonsistenzen in ALLAIS' Fragebogen durch Vernachlässigung sehr kleiner, in Wahrheit aber bedeutender Wahrscheinlichkeiten. Hier wie dort widerspricht nur zu oft die empirische Wirklichkeit der rationalen Norm. Hier wie dort bedeutet die Anwendung dieser Norm zusätzliche Mühen und Aufwand an analytischer Arbeit.

So ist schon die Aufstellung des Grundmodells[1] — die Aufzählung der möglichen Zustände der Welt, die Erfassung aller vorhandenen Handlungsmöglichkeiten, vor allem aber die Aufstellung der exakten Ergebnisfunktion — von logischen Analysen durchdrungen. Hinzu kommt die Konstruktion einer Nutzenfunktion nach dem Bernoulli-Prinzip. Schließlich kann die tatsächliche Lösung des Entscheidungsproblems, die ja theoretisch nach diesen Vorarbeiten evident erscheint (Maximum der moralischen Erwartung), in praxi zu erheblichen, bisweilen unüberwindbaren Schwierigkeiten führen.

All diese rein analytischen Arbeiten werden aber dem rational Handelnden abverlangt, unabhängig davon, was sie für Mühen und Kosten verursachen. Folgendes Dilemma ist daher möglich: Ein Individuum handle (im Sinne des Bernoulli-Prinzips sowie in rein logischem Sinne) unrational, also inkonsistent bezüglich seiner eigenen Wertvorstellungen — man kann das objektiv feststellen, indem man ihm eine Analyse seiner Situation vor Augen hält und damit eine Revision seiner Entscheidungen erreicht —, gleichzeitig aber werte es die Mühe einer rationalen Analyse höher als den mit deren Hilfe eventuell erreichbaren Vorteil. Handelt es bezüglich *dieses* Wertsystems, das also auch die mit der Aufrechterhaltung der Rationalität verbundenen Mühen[2] berück-

---

[1] Vgl. 1.1.

[2] Unter Umständen könnte aber auch die Aufrechterhaltung der Rationalität Befriedigung verschaffen. GÄFGEN [1963] spricht von Rationalitätspräferenz. Vgl. besonders S. 164. SCHOEFFLER [1954] baut ein „computation criterion", das Kalkulations- und Beurteilungskosten berücksichtigt, in seine abgeschwächte Rationalitätsdefinition ein.

sichtigt, unrational? Das wird man wohl kaum zu behaupten wagen, vielmehr diese Handlungsweise als vernünftig, als rational bezeichnen. Freilich ist diese Rationalität subjektiv. Vom objektiven Standpunkt des *homo oeconomicus* aus bleibt aber die Handlung des Individuums unrational.

Ein Beispiel möge diese Situation illustrieren: Ein Abteilungsleiter für statistische Qualitätskontrolle wisse, daß es außer den im Betrieb verwendeten einfachen Stichprobenplänen auch Sequentialtestpläne gibt, die eventuell sparsamer und zugleich effektiver arbeiten als die schon eingeführten. Natürlich ist nicht jeder sequentielle Plan besser, der beste müßte erst herausgefunden werden. Hierzu sind umständliche Berechnungen erforderlich. Da der Abteilungsleiter hierzu nicht in der Lage ist und da er auch keinen theoretischen Statistiker zur Verfügung hat, müßte er sich an einen statistischen Berater wenden und gegen Entgelt feststellen lassen, ob und wie die statistische Qualitätskontrolle des Betriebs sich bei Berücksichtigung der sequentiellen Pläne (wesentlich) verbessern läßt. Er steht mithin vor der Alternative, die Effektivität seiner Abteilung rational analysieren zu lassen — mit der Möglichkeit einer (erheblichen) Verbesserung — oder aber dies zu unterlassen, um die damit verbundenen Kosten zu sparen, in der Annahme, daß keine wesentliche Verbesserung zutage treten könne. Seine Ergebnismatrix sieht etwa wie folgt aus:

Aktionen	Zustände der Welt	
	Ein wesentlich[1] besserer Plan existiert	Kein wesentlich besserer Plan existiert
Analyse wird durchgeführt	Verbesserung Beraterkosten	Keine Verbesserung Beraterkosten
Analyse wird nicht durchgeführt	Keine Verbesserung Keine Kosten	Keine Verbesserung Keine Kosten

Es liegt also ein gewöhnliches Entscheidungsproblem vor, mit dem einen Unterschied freilich, daß der wahre Zustand der Welt unserem Abteilungsleiter zwar unbekannt ist, einem *homo oeconomicus*, einem wahrhaft rationalen Menschen aber wäre er a priori bekannt, da durch rein logische Analyse auffindbar. Trotzdem würde man eine derartige Vorentscheidung[2] des Abteilungsleiters — nämlich, daß eine rationale Analyse durchgeführt bzw. nicht durchgeführt werden soll — als rational ansehen müssen, wenn sie unter sorgfältiger Abwägung aller Möglichkeiten geschieht (wobei vielleicht die beiden Zustände der Welt mit gewissen subjektiven Wahrscheinlichkeiten zu belegen sind). Die Verwandtschaft mit einem normalen Entscheidungsproblem — normal in dem Sinne, daß die Zustände der Welt nicht nur subjektiv,

---

[1] „Wesentlich besser" heißt um so viel besser (als bisher übliche Kontrollpläne), daß die Beraterkosten mindestens aufgewogen werden.

[2] Eine differenzierte Aufgliederung des Entscheidungsproblems in sämtliche Vorentscheidungen bis hin zur Letztentscheidung findet man bei MENGES und BEHARA [1962].

sondern objektiv unbekannt sind — wird deutlich, wenn man in der angegebenen Entscheidungsmatrix die Aktion „Durchführen einer Analyse" durch „Einholen von Information" ersetzt und entsprechend „Beraterkosten" durch „Informationsbeschaffungskosten".

Die Analyse, also die rationale Durchdringung eines Problems, kann in der Tat als Erkundungsgang in den Bereich der eigenen Gedankenwelt und Wertvorstellungen interpretiert werden und das Ergebnis der Analyse als Information aus jenem Bereich. Die unbekannte Außenwelt umfaßt bei derartigen (Vor-)Entscheidungsproblemen eine subjektiv unbekannte Innenwelt. Man könnte daher die Analyse einer solchen Vorentscheidung, die gegebenenfalls zu dem Resultat führt, daß auf weitere rationale Durchdringung eines Problems verzichtet wird, als *subjektive Rationalität* bezeichnen. Im Gegensatz dazu geht *objektive Rationalität* davon aus, daß Denken und Rechnen, daß die Ermittlung der eigenen subjektiven Nutzenfunktion und eventuell der subjektiven Wahrscheinlichkeiten, kurz daß jede Analyse keine „disutility" in sich birgt. Mit diesem Fall beschäftigt sich fast ausschließlich die derzeitige theoretische und angewandte Entscheidungstheorie.

Die meines Erachtens wichtigste Ausnahme bilden die zahlreichen Arbeiten SIMONS[1], die den Aufbau einer den tatsächlichen Fähigkeiten des handelnden Menschen angemessenen Rationalität intendieren. SIMON spricht von „bounded rationality", was unserer „subjektiven Rationalität" entsprechen mag. In letzter Konsequenz führt subjektive Rationalität auf den Verzicht der Maximierungsmaxime. Es wird nicht mehr versucht, eine irgendwie definierte Zielfunktion (Profit, Nutzen) zu maximieren, sondern es wird statt dessen ein Suchprozeß angestrengt. Es wird — nach SIMON — so lange nach besseren Aktionen gesucht, bis ein gewisses Befriedigungsniveau erreicht ist[2]. Wie nahe man dabei an das „Optimum" herankommt, hängt unter anderem davon ab, in welcher Reihenfolge man die alternativen Aktionen hinsichtlich ihrer Erfolgsaussichten untersucht. CLARKSONS Simulationsstudie [1962] über das reale Investitionsverhalten stellt einen Versuch dar, diese Methoden praktisch anzuwenden[3]. In dieser Abhandlung werden allerdings diese

---

[1] Vgl. etwa SIMON [1957], bes. Teil IV und hier bes. S. 198. Ebenso definiert SCHOEFFLER [1954] eine beschränkte, wirklichkeitsnahe Rationalität, die er der objektiven (perfect rationality) gegenüberstellt.

[2] Vgl. auch SAUERMANN und SELTEN [1962].

[3] HARING und SMITH [1959] wollen den Suchprozeß nur auf einen Teil des gesamten Entscheidungsvorgangs beschränken; in gewissen Phasen wird doch noch eine Zielfunktion maximiert (vgl. S. 112 f.). Dagegen wollen SHACKLE [1955] und — dessen Theorie modifizierend — ANGELL [1960] letztlich ein „Optimum" anstreben, jedoch unter stark vereinfachten Verhaltensnormen, weshalb man ihre Entscheidungstheorien ebenfalls zu den subjektiv rationalen zählen kann. Vgl. auch CARTER, MEREDITH und SHACKLE [1957].

6*

Ideen nicht weiter verfolgt; vielmehr liegt ihr die Idee der objektiven Rationalität zugrunde.

Das scheint gerechtfertigt, wenn man annimmt, daß sich im Laufe der Zeit die Diskrepanz zwischen subjektiver und objektiver Rationalität besonders bei wichtigen Entscheidungen verringert[1]. Jedes rational gelöste Entscheidungsproblem erleichtert die Lösung ähnlich gelagerter Probleme. In dem Maße also, als Lösungsmethoden publik und damit zu Allgemeingut werden, wächst der Bereich derjenigen Entscheidungssituationen, die nunmehr mit geringem Aufwand gelöst werden können.

Tatsächlich braucht unser Abteilungsleiter in dem oben ausgeführten Beispiel kaum noch eine statistische Beratung, denn die sequentiellen Pläne sind weitgehend ausgearbeitet und, nach ihren Eigenschaften geordnet, jedermann zugänglich.

Entscheidungstheoretische und allgemeine logische Forschungen und deren Publikationen werden zu einem nicht unerheblichen Teil öffentlich finanziert. Mit diesen social costs zahlt die Gesellschaft für die Entwicklung von Rationalität. (Ein anderer Teil öffentlicher Forschung dient der Informationsgewinnung und damit indirekt der Lösung von Entscheidungsproblemen; ein weiterer Teil ist nicht pragmatisch gebunden — doch sind die Grenzen fließend.)

Andererseits versucht die angewandte Entscheidungstheorie einen Kompromiß zwischen subjektiver und objektiver Rationalität herzustellen, indem sie keine genauen, weil viel zu mühsam zu handhabenden, sondern nur approximative Lösungsmethoden entwickelt. Diese führen zwar nicht zum Optimum, können aber oft eine bestehende Situation entscheidend verbessern, ohne daß ihre Anwendung selbst zuviel Kosten verursacht. Daher der zwischen reiner (exakter) Theorie und praxisnaher (sich im Extremfall auf Daumenregeln beschränkender) Anwendung schwankende Charakter des Operations Research.

So wird auch diese Arbeit sich zwar vornehmlich auf den theoretischen Begriff der objektiven Rationalität stützen[2], jedoch bei der Rationalitätsanalyse einzelner Entscheidungskriterien gern zugeben, daß diese, wenn auch nicht im strengen Sinne, so doch approximativ rational sein können und zudem bequem zu handhaben sind.

---

[1] So sagt KNIGHT [1921], S. 236: "Doubtless in the long run of history there is a tendency toward rationality even in man's whims and impulses." Und SCHOEFFLER [1954], S. 264: "..., the ever-expanding inventory of knowledge will make possible an evercontinuing correction of error, and thus a progressively closer approach to the satisfaction of our requirements for rationality."

[2] Dabei kann ich zu meinen Gunsten die Fortsetzung des in der vorangehenden Fußnote gebrachten Zitats von KNIGHT [1921] anführen: "And if for no other reason than the impossibility of intelligently dealing with conduct on any other hypothesis, we seem justified in limiting our discussion to rational grounds of action."

Anhang zum zweiten Kapitel

Die Gleichheit von Sicherheitsäquivalent
und Einsatz bei speziellen Nutzenfunktionen

Einsatz Y und Sicherheitsäquivalent S wurden im Abschnitt 2.1.4. (S. 42 ff.) allgemein und im Abschnitt 2.3.1. (S. 62 ff.) auf der Grundlage des Bernoulli-Prinzips definiert. Danach war, wenn w eine Wahrscheinlichkeitsverteilung und u eine Nutzenfunktion bedeuten:

$$S[w] = u^{-1}(E_w[u(x)])$$

und $Y = Y[w]$, so definiert, daß

$$E_w[u(x-Y)] = u(0).$$

$S[w]$ und $Y[w]$ sind im allgemeinen verschieden voneinander, es sei denn, daß u eine sehr spezielle Nutzenfunktion ist. Für welche Nutzenfunktionen ist nun aber generell $S[w] \equiv Y[w]$? Diese Frage wird durch den folgenden Satz[1] beantwortet.

Satz: Es sei u eine stetig differenzierbare Nutzenfunktion mit $u'(x) \neq 0$ für alle x. Hieraus folgt zunächst, daß jede Wahrscheinlichkeitsverteilung, für die $E[u(x)]$ existiert, ein eindeutig bestimmtes Sicherheitsäquivalent besitzt. Alsdann gibt es zu jeder Wahrscheinlichkeitsverteilung, für die $E[u(x)]$ existiert, einen eindeutig bestimmten und mit dem Sicherheitsäquivalent übereinstimmenden Einsatz dann und nur dann, wenn u linear oder die Exponentialfunktion ist:

$$u(x) = a\,x + b$$

oder

$$u(x) = A\,e^{B\,x} + C.$$

Beweis: (A) Sei $u(x) = ax + b$. Dann ist für jedes zulässige w das Sicherheitsäquivalent $S = u^{-1}(E[u(x)]) = u^{-1}(a\mu + b) = \mu$. Ferner ist

$$E[u(x-Y)] = u(0) \quad \text{bzw.} \quad a(\mu - Y) + b = b$$

dann und nur dann, wenn $Y = \mu = S$.

---

[1] PFANZAGL beweist einen ganz ähnlichen Satz, auf dessen Zusammenhang mit unserem Satz wir noch eingehen werden. PFANZAGLs Beweis benutzt wesentlich die Theorie der Funktionalgleichungen und benötigt nicht die Differenzierbarkeit der Nutzenfunktion. Bei Ausnutzung der Differenzierbarkeit wird unser Beweis elementarer, wenn auch weniger allgemein. PFANZAGL [1959], bes. S. 39 ff., und S. 55 ff. Daß dieser Satz keineswegs selbstverständlich ist, zeigt eine Bemerkung von ADAMS [1960], bes. S. 257, in der dieser anläßlich einer Kritik an der Methode der Nutzenmessung von MOSTELLER und NOGEE die Aussage dieses Satzes (genauer eines analogen Satzes) hinzuzieht, dabei aber den Fall einer exponentiellen Nutzenfunktion offenbar nicht wahrnimmt.

Sei nun $u(x) = A e^{Bx} + C$. Dann ist $S = \dfrac{1}{B} \log (E[e^{Bx}])$, und es ist $E[u(x - Y)] = u(0)$ bzw. $E[e^{Bx}] = e^{BY}$ dann und nur dann, wenn $Y = S$. Damit ist gezeigt, daß jedenfalls für die beiden angegebenen Funktionstypen Y eindeutig bestimmt und gleich S ist.

(B) Es sei nun umgekehrt für alle $w \in W$, für die $E[u(x)]$ existiert, $Y = S$. Insbesondere ist dann $Y = S$ für alle die Wahrscheinlichkeitsverteilungen, die zwei beliebigen Werten x_1 und $x_2 \in \mathcal{R}$ die Wahrscheinlichkeiten p und q $(p + q = 1)$ zuordnen. Setzt man $x_1 = x$, $x_2 = x + a$ und läßt a, p, q zunächst konstant, dann hängt S nur von x ab: $S = S(x)$, und zwar ist

$$u(S(x)) = u(x)\, p + u(x + a)\, q. \tag{1}$$

Wir machen nun von einer allgemeinen Beziehung Gebrauch: Ist w_d die um d verschobene Wahrscheinlichkeitsverteilung w und ist immer $S[w] = Y[w]$, dann gilt[1] $S[w] + d = S[w_d]$. Denn wegen $S = Y$ muß man w um $-S[w]$ verschieben, damit die daraus resultierende Wahrscheinlichkeitsverteilung zu 0 indifferent ist; w_d muß man dann entsprechend um $-S[w] - d$ verschieben, woraus — wieder wegen $S = Y$ — die behauptete Relation folgt. Diese auf die betrachteten speziellen Wahrscheinlichkeitsverteilungen angewandt, ergibt mit (1) die Beziehung $S(x) + d = S(x + d)$ für alle x und d, woraus sofort folgt, daß $S(x) = x + S(0)$ (man setze $d = -x$). Dies in (1) eingesetzt, ergibt (mit $S(0) = b$):

$$u(x + b) = u(x)\, p + u(x + a)\, q, \tag{2}$$

$$u(b) = u(0)\, p + u(a)\, q. \tag{3}$$

(3) zeigt b in Abhängigkeit von a und p. Wird (2) nach a unter Beachtung der Restriktion (3) differenziert, was laut Voraussetzung möglich ist, dann erhält man:

$$\frac{u'(x + b)}{u'(b)}\, u'(a)\, q = u'(x + a)\, q,$$

woraus folgt:

$$\frac{u'(x + a)}{u'(x + b)} = \frac{u'(a)}{u'(b)} = \frac{u'(a - b)}{u'(0)}.$$

(Die letzte Gleichheit erhält man, wenn man $x = -b$ einsetzt.) Setzt man $x + b = y$; $a - b = c$ und den letzten Bruch gleich $g(c)$, dann wird daraus:

$$u'(y + c) = g(c)\, u'(y). \tag{4}$$

---

[1] Diese Gleichung ist der Ausgangspunkt für PFANZAGLs [1959] Theorem, in dem er beweist, daß sie nur bei linearen und exponentiellen Nutzenfunktionen für alle w erfüllt sein kann. Diese Aussage ist mit unserem Satz äquivalent, da sich die Beziehung $S[w] + d = S[w_d]$ und die Gleichheit $Y[w] = S[w]$ wechselseitig implizieren.

Das ist eine Funktionalgleichung für u', die für alle y und alle c, die sich als $c = a - b$ schreiben lassen, gilt. Es gibt, da b wegen der Monotonie von u nach (3) immer zwischen 0 und a liegt, sowohl positive als auch negative c-Werte der Form $c = a - b$. Außerdem ist c eine stetige Funktion von a. Folglich überdecken die c-Werte ein (vielleicht kleines) Intervall um 0. Für alle diese c gilt die Funktionalgleichung (4). Durch Logarithmieren — das ist möglich, weil wir laut Voraussetzung $u'(x) \neq 0$ haben und daher sogar ohne Beschränkung der Allgemeinheit $u'(x) > 0$ annehmen können — wird aus (4):

$$\log u'(y+c) = \log g(c) + \log u'(y).$$

Also ist $\log u'(y)$, weil stetig in y, eine lineare Funktion: $\log u'(y) = Ay + B$, also ist $u'(y) = Ce^{Ay}$ und daher $u(y) = Cy + D$, falls $A = 0$ bzw. $u(y) = \dfrac{C}{A} e^{Ay} + D$, falls $A \neq 0$. u ist mithin von der verlangten Form.

Korollar: (1) Werden sämtliche Wahrscheinlichkeitsverteilungen um einen beliebigen Betrag d verschoben, d.h. wird in jeder Wahrscheinlichkeitsverteilung jedem möglichen Einkommen der gleiche Betrag d hinzugefügt, dann bleiben sämtliche Präferenzen und Indifferenzen zwischen den Wahrscheinlichkeitsverteilungen dann und nur dann erhalten, wenn u linear oder die Exponentialfunktion ist.

(2) Werden in jeder Wahrscheinlichkeitsverteilung über der positiven Halbgeraden R^+ sämtliche möglichen Einkommen mit einem beliebigen, für alle Wahrscheinlichkeitsverteilungen gleichen Faktor $r > 0$ multipliziert, dann bleiben sämtliche Präferenzen und Indifferenzen zwischen den Wahrscheinlichkeitsverteilungen über R^+ dann und nur dann erhalten, wenn u die logarithmische Funktion oder eine Potenzfunktion ist:

$u(x) = a \log x + b$, $x > 0$, oder

$u(x) = a x^{\alpha} + b$, $x > 0$.

Beweis: (1) folgt sofort aus dem vorangehenden Satz und der im dazugehörigen Beweis benutzten Tatsache, daß die Identität $S[w] = Y[w]$ äquivalent ist mit $S[w_d] = S[w] + d$.

(2) folgt aus (1) nach einer logarithmischen Transformation.

Bemerkung: Bei $r < 1$ kann r als ein konstanter Steuersatz aufgefaßt werden. Dann sagt das Korollar (2) aus, daß Präferenzen und Indifferenzen zwischen ungewissen Unternehmungen, sofern nur positive Einkommen (d.h. Gewinne) erwartet werden, dann und nur dann von einer proportionalen Besteuerung, in welcher Höhe auch immer, unabhängig sind, wenn die Nutzenfunktion zu einem der oben genannten Typen gehört[1].

---

[1] Ich verdanke Herrn Dipl.-Math. H. DIEHL den Hinweis auf dieses Problem.

Zweiter Teil

Konsequenzen des Bernoulli-Prinzips

Drittes Kapitel

Bernoulli-Prinzip und klassisches Prinzip

Es soll von jetzt ab die Befolgung des Bernoulli-Prinzips mit irgendeiner Nutzenfunktion als *rational* bezeichnet werden. Das mag als Konvention angesehen werden, eine Konvention, die sich aber — wie wir sahen — weitgehend begründen läßt. Es soll auf der Grundlage dieser Konvention überprüft werden, inwieweit das klassische Prinzip bzw. Spezialfälle davon rational sind.

Dadurch, daß die Form der Nutzenfunktion offengelassen wird, ist die Rationalitätshypothese noch recht flexibel gestaltet. Aber dennoch wird sie die Gültigkeit der klassischen Prinzipien sehr stark einschränken. Jedenfalls sind auch solche Nutzenfunktionen zugelassen, die entschieden unplausibel erscheinen, z.B. weil sie unbeschränkt sind und damit das Petersburger Paradoxon heraufbeschwören oder weil sie nicht den Normalfall erfüllen oder weil sie das Stetigkeitsprinzip verletzen. Wollte man sie von vornherein ausschließen, könnte keines der geläufigen klassischen Prinzipien als rational bezeichnet werden.

Die Fragen, denen wir uns nun zuwenden, lauten also: Ist ein bestimmtes klassisches Prinzip mit noch allgemein gehaltener Präferenzfunktion rational? Wenn ja, inwieweit wird durch die Forderung nach Rationalität die Präferenzfunktion beeinflußt? Inwieweit wird umgekehrt die Nutzenfunktion des Bernoulli-Prinzips durch die Forderung, daß zugleich das gegebene klassische Prinzip befolgt werden soll, beeinflußt? Ist die resultierende Nutzenfunktion als plausibel zu bezeichnen, oder widerspricht sie einem der früher genannten Prinzipien (die allerdings nicht unbedingt als Rationalitätsprinzipien anzusehen sind)?

3.1. Bernoulli-Prinzip und metrische Parameter

Wegen der großen Fülle möglicher Spezialtypen des klassischen Prinzips können diese Fragen nur teilweise beantwortet werden. Eine erste Antwort gibt das folgende bekannte Theorem:

Theorem 1: Ist $\Psi[w] = \psi(\alpha_1, \alpha_2, \ldots, \alpha_n)$ und sind die α_i Erwartungswerte bestimmter Funktionen h_i bezüglich w: $\alpha_i = E_w[h_i(x)]$, dann ist $\Psi[w] = E_w[u(x)]$ dann und nur dann, wenn

$$u(x) \equiv \sum_{i=1}^{n} a_i h_i(x) + a_0 \quad \text{und} \quad \psi(\alpha_1, \alpha_2, \ldots, \alpha_n) \equiv \sum_{i=1}^{n} a_i \alpha_i + a_0$$

mit irgendwelchen $a_0, a_1, \ldots, a_n$. Ist ψ von dieser Form (nämlich linear) und sind die h_i linear unabhängig, dann sind die $a_i, i=1,\ldots, n$, durch die zu Ψ gehörende Präferenzordnung bis auf einen positiven gemeinsamen Faktor eindeutig bestimmt, und a_0 ist beliebig.

Beweis: Daß aus der besonderen Form von u und ψ die Gleichheit von $\psi(\alpha_1, \ldots, \alpha_n)$ und $E[u(x)]$ folgt, ist trivial. Sei jetzt umgekehrt $\psi(\alpha_1, \ldots, \alpha_n) = E[u(x)]$ mit noch unbekannter Nutzenfunktion u und unbekannter Form der Präferenzfunktion ψ. Um auf diese schließen zu können[1], denken wir uns zwei beliebige Wahrscheinlichkeitsverteilungen w_1 und w_2 gegeben und setzen aus ihnen mit irgend einer Wahrscheinlichkeit p die Verteilung $w = w_1 p w_2$ zusammen (vgl. 2.3.4., bes. S. 74ff. sowie S. 77). Dann ist

$$E_w[u(x)] = p E_{w_1}[u(x)] + (1-p) E_{w_2}[u(x)].$$

Da die Parameter nach Voraussetzung sich ebenso als Erwartungswerte gewisser Funktionen $h_i(x)$ schreiben lassen, gelten für diese analoge Beziehungen:

$$\alpha_i[w] = p\,\alpha_i[w_1] + (1-p)\,\alpha_i[w_2] \qquad i=1,\ldots,n.$$

Zusammengefaßt finden wir also die folgende Funktionalgleichung für ψ:

$$\psi(p\,\alpha_1^1 + (1-p)\,\alpha_1^2, \ldots, p\,\alpha_n^1 + (1-p)\,\alpha_n^2)$$
$$= p\,\psi(\alpha_1^1, \ldots, \alpha_n^1) + (1-p)\,\psi(\alpha_1^2, \ldots, \alpha_n^2),$$

wobei wir abkürzend $\alpha_i[w_j] = \alpha_i^j$ gesetzt haben. Wir können ohne Beschränkung der Allgemeinheit annehmen, daß die $h_i(x)$ linear unabhängig sind, da man andernfalls einen Parameter hätte, der von den anderen linear abhinge und der daher durch eine Linearkombination dieser ersetzt werden könnte. Bei linear unabhängigen $h_i(x)$ aber können die Parameter (in Grenzen) unabhängig voneinander variieren. Alsdann folgt leicht, daß die (einzige) Lösung der Funktionalgleichung eine lineare Funktion ist. Setzen wir z.B. $\alpha_i^1 = \alpha_i^2$ für $i = 2, 3, \ldots, n$, aber $\alpha_1^1 \neq \alpha_1^2$, dann ist bei variierendem p, $(0 < p < 1)$, ψ nur noch eine Funktion der ersten Variablen, und es gilt

$$\psi(p\,\alpha_1^1 + (1-p)\,\alpha_1^2) = p\,\psi(\alpha_1^1) + (1-p)\,\psi(\alpha_1^2).$$

---

[1] Ein interessanter Beweis dieser Umkehrung durch Zurückführen auf die Axiome des Bernoulli-Prinzips stammt von MARKOWITZ [1959] (bes. S. 286ff.). Er behandelt zwar nur den Fall zweier Verteilungsparameter, wovon der eine der Mittelwert ist, aber sein Beweis läßt sich leicht auf den allgemeineren Fall übertragen. Hier wird ein anderer, direkter Weg eingeschlagen. Auch RICHTER [1959/60] gibt einen (von unserem verschiedenen) Beweis an, jedoch explizit nur für den Fall des μ-Kriteriums und nur andeutungsweise für Präferenzfunktionen in höheren Momenten. Schließlich wird im Anhang zu diesem Kapitel ein unabhängiger Beweis für das (μ, σ)-Prinzip auf einer Zweiparameterklasse von Wahrscheinlichkeitsverteilungen gegeben.

Diese Gleichung sagt aus, daß der Funktionswert von ψ an einer belie-
bigen Stelle zwischen α_1^1 und α_1^2, die die Strecke $\overline{\alpha_1^1 \alpha_1^2}$ im Verhältnis
$(1-p):p$ teilt, daß also dieser Funktionswert in eben demselben Ver-
hältnis zwischen den Ordinaten $\psi(\alpha_1^1)$ und $\psi(\alpha_1^2)$ liegt. Das aber heißt,
daß ψ auf dem Intervall (α_1^1, α_1^2) linear ist, und da die Randpunkte des
Intervalls beliebig gewählt werden können (innerhalb des Wertebereiches
des Parameters α_1), ist ψ eine lineare Funktion von α_1. Dasselbe gilt
für die anderen Parameter. Also ist, wie behauptet:

$$\psi(\alpha_1, ..., \alpha_n) = \sum_{i=1}^{n} a_i \alpha_i + a_0 .$$

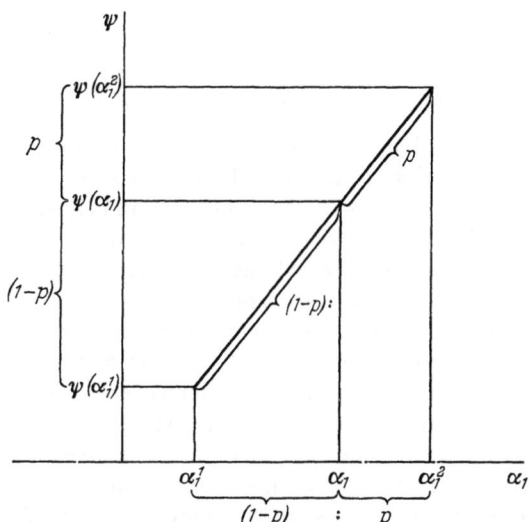

Abb. 16. Linearität der Präferenzfunktion bei metrischen Parametern

Ferner ist diese Präferenzfunktion der Erwartungswert der Nutzenfunktion

$$u(x) = \sum a_i h_i(x) + a_0 .$$

Schließlich überlegt man sich leicht, daß die a_i $(i = 1, ..., n)$ bis auf
einen gemeinsamen positiven Faktor eindeutig bestimmt sind. Eine
andere, aber dieselbe Präferenzstruktur erzeugende Präferenzfunktion $\bar{\psi}$
geht ja aus unserer durch Anwendung einer monotonen Transformation
hervor. Jedoch nur lineare Transformationen zerstören nicht die Linearität der Präferenzfunktion, d.h. es muß $\bar{\psi} = a\psi + b$ sein mit $a > 0$ (weil
die transformierende Funktion monoton steigend sein soll). Damit ist
auch der Zusatz bewiesen.

Zur Vereinfachung der Diskussion führen wir noch die folgende
Bezeichnung ein durch die

Definition: Ein Verteilungsparameter $\alpha = E[h(x)]$, der sich als Erwartungswert einer Funktion h darstellen läßt, heiße ein *metrischer Parameter.*

Wenn man nun noch berücksichtigt, daß das Präferenzfunktional nur bis auf eine monotone Transformation bestimmt ist, kann das Theorem auch so formuliert werden:

Theorem 1': Ist $\Psi[w] = \psi(\alpha_1, \alpha_2, \ldots, \alpha_n)$ und sind die α_i metrische Parameter wie in Theorem 1, dann ist das Präferenzfunktional Ψ in Übereinstimmung mit dem Bernoulli-Prinzip, d.h. es ist $\Psi[w] = U(E_w[u(x)])$ mit einer streng monoton zunehmenden Funktion U und irgendeiner Nutzenfunktion u, dann und nur dann, wenn

$$u(x) \equiv \sum a_i h_i(x) + a_0$$

und

$$\psi(\alpha_1, \alpha_2, \ldots, \alpha_n) \equiv U(\sum a_i \alpha_i + a_0).$$

Ob ψ von der verlangten Form ist, kann auch ohne Kenntnis der Transformationsfunktion U an dem Indifferenzklassensystem erkannt werden. Im $(\alpha_1, \alpha_2, \ldots, \alpha_n)$-Raum müssen nämlich die Indifferenzklassen (das sind also die Niveauflächen $\psi = $ const) parallele Hyperebenen sein. (Bei nur zwei Verteilungsparametern α_1 und α_2 sind das parallele Geraden in der (α_1, α_2)-Ebene.)

Diese Bemerkung erlaubt also einen geometrischen Test der Rationalität eines Präferenzsystems, wenn dieses nur durch die Indifferenzklassen im Raum der metrischen Parameter gegeben ist.

Aber auch analytisch läßt sich leicht feststellen, ob eine gegebene Präferenzfunktion ψ den Bedingungen des Theorems 1' genügt und damit rational ist. Es mag vielleicht scheinen, daß hier überhaupt kein Problem vorliegt, denn ob ψ bis auf eine monotone Transformation eine lineare Funktion der α_i ist oder nicht, könne man mit einem Blick sehen. Doch ist es leicht, Funktionen zu konstruieren, deren Linearität nur das geübte Auge sofort erfaßt; zu stark verzerrt bisweilen die Transformation U den linearen Kern der Funktion. So ist beispielsweise $a^x b^y$ bis auf eine monotone Transformation eine lineare Funktion von x und y, nämlich $U(x \log a + y \log b)$ mit $U(x) = e^x$. Ist also nicht immer auf einen Blick festzustellen, ob ψ im wesentlichen linear ist, so kann man das doch, wie schon gesagt, sehr leicht rechnerisch herausbekommen. Denn eine bis auf eine motonone Transformation lineare Funktion hat, wir wir sahen, parallele Hyperebenen als Niveauflächen. Daraus folgt aber, daß alle partiellen Ableitungen proportional zueinander sein müssen, und eben diese Eigenschaft kann rechnerisch nachgeprüft werden. Zum Beispiel ist für die oben angeführte Funktion $a^x b^y$ die partielle Ableitung nach x gleich $(\log a) a^x b^y$ und nach y gleich $(\log b) a^x b^y$; sie sind also proportional.

Es ist lehrreich, diese Zusammenhänge noch einmal genau und ohne Hilfe der Geometrie herzuleiten, zumal später bei anderer Gelegenheit ähnliche Überlegungen anzustellen sein werden (4.3.1. und 4.5.). Hierzu wird angenommen, daß U und damit ψ zweimal stetig differenzierbar sind. Das ist keine Einschränkung der Allgemeinheit, da man andernfalls die Differenzierbarkeit durch eine geeignete monotone Transformation immer erzwingen kann, es sei denn ψ ist gar nicht rational.

Nehmen wir also zunächst an, daß ψ rational ist. Man erhält dann durch Differentiation, der letzten Gleichung im Theorem 1', wenn man abkürzend

$$L = L(\alpha_1, \alpha_2, ..., \alpha_n) \equiv \sum a_i \alpha_i + a_0$$

schreibt:

$$\frac{\partial \psi}{\partial \alpha_i} = \frac{dU}{dL} \cdot \frac{\partial L}{\partial \alpha_i} = \frac{dU}{dL} a_i = U' a_i, \qquad i = 1, 2, ..., n.$$

Da aber U streng monoton zunimmt, ist U' stets positiv, also insbesondere $U' \neq 0$, und daher gilt an jeder Stelle im $(\alpha_1, ..., \alpha_n)$-Raum für alle $i \neq j$ die Proportion:

$$\frac{\partial \psi}{\partial \alpha_i} : \frac{\partial \psi}{\partial \alpha_j} = a_i : a_j.$$

Umgekehrt impliziert das Bestehen eines Systems solcher Proportionen (mit $a_i \neq 0$ für alle i) für eine zweimal stetig differenzierbare Funktion $\psi(\alpha_1, ..., \alpha_n)$, daß ψ von der geforderten Gestalt ist, nämlich

$$\psi(\alpha_1, ..., \alpha_n) = U\big(L(\alpha_1, ..., \alpha_n)\big).$$

Zunächst mache man sich klar, daß aus dem Proportionensystem folgt, daß $\partial \psi / \partial \alpha_i$ auf den Niveauflächen $\psi(\alpha_1, ..., \alpha_n) = c$ (c eine beliebige Konstante) überall den gleichen Wert annimmt. Denn

$$\frac{\partial}{\partial \alpha_j}\left(\frac{\partial \psi}{\partial \alpha_i}\right)\bigg|_{\psi=c} = \frac{\partial^2 \psi}{\partial \alpha_i \partial \alpha_j} + \frac{\partial^2 \psi}{\partial \alpha_i^2} \frac{\partial \alpha_i}{\partial \alpha_j}\bigg|_{\psi=c}$$

$$= \frac{\partial^2 \psi}{\partial \alpha_j \partial \alpha_i} + \frac{\partial^2 \psi}{\partial \alpha_i^2}\left(-\frac{\partial \psi}{\partial \alpha_j}\bigg/\frac{\partial \psi}{\partial \alpha_i}\right) = \frac{a_j}{a_i} \frac{\partial^2 \psi}{\partial \alpha_i^2} - \frac{\partial^2 \psi}{\partial \alpha_i^2} \frac{a_j}{a_i} = 0.$$

Folglich ist $\partial \psi / \partial \alpha_i = a_i G(\psi)$ mit einer gewissen, für alle i gleichen Funktionen G von ψ. Verlangen wir noch, daß für wenigstens ein i die Größen a_i und $\partial \psi / \partial \alpha_i$ dasselbe Vorzeichen haben — man kann das eventuell durch Vorzeichenwechsel aller a_i immer erreichen, da die a_i ohnehin nur bis auf einen gemeinsamen Faktor bestimmt sind —, dann ist $G(z) > 0$ und $U(y) = \int^y G(z) dz$ eine streng monoton steigende Funktion.

Bildet man jetzt die transformierte Funktion $\overline{\psi}(\alpha_1, \ldots, \alpha_n) = U^{-1}(\psi(\alpha_1, \ldots, \alpha_n))$, dann gilt für diese

$$\frac{\partial \overline{\psi}}{\partial \alpha_i} = \frac{1}{U'(\psi)} \frac{\partial \psi}{\partial \alpha_i} = \frac{1}{G(\psi)} a_i G(\psi) = a_i, \quad i = 1, \ldots, n.$$

Integration dieser partiellen Differentialgleichungen liefert

$$\overline{\psi}(\alpha_1, \ldots, \alpha_n) = \sum a_i \alpha_i + a_0$$

mit beliebiger Integrationskonstanten a_0. Schließlich folgt

$$\psi(\alpha_1, \ldots, \alpha_n) = U\left(\sum a_i \alpha_i + a_0\right),$$

was zu beweisen war.

Bei Berücksichtigung von Theorem 1' haben wir somit das folgende Korollar bewiesen:

Korollar zu Theorem 1': Ist $\Psi[w] = \psi(\alpha_1, \alpha_2, \ldots, \alpha_n)$ und sind die α_i metrische Parameter, dann ist Ψ in Übereinstimmung mit dem Bernoulli-Prinzip (also rational) dann und nur dann, wenn ψ durch eine geeignete monotone Transformation zweimal stetig differenzierbar gemacht werden kann und wenn dann an jeder Stelle im $(\alpha_1, \ldots, \alpha_n)$-Raum die Proportionen $\partial\psi/\partial\alpha_i : \partial\psi/\partial\alpha_j = a_i : a_j$ mit gewissen Konstanten $a_1, a_2, \ldots, a_n$ bestehen. Haben (für mindestens ein i) $\partial\psi/\partial\alpha_i$ und a_i dasselbe Vorzeichen, dann sind die $a_1, a_2, \ldots, a_n$ die Koeffizienten der linearen Funktion im Theorem 1'. Andernfalls sind die Koeffizienten $-a_1, -a_2, \ldots, -a_n$.

Das Korollar gestattet einen direkten rechnerischen Nachweis, ob ein vorgeschlagenes klassisches Verhaltensprinzip vom Typ des Theorems 1 rational ist oder nicht und bestimmt im ersten Fall sofort die Koeffizienten der Nutzenfunktion.

Es sei noch einmal der wesentliche Gehalt des Theorems 1 bzw. 1' *verbal* auseinandergesetzt. Ein Individuum möge rational handeln, also (gemäß unserer Konvention) dem Bernoulli-Prinzip folgen, und gleichzeitig eines der klassischen Prinzipien seinem Verhalten zugrunde legen. Es beurteile und ordne die Wahrscheinlichkeitsverteilungen also nur nach gewissen Verteilungsparametern $\alpha_1, \alpha_2, \ldots, \alpha_n$. Diese seien zudem Erwartungswerte von bestimmten Funktionen $h_1(x), h_2(x), \ldots, h_n(x)$. Das Befolgen beider Prinzipien gibt ihm dann nur noch einen geringen Spielraum in der Wahl seiner Präferenzordnung über den Wahrscheinlichkeitsverteilungen. Diese ist nämlich − das ist die Aussage des Theorems − durch eine lineare Präferenzfunktion in den α_i festgelegt. Natürlich kann das Individuum auch eine um eine monotone Transformation von einer linearen verschiedene Präferenzfunktion verwenden, aber das ist ohne Belang, da sich an der Präferenzstruktur selbst nichts ändert. Die Indifferenzklassen im Raum der Verteilungsparameter sind in jedem Fall Hyperebenen. Nur die Lage der Hyperebenen, d.h. die Koeffizienten der linearen Präferenzfunktion, kann das Individuum noch frei bestimmen, eventuell auch noch die Richtung zu vorgezogenen Indifferenzklassen. Gleichzeitig offenbart es durch sein Verhalten, daß es sich nach einer Nutzenfunktion richtet, die aus den $h_i(x)$ linear zusammengesetzt ist mit denselben Koeffizienten, die in seiner Präferenzfunktion vorkommen. Seine Nutzenfunktion ist also auch im wesentlichen determiniert.

Um die Aussagekraft dieses Satzes im rechten Licht zu sehen, bedenke man, daß weder im Bernoulli-Prinzip noch im klassischen Prinzip auch nur das geringste über die mathematische Form der dort auftretenden Funktionen, nämlich der Nutzenfunktion u und der Präferenzfunktion ψ, gesagt wird; dennoch schränkt das gleichzeitige Bestehen beider Prinzipien sowohl u als auch ψ auf eine jeweils ganz schmale Funktionenklasse ein und stellt zudem eine enge Beziehung zwischen beiden her. Es brauchen dann nur noch die Koeffizienten der linearen Präferenzfunktion bekannt zu sein, um aus den beiden zusammengefaßten Entscheidungsprinzipien eine Entscheidungs*regel* (im Sinne des Abschnitts 1.2.1.) entstehen zu lassen.

3.2. Spezielle metrische Parameter

Untersuchen wir nun die Konsequenzen dieses Satzes auf einzelne spezielle Typen des klassischen Prinzips[1]. Zunächst fällt natürlich das einfache μ-Kriterium in den Anwendungsbereich des Theorems. Es bestätigt aber nur, was schon gesagt wurde, nämlich daß das μ-Kriterium ein Spezialfall des Bernoulli-Prinzips mit der Nutzenfunktion $u(x) \equiv x$ ist.

Andere Verteilungsparameter, die Erwartungswerte von Funktionen $h(x)$ sind oder sich aus solchen zusammensetzen, sind:

das quadratische Mittel $q = \sqrt{E[x^2]}$ mit $h(x) \equiv x^2$,

die Streuung $\sigma^2 = q^2 - \mu^2$, die sich aus q und μ zusammensetzt,

die Semivarianz $E[h(x;r)]$ um eine kritische Stelle[2] r mit

$$h(x;r) \equiv \begin{cases} -(x-r)^2 & \text{für } x \leqq r \\ 0 & \text{für } x \geqq r, \end{cases}$$

die mittlere absolute Abweichung $E[|x-d|]$ um eine Stelle d mit $h(x) \equiv |x-d|$,

---

[1] Markowitz [1959], S. 287ff.

[2] Sie ist zu unterscheiden von der Semivarianz schlechthin, die für $r = \mu$ definiert ist. Vgl. 3.4.

die Verlust- (oder Ruin-) Wahrscheinlichkeit P_0 mit

$$h(x) \equiv \begin{cases} 1 & \text{für} \quad x \leqq 0 \\ 0 & \text{für} \quad x > 0, \end{cases}$$

der mittlere Verlust λ mit

$$h(x) \equiv \begin{cases} -x & \text{für} \quad x \leqq 0 \\ 0 & \text{für} \quad x > 0, \end{cases}$$

die Schiefe γ, die sich aus den Momenten erster, zweiter und dritter Ordnung zusammensetzt mit den Funktionen

$$h_1(x) \equiv x, \quad h_2(x) \equiv x^2, \quad h_3(x) \equiv x^3.$$

Mit dem Theorem 1 ist man nun in der Lage, klassische Verhaltensprinzipien, die sich auf die genannten Parameter stützen, zu spezifizieren und ihre zugehörige Nutzenfunktion anzugeben — natürlich immer unter der Voraussetzung der Rationalität. Das soll hier nur für das (μ, σ)-, das (μ, P_0)- und das (μ, λ)-Prinzip geschehen. Zur Behandlung des ersten empfiehlt es sich, zunächst das (μ, q)-Prinzip zu analysieren, obwohl es praktisch ohne Bedeutung ist und auch noch nicht explizit angeführt wurde. Anwendung des Theorems 1 ergibt für die Präferenzfunktion (abgesehen von einer monotonen Transformation):

$$\psi(\mu, q) = a_1 \mu + a_2 q^2$$

mit der Nutzenfunktion

$$u(x) = a_1 x + a_2 x^2.$$

(Dabei wurde das absolute Glied $a_0 = 0$ gesetzt; der Koeffizient bei q^2 kann durch Multiplikation aller Koeffizienten mit einem geeigneten gemeinsamen positiven Faktor zu ± 1 reduziert werden.)

Daraus kann sofort ein entsprechendes Resultat für das (μ, σ)-Prinzip hergeleitet werden, wenn man $q^2 = \mu^2 + \sigma^2$ setzt:

Konsequenz des Bernoulli-Prinzips für das (μ, σ)-Prinzip: Richtet sich ein rationales Verhalten nur nach Mittelwert und Streuung der Wahrscheinlichkeitsverteilung, dann besteht die Präferenzfunktion

$$\psi(\mu, \sigma) = a_1 \mu + a_2 \mu^2 + a_2 \sigma^2$$

und die Nutzenfunktion

$$u(x) = a_1 x + a_2 x^2.$$

Dabei hat a_2 nur die Bedeutung eines Vorzeichens: $a_2 = \pm 1$.

Die Nutzenfunktion ist also eine Parabel mit dem Scheitel bei $m = -\dfrac{a_1}{2a_2}$. Sie ist je nach dem Vorzeichen von a_2 nach oben oder unten geöffnet:

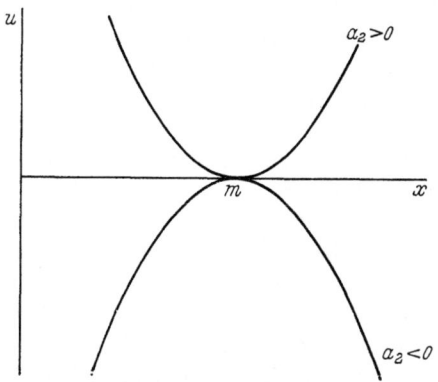

Abb. 17. Quadratische Nutzenfunktion

(Die Nutzenfunktion wurde in der Abbildung durch Addition einer geeigneten Konstanten so verschoben, daß der Scheitel auf der Abszisse zu liegen kommt.)

Ebenso sind die Indifferenzlinien $\psi(\mu, \sigma) = c$ im (μ, σ^2)-Diagramm Parabeln:

$$\sigma^2 = d - (\mu - m)^2 \quad \left(\text{mit } d = \frac{c}{a_2} + m^2 \right).$$

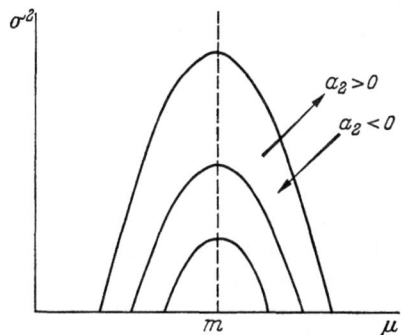

Abb. 18. Rationales (μ, σ)-Prinzip

Die Richtung der Pfeile, die wie immer zu höher bewerteten Indifferenzlinien weisen, hängt in der angegebenen Weise von dem Vorzeichen von a_2 ab.

Das (μ, σ)-Prinzip ist also bei geeigneter Präferenzfunktion rational. Jedoch erscheint die zugehörige Nutzenfunktion (und natürlich ebenso die Präferenzfunktion) gänzlich unvernünftig, jedenfalls, wenn auf der x-Achse das Einkommen gemessen wird. Es ist insbesondere der Normalfall nicht erfüllt.

Das Prinzip kann aber nach MARKOWITZ[1] immer dann als gute Approximation angesehen werden, wenn man nur den aufsteigenden Ast der Nutzenparabel für $a_2 < 0$ verwendet. Das ist dann möglich, wenn nur solche Wahrscheinlichkeitsverteilungen zu beachten sind, die oberhalb m keine Einkommen eintreten lassen. In der Tat dürfte praktisch in jeder Ungewißheitssituation ein maximal mögliches Einkommen angebbar sein. Setzt man dieses gleich m oder wählt man ein größeres m, dann kann jede Nutzenfunktion in einem mehr oder weniger großen Bereich durch ein Parabelstück approximiert werden (Taylor-Formel). Man hat dann nicht mehr nur ein Entscheidungsprinzip, sondern eine effektive Entscheidungsregel. Daß diesem Vorgehen Grenzen gesetzt sind, geht schon daraus hervor, daß der Parabelast, den MARKOWITZ anpassen möchte, nur gleichförmig abnehmenden Grenznutzen kennt. Es läßt sich damit also nur Risikoaversion ausdrücken. Verwendet man andererseits den ansteigenden Ast der Parabel mit $a_2 > 0$, dann läßt sich nur die Liebe zum Risiko beschreiben. Das Vorhandensein beider Verhaltensweisen in derselben Person ist mit einer Nutzenparabel nicht verträglich. Insgesamt bestätigt diese Rationalitätsanalyse die schon früher (vgl. S. 55) festgestellten Mängel des (μ, σ)-Prinzips.

Wenn man jedoch auf der x-Achse nicht das Einkommen mißt, sondern eine Größe, die teils positiven, teils negativen Grenznutzen besitzt, dann kann das (μ, σ)-Prinzip durchaus sinnvoll sein. Ein solcher Fall liegt bei dem Problem der statistischen Parameterschätzung vor. Jede statistische Schätzmethode liefert mit bestimmten Wahrscheinlichkeiten mögliche Schätzwerte $\hat{\alpha}$ für einen unbekannten Verteilungsparameter α. Die Beurteilung von Schätzmethoden ist also gleichbedeutend mit einer Bewertung der zugehörigen Wahrscheinlichkeitsverteilungen für die Schätzwerte. Geschieht dies rational, dann liegt dieser Bewertung eine Nutzenfunktion der Schätzungen, genauer der Abweichungen $x = \hat{\alpha} - \alpha$ der Schätzung vom wahren Parameterwert zugrunde.

Eine sehr plausible und in den meisten Fällen zutreffende Annahme ist nun, daß der Nutzen am größten ist, wenn die Schätzung mit dem wahren Parameter übereinstimmt ($x = 0$), daß aber ein um so geringerer Nutzen anfällt, je größer die Differenz zwischen Schätzung und Parameter ist. Eine solche Nutzenfunktion mit einem Maximum bei $x = 0$ kann,

---

[1] MARKOWITZ [1959], S. 288f. Eine ähnliche Approximation nimmt THEIL [1961] (Kapitel VIII) vor, wenn er eine Wohlfahrtsfunktion quadratisch ansetzt. Freilich ist sie im Gegensatz zu unserer Nutzenfunktion eine Funktion mehrerer Variablen.

sofern sie dort einen glatten Verlauf nimmt (differenzierbar ist), in einem mehr oder weniger großen Bereich um $x=0$ durch eine nach unten geöffnete Parabel gut approximiert werden. Der Erwartungswert der Nutzenfunktion ist entsprechend gut durch den Erwartungswert der Parabel $E(x^2) = E[(\hat{\alpha} - \alpha)^2]$ approximiert, sofern die Wahrscheinlichkeitsverteilung nicht einen zu großen Bereich auf der x-Achse überdeckt. Ist noch $\hat{\alpha}$ eine erwartungstreue Schätzung, dann ist $E[(\hat{\alpha} - \alpha)^2]$ die Zufallsstreuung der Schätzung. Diese kann also weitgehend als Maß für die Güte einer Schätzmethode angesehen werden, *unabhängig* von der Gestalt der zugehörigen Wahrscheinlichkeitsverteilung. Darin zeigt sich die Überlegenheit des quadratischen Streuungsausdrucks gegenüber allen anderen Dispersionsmaßen bei der Beurteilung der Schätzgenauigkeit.

Wenden wir uns nun der analogen Frage nach der Rationalität des (μ, P_0)-Prinzips zu: Wie beeinflußt das Bernoulli-Prinzip das (μ, P_0)-Prinzip? Theorem 1 gibt darauf die Antwort:

Konsequenz des Bernoulli-Prinzips für das (μ, P_0)-Prinzip: Richtet sich ein rationales Verhalten nur nach dem Mittelwert und der Verlust- (oder Ruin-) Wahrscheinlichkeit, dann besteht die Präferenzfunktion

$$\psi(\mu, P_0) = a_1 \mu + a_2 P_0$$

und die Nutzenfunktion

$$u(x) = \begin{cases} a_1 x + a_2 & \text{für} \quad x \leq 0 \\ a_1 x & \text{für} \quad x > 0. \end{cases}$$

Im Normalfall und bei Beachtung des Dominanzprinzips ist $a_1 > 0$, d.h., Wahrscheinlichkeitsverteilungen mit größerem Erwartungswert werden bei gleicher Verlustwahrscheinlichkeit vorgezogen. Entsprechend wird man $a_2 < 0$ verlangen: Vergrößern der Verlustwahrscheinlichkeit führt bei gleichem Mittelwert zu ungünstigeren Wahrscheinlichkeitsverteilungen. Präferenzfeld und Nutzenfunktion haben dann folgendes Aussehen:

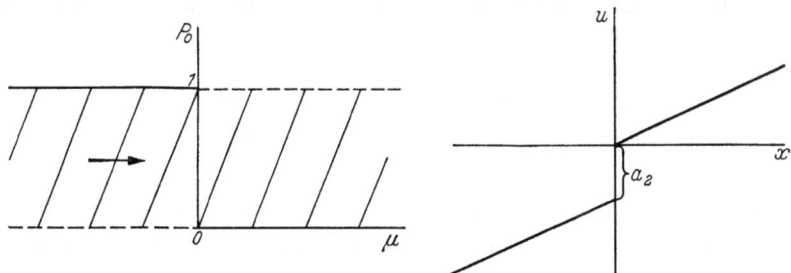

Abb. 19. Rationales (μ, P_0)-Prinzip samt Nutzenfunktion

Die Indifferenzlinien im (μ, P_0)-Diagramm sind Geraden; das Bild der Nutzenfunktion besteht aus zwei parallelen Geraden mit der Steigung a_1, die im Nullpunkt um den Betrag a_2 gegeneinander versetzt sind. Kennt man noch zwei zueinander indifferente Punkte im (μ, P_0)-Diagramm, dann ist auch die Steigung der Indifferenzlinien bestimmt und damit das lineare (μ, P_0)-Prinzip zu einer Entscheidungs*regel* verschärft.

Wieder zwingt das Rationalitätsprinzip einem nur nach μ und P_0 sich richtenden Verhalten eine unplausible Nutzenfunktion auf. Für ALLAIS [1953c] ist auch das ein Anlaß zur Kritik am Bernoulli-Prinzip. Ihm erscheint nämlich ein (μ, P_0)-Prinzip sehr wohl plausibel, aber nicht in der Form, die das Bernoulli-Prinzip vorschreibt, eher in einer Form, die dem Präferenzfeld der Abb. 9 (auf S. 60) entspricht, wenn auch ohne die dort vorkommende Unstetigkeit. Nach unserer Konvention muß aber jedes andere als das oben angegebene Präferenzfeld als unrational bezeichnet werden und dieses selbst als zwar rational, aber doch wenig vernünftig. Wegen der unbeschränkten Nutzenfunktion gibt es z.B. Anlaß zu dem Petersburger Paradoxon. Außerdem verletzt es das Stetigkeitsprinzip (vgl. auch Abb. 8). Dem Einwand ALLAIS' ist zudem entgegenzuhalten, daß jede Präferenzfunktion, die von μ und P_0 allein abhängt, zu unplausiblen Konsequenzen führt. Man kann nämlich zu jedem μ und P_0 (sofern nicht $P_0 = 1$) Wahrscheinlichkeitsverteilungen angeben mit relativ niedrigem, aber auch mit beliebig hohem maximal möglichem Einkommen und ebenso mit beliebig hohen möglichen Verlusten. All diese Wahrscheinlichkeitsverteilungen müßten als indifferent angesehen werden. So gesehen, steht die Seltsamkeit der Nutzenfunktion, die allein als rational beim (μ, P_0)-Prinzip gelten kann, durchaus im Einklang mit der generellen Mangelhaftigkeit dieses Prinzips.

Abschließend sei noch schnell das (μ, λ)-Prinzip analysiert:

Konsequenzen des Bernoulli-Prinzips für das (μ, λ)-Prinzip: Richtet sich ein rationales Verhalten nur nach dem Mittelwert und dem durchschnittlichen Verlust einer Wahrscheinlichkeitsverteilung, dann lautet die Präferenzfunktion

$$\psi(\mu, \lambda) = a_1 \mu + a_2 \lambda$$

und die Nutzenfunktion

$$u(x) = \begin{cases} (a_1 - a_2)\, x & \text{für} \quad x \leqq 0 \\ a_1\, x & \text{für} \quad x > 0. \end{cases}$$

Übrigens ist eine lineare Funktion in μ und λ zugleich eine lineare Funktion in μ und $\bar{\rho} = E[|x|]$, dem sog. durchschnittlichen Risiko. Denn es ist

$$\lambda = -\int_{-\infty}^{0} x\, dF(x) = -\tfrac{1}{2} \int_{-\infty}^{\infty} x\, dF(x) - \tfrac{1}{2} \int_{-\infty}^{0} x\, dF(x) + \tfrac{1}{2} \int_{0}^{\infty} x\, dF(x) = -\tfrac{1}{2}\mu + \tfrac{1}{2}\rho.$$

Das rationale (μ, λ)-Prinzip ist also dem rationalen $(\mu, \bar{\rho})$-Prinzip äquivalent.

Mit $a_1 > 0$ und $a_2 < 0$ hat die Nutzenfunktion folgendes Aussehen:
Sie befolgt das Monotonieprinzip (Normalfall) und das Stetigkeitsprinzip.
Jedoch hat sie im Nullpunkt einen Knick, ist dort also nicht differenzierbar. Ferner ist sie unbeschränkt und führt
daher zum Petersburger Paradoxon.

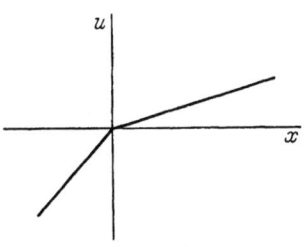

Schließlich verläuft sie im positiven wie
im negativen Bereichder x-Achse jeweils
geradlinig und kann also dort weder
Risikoaversion noch -sympathie widerspiegeln.

Allerdings zeigt sie Risikoscheu für
alle Wahrscheinlichkeitsverteilungen, bei
denen sowohl Gewinne als auch Verluste
möglich sind, denn über den Nullpunkt

Abb. 20. Nutzenfunktion
des rationalen (μ, λ)-Prinzips

hinweg ist sie konkav. Man kann also nicht behaupten, daß die Nutzenfunktion in jeder Hinsicht schlecht sei; sie zeigt gewisse Mängel, ist
aber wahrscheinlich in vielen Fällen eine hinreichend gute und vor allem
sehr einfache Approximation an eine konvex gebogene Nutzenfunktion.
Für manche Zwecke aber ist sie wohl zu einfach. So hat RICHTER
[1959/60] nachgewiesen, daß gewisse plausible Folgerungen, die MUS-
GRAVE und DOMAR aus dem (μ, λ)-Prinzip über den Einfluß verschiedener
Besteuerungsarten auf die Zusammensetzung optimaler Wertpapierportefeuilles gezogen haben, ungültig werden, wenn man ein (im Sinne
des Bernoulli-Prinzips) rationales Investitionsverhalten voraussetzt (vgl.
auch Anhang I).

Zusammenfassend kann man sagen, daß vom Standpunkt des Bernoulli-Prinzips das klassische Prinzip mit metrischen Parametern zwar
nicht unrational ist, daß aber die Forderung nach Rationalität ihm eine
ganz bestimmte Form aufzwingt, innerhalb der nur noch ein äußerst
geringer Spielraum für die Wahl einer subjektiv geeigneten Präferenzfunktion bleibt und die zudem nur sehr bedingt, bestenfalls annäherungs-
weise als vernünftig angesehen werden kann.

Die Verwendung nur weniger Parameter im klassischen Prinzip
bedingt eben eine Starrheit, die es dem flexibleren Bernoulli-Prinzip
unterlegen sein läßt. Freilich, je mehr Parameter zugelassen werden, um
so anpassungsfähiger wird das klassische Prinzip.

So könnte man mit RICHTER [1959/60] daran denken, die Nutzen-
funktion $u(x)$ durch ein Polynom $\hat{u}(x) = \sum_{i=1}^{n} a_i x^i$ genügend hohen Grades
(n) zu approximieren. Die zugehörige Präferenzfunktion wäre dann eine
lineare Funktion der n ersten gewöhnlichen Momente $E[x^i]$, $i = 1, \ldots, n$.
Selbstverständlich ist aufgrund des Theorems 1 nur eine *lineare* Funktion
der gewöhnlichen Momente rational. Mit den drei ersten Momenten

könnte man, da sich Standardabweichung und Schiefe aus diesen zusammensetzen, ein rationales (μ, σ, γ)-Prinzip konstruieren. Seine Präferenzfunktion ist freilich recht kompliziert (in μ und σ vom dritten Grade[1]), während die früher (vgl. S. 57) hypothetisch konstruierte, in μ, σ und γ lineare Präferenzfunktion dem Bernoulli-Prinzip widerspricht. Wenn also schon das rationale (μ, σ, γ)-Prinzip unverhältnismäßig kompliziert ist, so erst recht ein klassisches Entscheidungsprinzip, das höhere Momente benutzt.

Mit der Vielzahl zu berücksichtigender Parameter verliert aber das klassische Prinzip seinen wichtigsten Vorzug: seine relative Einfachheit[2]. Das (μ, σ)-Prinzip benötigt z.B. die Kenntnis von nur zwei Verteilungsparametern, die gewöhnlich mit einem verhältnismäßig geringen Datenmaterial schon recht verläßlich geschätzt werden können. Ähnlich das (μ, P_0)-Prinzip. Keinesfalls ist die Kenntnis der ganzen Wahrscheinlichkeitsverteilung erforderlich. Auf der anderen Seite ist die statistische Bestimmung des Erwartungswertes einer komplizierten Nutzenfunktion zumeist an eine große Datenfülle gebunden, wenn sie einigermaßen genau sein soll.

Aber nicht nur, daß das klassische Prinzip mit wenigen Parametern nur geringe statistische Information über die Wahrscheinlichkeitsverteilung benötigt — gering im Vergleich zu den Informationserfordernissen für das Bernoulli-Prinzip bzw. das klassische Prinzip mit vielen Parametern —, macht es für die Anwendung geeignet, hinzu kommt der Vorzug, daß nur wenige Parameter numerisch festgelegt werden müssen, um aus dem Prinzip eine Entscheidungsregel zu machen. Beim Bernoulli-Prinzip muß dagegen die ganze Nutzenfunktion, also, wenn man will, eine unendliche Anzahl von Parametern, numerisch spezifiziert werden, ehe man Entscheidungsprobleme wirklich lösen kann. Was also vom Standpunkt einer genauen Entsprechung mit dem rationalen Bernoulli-Prinzip und einer möglichst großen Flexibilität einen Nachteil des klassischen Prinzips bedeutet, ist vom Standpunkt des Praktikers, der Entscheidungsregeln anwenden will, ein Vorteil.

Für das klassische Prinzip spricht auch, daß andere Präferenzfunktionen als die durch die Forderung nach Rationalität bedingten durchaus plausibel, ja vernünftiger als diese erscheinen. So könnte man etwa für das (μ, σ)-Prinzip Präferenzfunktionen wählen wie[3]:

$$\psi(\mu, \sigma) = a\mu - \sigma^2 \quad \text{oder}^{[4]}: \quad \psi(\mu, \sigma) = \frac{\mu - r}{\sigma}.$$

Jedoch sind diese, streng genommen, unrational.

---

[1] $\psi(\mu, \sigma, \gamma) = a\mu + b\mu^2 + c\mu^3 + b\sigma^2 + 3c\mu\sigma^2 + c\gamma\sigma^3 (= a\mu + bq^2 + cE[x^3])$.

[2] Aus demselben Grunde plädiert ROY [1952] für ein klassisches Prinzip mit wenig Parametern (μ, σ, P_0) und gegen das Bernoulli-Prinzip.

[3] FREUND [1956].

[4] ROY [1952].

Wie verträgt sich das aber mit dem Anspruch des Bernoulli-Prinzips, als einziges rational zu sein? Ist ALLAIS' Kritik berechtigt?

Nun, es wurde schon an den beiden Beispielen des (μ, σ)- und des (μ, P_0)-Prinzips gezeigt, daß deren Mängel auch unabhängig von einer Rationalitätsanalyse offenbar sind. Allgemein liegt die eigentümliche Starrheit des klassischen Prinzips, besonders wenn nur wenige Parameter benutzt werden, darin, daß sehr verschiedene Wahrscheinlichkeitsverteilungen dieselben Verteilungsparameter besitzen können und daher trotz ihrer Verschiedenheit als indifferent anzusehen sind.

Diese Situation ändert sich radikal, wenn man den Bereich der zulässigen Wahrscheinlichkeitsverteilungen $W' \subset W$ merklich einschränkt[1]. Daß dazu eine drastische Einschränkung nötig ist, geht aus dem Anhang zu diesem Kapitel hervor. Wenn aber W' eine Menge von Wahrscheinlichkeitsverteilungen ist, die schon durch μ und σ bzw. durch μ und P_0 innerhalb W' eindeutig bestimmt sind, wenn es also zu jedem μ und σ (μ und P_0) in W' nur eine Wahrscheinlichkeitsverteilung gibt, dann freilich kann die Präferenzfunktion im (μ, σ)- bzw. (μ, P_0)-Prinzip die unterschiedlichsten Formen annehmen, ohne unrational zu sein. Ein solcher Fall liegt vor, wenn W' die Klasse der Normalverteilungen ist. Es kann nun durchaus sein, daß viele Präferenzfunktionen, die nicht die in Theorem 1 bzw. 1' geforderte Gestalt haben, dennoch plausibel erscheinen, weil man sie sich auf Normalverteilungen angewendet vorstellt. Eine solche Vorstellung ist berechtigt, da sehr viele Wahrscheinlichkeitsverteilungen, an denen die Unrationalität des verwendeten Kriteriums in Erscheinung treten würde, selten sind. Im Bereich der Normalverteilungen aber kann das Kriterium sehr wohl rational sein. Mit der genauen Ermittlung derjenigen (μ, σ)- bzw. (μ, P_0)-Kriterien, die in diesem Sinne noch rational sind, wird sich das vierte Kapitel befassen.

3.3. Bernoulli-Prinzip und ordinale Parameter

Vorher aber soll die Auswirkung der Rationalitätshypothese auf das klassische Entscheidungsprinzip bei anderen als metrischen Parametern untersucht werden. Deren Rolle übernehmen jetzt die sog. ordinalen Parameter, wie Median, Modalwert, Quartile, Minimum und Maximum.

Definition: Ein Verteilungsparameter α heiße *ordinaler Parameter*, wenn zu je zwei Wahrscheinlichkeitsverteilungen w_1 und w_2, für die α den gleichen Wert annimmt ($\alpha[w_1] = \alpha[w_2]$), auch die durch irgendeine streng monoton steigende Funktion f transformierten Wahrscheinlichkeitsverteilungen w_{1f} und w_{2f} hinsichtlich dieses Parameters einander gleich sind ($\alpha[w_{1f}] = \alpha[w_{2f}]$).

---

[1] In diesem Sinne äußert sich z. B. auch K. BORCH [1963].

Man kann auch sagen: Ordinale Parameter sind solche, die in bezug
auf Transformationen mit streng monoton steigenden Funktionen ko-
variant sind. Da ordinal gemessene Größen, also Größen, die lediglich
eine Rangordnung widerspiegeln, nur bis auf streng monotone Transformationen bestimmt sind, stellen die ordinalen Parameter gerade
diejenigen Verteilungsparameter dar, die man noch sinnvoll zur Beschreibung von Wahrscheinlichkeitsverteilungen über ordinal gemessenen
Größen verwenden kann. Auch folgende Formulierung ist möglich:
Faßt man alle Wahrscheinlichkeitsverteilungen, für die der Parameter α
den gleichen Wert hat, zu je einer Klasse zusammen, dann wird, falls α
ordinal ist, durch eine Transformation mit einer streng monoton steigenden Funktion jede Klasse ganz in eine andere Klasse transformiert.

Beispiel: Sei

$$w_1 = \{w_1(1) = \tfrac{1}{4}, \; w_1(2) = \tfrac{1}{2}, \; w_1(3) = \tfrac{1}{4}\},$$

$$w_2 = \{w_2(0) = \tfrac{1}{4}, \; w_2(2) = \tfrac{1}{2}, \; w_2(5) = \tfrac{1}{4}\}.$$

Beide Wahrscheinlichkeitsverteilungen haben den gleichen Median:
$x_{\frac{1}{2}} = 2$. Ferner sei $f(x) = x^2$ für $x \geq 0, f(x) = x$ für $x \leq 0$. f ist eine monoton
steigende Funktion. Sie transformiert die beiden Wahrscheinlichkeits-
verteilungen in

$$w_{1f} = \{w_{1f}(1) = \tfrac{1}{4}, \; w_{1f}(4) = \tfrac{1}{2}, \; w_{1f}(9) = \tfrac{1}{4}\},$$

$$w_{2f} = \{w_{2f}(0) = \tfrac{1}{4}, \; w_{2f}(4) = \tfrac{1}{2}, \; w_{2f}(25) = \tfrac{1}{4}\}.$$

Wieder haben beide Wahrscheinlichkeitsverteilungen den gleichen
Median: $x_{\frac{1}{2}f} = 4$. Das Beispiel illustriert die Eigenschaft des Medians —
übrigens auch des Modalwertes[1], der hier mit dem Median übereinstimmt —, ein ordinaler Parameter zu sein.

Allgemein ist der Median (oder Zentralwert) eine Wahrscheinlich-
keitsverteilung w, definiert als diejenige Größe $x_{\frac{1}{2}}$, für die $w(x \leq x_{\frac{1}{2}}) \geq \tfrac{1}{2}$
und $w(x \geq x_{\frac{1}{2}}) \geq \tfrac{1}{2}$ ist. Bei Wahrscheinlichkeitsverteilungen mit stetiger
Verteilungsfunktion F genügt es, einfach $F(x_{\frac{1}{2}}) = \tfrac{1}{2}$ zu verlangen. Es gibt
immer mindestens einen Median; u. U. aber ist er nicht eindeutig be-
stimmt, einen Fall, den wir zunächst außer acht lassen wollen. Ist nun f
eine streng monoton steigende Funktion, dann hat die transformierte
Wahrscheinlichkeitsverteilung w_f gerade $f(x_{\frac{1}{2}})$ zum Median. Denn $w_f(x$
$\lessgtr f(x_{\frac{1}{2}})) = w(x \lessgtr x_{\frac{1}{2}})$. Zwei Verteilungen mit demselben Median haben
also nach einer monotonen Transformation weiterhin den gleichen Me-

---

[1] Das gilt nur für den Modalwert, definiert als der wahrscheinlichste Wert einer
diskreten Wahrscheinlichkeitsverteilung, nicht aber für den Modalwert kontinuierlicher Verteilungen, der dort als Wert größter Wahrscheinlichkeitsdichte definiert ist.

dian. Damit ist bewiesen, daß der Median ein ordinaler Parameter ist. Ähnlich weist man diese Eigenschaft bei anderen Perzentilen nach. Das sind bekanntlich Größen x_p, für die $w(x \leqq x_p) \geqq p$ und $w(x \geqq x_p) \geqq 1-p$ mit einer zwischen 0 und 1 liegenden Zahl p gilt. Die beiden Quartile sind die Perzentile mit $p=0{,}25$ und $p=0{,}75$; der Median hat $p=0{,}5$. Ebenso ist klar, daß Minimum und Maximum einer Wahrscheinlichkeitsverteilung (sofern vorhanden) ordinale Parameter sind sowie bei diskreten Verteilungen der wahrscheinlichste Wert (Modalwert), der zweit-, drittwahrscheinlichste usw. In allen Fällen ergibt sich die Eigenschaft des Parameters, ordinal zu sein, einfach daraus, daß der Parameterwert der transformierten Wahrscheinlichkeitsverteilung gerade der transformierte Parameterwert der ursprünglichen Verteilung ist.

Um ein ganz anderes Beispiel zu geben, sei noch erwähnt, daß die Eigenschaft einer Wahrscheinlichkeitsverteilung, diskret zu sein, ordinal im Sinne unserer Definition ist, insofern nämlich, als diskrete Verteilungen wieder in diskrete Verteilungen durch streng monoton steigende Funktionen transformiert werden. Der diese Eigenschaft beschreibende Parameter α kann z. B. so definiert sein, daß $\alpha[w]=0$ oder 1 , je nachdem, ob w diskret, ist oder nicht. Auch dieses α ist ein ordinaler Parameter.

Wie bei allen Verteilungsparametern ist auch bei den ordinalen darauf zu achten, daß sie nur auf einem Teil W' des Bereichs W aller Wahrscheinlichkeitsverteilungen anwendbar sind. Zum Beispiel ist das Maximum einer Wahrscheinlichkeitsverteilung nur dann erklärt, wenn die Verteilungsfunktion schon an einer endlichen Stelle den Wert Eins annimmt. Auch gibt es dann keinen eindeutig bestimmten Median, wenn die Verteilungsfunktion für den Funktionswert $\frac{1}{2}$ einen Stufenabsatz aufweist. In diesem wie in vielen ähnlichen Fällen kann man jedoch den Bereich W' der zulässigen Wahrscheinlichkeitsverteilungen wesentlich erweitern, wenn man den Begriff des Parameters weiter faßt, indem man zuläßt, daß er nicht notwendig eine eindeutig bestimmte Zahl, sondern eventuell auch eine Zahlenmenge sein kann. In dem erwähnten Beispiel wäre dann der Median ein Intervall von der Länge des „Treppenabsatzes" der Verteilungsfunktion [1]. Im folgenden wird immer angenommen, daß der Bereich W' so weit eingeschränkt ist, daß alle vorkommenden Parameter für alle Wahrscheinlichkeitsverteilungen aus W' eindeutig definiert sind. Man kann aber die folgenden Ausführungen ohne Schwierigkeit auf den skizzierten allgemeineren Fall ausdehnen, bei dem mehrdeutige ordinale Parameter auftreten.

---

[1] Vgl. Abb. 21. Der oft eingeschlagene Weg, in diesem Fall die Intervallmitte als Median zu definieren, kann hier nicht begangen werden, da die Intervallmitte kein ordinaler Parameter ist. Wohl aber könnte man, wenn auch auf Kosten der Symmetrie, das untere oder obere Intervallende als eindeutigen Medianwert definieren.

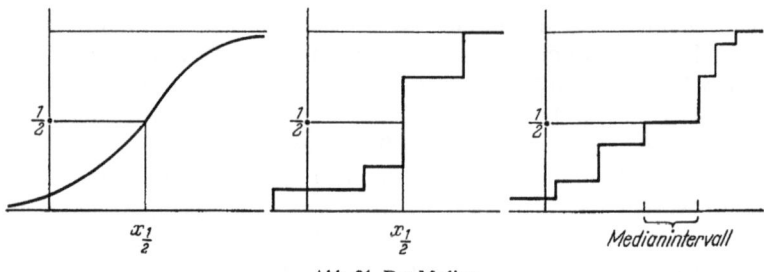

Abb. 21. Der Median

Übrigens ist in der vorstehenden Definition der ordinalen Parameter implizite enthalten, daß mit $w \in W'$ auch $w_f \in W'$.

Wir stellen uns nun die Frage, inwieweit das Bernoulli-Prinzip ein klassisches Prinzip mit nur ordinalen Parametern einschränkt. Sie wird beantwortet durch das folgende

Theorem 2: Es sei $\Psi[w] = \psi(\alpha_1, \alpha_2, \ldots, \alpha_n)$ ein Präferenzfunktional für $w \in W'$, das sich mit Hilfe einer Präferenzfunktion in den ordinalen Parametern $\alpha_1, \alpha_2, \ldots, \alpha_n$ darstellen läßt. Es gebe ferner mindestens zwei verschiedene diskrete Wahrscheinlichkeitsverteilungen, die in den Werten von $\alpha_1, \alpha_2, \ldots, \alpha_n$ miteinander übereinstimmen. Dann ist Ψ in Übereinstimmung mit dem Bernoulli-Prinzip, d. h. $\Psi[w] = U(E_w[u(x)])$ dann und nur dann, wenn die Nutzenfunktion u und (daher) die Präferenzfunktion ψ konstant sind, wenn also sämtliche $w \in W'$ zueinander indifferent sind.

Beweis[1]: Es genügt offenbar, die Implikation „$\Psi[w] = E[u] \Rightarrow \psi$ und u konstant" zu beweisen; die Umkehrung ist trivial. Die beiden diskreten Wahrscheinlichkeitsverteilungen, die laut Voraussetzung dieselben Werte für die $\alpha_1, \ldots, \alpha_n$ haben, seien $w_1 = \{w_1(x_i) = p_i, i = 1, \ldots, k\}$ und $w_2 = \{w_2(y_j) = q_j, j = 1, \ldots, h\}$. Sämtliche p_i und q_j sind natürlich $\neq 0$. Nach Voraussetzung ist $w_1 \neq w_2$. Daher sind zwei Fälle zu unterscheiden: (a) Die möglichen Einkommen sind verschieden, etwa $x_1 \neq y_1$, oder (b) $k = h$ und $x_i = y_i$ für $i = 1, \ldots, k$, aber die Wahrscheinlichkeiten sind verschieden, etwa $p_1 \neq q_1$. f sei eine streng monoton steigende Funktion, die x_1 in $x_1' = x_1 + \Delta$ abbildet und alle übrigen x_i und y_i (außer, im Fall (b), $y_1 = x_1$) unverändert läßt. Eine solche Funktion kann immer konstruiert werden, sofern nur Δ kleiner als der Abstand von x_1 zu dem nächsten der übrigen x_i und y_j ist. Da die $\alpha_1, \ldots, \alpha_n$ ordinale Parameter sind, haben sie auch für die durch f transformierten Wahrscheinlichkeitsverteilungen w_{1f} und w_{2f} gleiche Werte. Nun hängt die Präferenzfunk-

---

[1] Für den Fall, daß ψ nur von einem ordinalen Parameter, nämlich einem Perzentil (das als Garantiegrenze benutzt werden kann) abhängt, wurde Theorem 2 — freilich mit ganz anderen Mitteln — von MASSÉ bewiesen. MASSÉ [1953], bes. S. 27.

tion nur von den α_i ab; also ist sowohl $\Psi[w_1] = \Psi[w_2]$ als auch $\Psi[w_{1f}] = \Psi[w_{2f}]$. Jetzt nehmen wir an, daß eine Nutzenfunktion u existiert mit $\Psi[w] = E_w[u(x)]$, und berechnen die Differenzen $\Delta\Psi_1 = \Psi[w_1] - \Psi[w_{1f}]$ und $\Delta\Psi_2 = \Psi[w_2] - \Psi[w_{2f}]$, die natürlich einander gleich sein müssen. Es ist $\Delta\Psi_1 = u(x_1)p_1 - u(x_1')p_1$. Für die Berechnung von $\Delta\Psi_2$ sind die beiden oben angeführten Fälle zu unterscheiden. Im Fall (a) ist $\Delta\Psi_2 = 0$, im Fall (b) $\Delta\Psi_2 = u(x_1)q_1 - u(x_1')q_1$. Aus der Gleichheit $\Delta\Psi_1 = \Delta\Psi_2$ folgt nun in beiden Fällen: $u(x_1) = u(x_1') = u(x_1 + \Delta)$. Läßt man jetzt Δ in den genannten Schranken beliebig variieren, dann erkennt man, daß $u(x)$ in einem ganzen Intervall konstant ist. Nun wird auf beide Wahrscheinlichkeitsverteilungen eine Translation ausgeübt, die diese um eine so kleine Strecke verschiebt, daß x_1 noch in dem genannten Intervall bleibt. Eine Translation ist aber auch eine streng monoton steigende Funktion, folglich stimmen die verschobenen Verteilungen weiterhin in ihren Parametern $\alpha_1, \ldots, \alpha_n$ überein. Wird sodann die obige Überlegung für die neuen Wahrscheinlichkeitsverteilungen wiederholt, dann erkennt man, daß $u(x)$ in einem an das erste anstoßenden Intervall weiterhin konstant ist. So fortfahrend, wird schließlich offenbar, daß $u(x)$ auf der ganzen Zahlengeraden konstant ist, was zu beweisen war.

Bemerkungen zum Theorem 2 und zu seinem Beweis: Die vorausgesetzte Existenz zweier verschiedener Wahrscheinlichkeitsverteilungen mit gleichen Parameterwerten ist so selbstverständlich, daß sie kaum aufgeführt zu werden braucht, denn natürlich gehört es zum Wesen von gebräuchlichen Verteilungsparametern, daß sie für viele Verteilungen den gleichen Wert haben. Nur durch diese Eigenschaft gelingt den Parametern jene Informationskonzentration, die man von ihnen erwartet. Daß diese beiden Verteilungen diskret sein sollen, vereinfacht natürlich den Beweis, schränkt aber sicherlich kaum die Allgemeinheit des Theorems ein. Ob man den Beweis ohne eine solche ad hoc-Voraussetzung führen kann, weiß ich nicht. Jedenfalls ist diese Voraussetzung ohne nennenswerten restriktiven Charakter, da sie praktisch immer erfüllt ist.

Der Inhalt von Theorem 2 kann also, wenn man die unwesentliche zweite Voraussetzung nicht berücksichtigt, kurz so zusammengefaßt werden: Ein klassisches Prinzip mit nur ordinalen Parametern ist bis auf eine Ausnahme stets unrational. Die einzige Ausnahme ist, daß auf Grund des Prinzips alle Wahrscheinlichkeitsverteilungen indifferent sind, eine Ausnahme, die man freilich ebenfalls als unvernünftig ansehen wird.

Das ist ein hartes Verdikt, radikaler als die entsprechende Aussage von Theorem 1. Danach ist es z.B. unrational, wenn man sich nur nach dem häufigsten Wert (beste Erwartung) oder dem Median richtet, auch wenn man das Minimum einer Wahrscheinlichkeitsverteilung zur Richtschnur macht (Waldsches Minimax-Prinzip), ebenso wenn man, wie das kürzlich KATAOKA [1963] tat, ein bestimmtes Perzentil benutzt. Auch eine Kombination von Median und Minimum ist unrational oder von Minimum und Maximum (Hurwicz-Regel). Da die Spannweite und der Quartilsabstand beide Funktionen von ordinalen Parametern sind, nämlich $x_{max} - x_{min}$ und $x_{\frac{3}{4}} - x_{\frac{1}{4}}$, können auch diese Größen nicht zusammen mit anderen ordinalen Parametern in rationalen Entscheidungskriterien verwandt werden. Damit ist z. B. LANGEs Regel als unrational erkannt (vgl. S. 56).

Wieder wird der stark restriktive Charakter des Bernoulli-Prinzips deutlich. Doch auch in diesem Zusammenhang läßt sich das klassische Prinzip verteidigen, ohne gleichzeitig das Bernoulli-Prinzip angreifen zu müssen, und zwar mit den gleichen Argumenten, die wir schon im Anschluß an Theorem 1 verwandt haben: Bei geeigneter Einschränkung des Bereichs W' der zugelassenen Wahrscheinlichkeitsverteilungen werden Entscheidungskriterien rational, die es bei allgemeiner (unbeschränkter) Verwendung nicht sind. Innerhalb des Bereichs der Normalverteilungen ist natürlich die Benutzung von Median, Modalwert, Quartilsabstand usw. erlaubt, da sie mit metrischen Parametern in einem eindeutigen funktionalen Zusammenhang stehen. Bei nicht so einschneidender Beschränkung von W' kann die Verwendung ordinaler Parameter immerhin näherungsweise rational sein.

Eine dem Theorem 2 analoge Aussage macht das

Theorem 3: Es sei $\Psi[w] = \psi(\mu, \alpha_1, \alpha_2, ..., \alpha_n)$ ein Präferenzfunktional, das sich als Präferenzfunktion des Erwartungswertes μ und der ordinalen Parameter $\alpha_1, ..., \alpha_n$ darstellen läßt. Es gebe ferner zwei diskrete Wahrscheinlichkeitsverteilungen w_1 und w_2, die in den Werten ihrer Parameter $\mu, \alpha_1, ..., \alpha_n$ übereinstimmen, die aber an zwei Stellen x_1 und x_2 so voneinander abweichen, daß $w_1(x_1) = p_1 \neq 0$, $w_1(x_2) = p_2 \neq 0$, aber $w_2(x_1) = w_2(x_2) = 0$. Dann ist Ψ dann und nur dann in Übereinstimmung mit dem Bernoulli-Prinzip, das eine an wenigstens einer Stelle stetige Nutzenfunktion verwenden möge, wenn ψ nur von μ, nicht aber von $\alpha_1, ..., \alpha_n$ abhängt und wenn die Nutzenfunktion linear ist.

Beweis: Wieder genügt es, nur die nichttriviale Implikation zu beweisen. w_1 und w_2 seien so, wie im zweiten Satz des Beweises zu Theorem 2 beschrieben. Man wähle eine streng monoton steigende Funktion f, die x_1 in $x_1' = x_1 + \Delta_1$, x_2 in $x_2' = x_2 + \Delta_2$ transformiert, alle anderen x_i und y_i aber konstant läßt und die bei der zugehörigen Transformation der Wahrscheinlichkeitsverteilung w_1 in w_{1f} den Erwartungswert μ nicht verändert: $\mu[w_1] = \mu[w_{1f}]$. Eine solche Funktion ist immer zu finden, sofern nur x_1' und x_2' nahe genug bei x_1 bzw. x_2 liegen.

Die Konstanz von μ schreibt folgende Beziehung zwischen x_1' und x_2' vor:

$$x_1 p_1 + x_2 p_2 = x_1' p_1 + x_2' p_2$$

und damit

$$\Delta_2 = -\Delta_1 \frac{p_1}{p_2}. \qquad (1)$$

Die ordinalen Parameter $\alpha_1 \ldots \alpha_n$ von w_{1f} haben dieselben Werte wie die von w_{2f}, da laut Voraussetzung auch w_1 und w_2 in den α_i übereinstimmen und f monoton ist. f läßt die y_j und damit w_2 konstant, d.h. $w_{2f} = w_2$. w_{1f} und w_1 haben also dieselben Parameterwerte $\alpha_1, \ldots, \alpha_n$ und − auf Grund der Konstruktion von f − denselben Erwartungswert μ. Folglich ist $\Psi[w_{1f}] = \Psi[w_1]$; w_{1f} und w_1 sind indifferent. Existiert eine Nutzenfunktion u, dann impliziert diese Indifferenz, daß

$$u(x_1) p_1 + u(x_2) p_2 = u(x_1') p_1 + u(x_2') p_2.$$

Zusammen mit der zuerst angegebenen Gleichung wird daraus:

$$\frac{u(x_1') - u(x_1)}{x_1' - x_1} = \frac{u(x_2') - u(x_2)}{x_2' - x_2}. \qquad (2)$$

Es wird nun eine positiv lineare Transformation L eingeführt, die x_2 in x_2' überführt, x_1 aber konstant läßt. Für die beiden transformierten Verteilungen w_{1L} und w_{2L} sind wieder die Parameterwerte $\mu, \alpha_1, \ldots, \alpha_n$ wechselseitig gleich; μ, weil L linear ist, $\alpha_1, \ldots, \alpha_n$, weil L positiv und damit streng monoton steigend ist. Es liegt also gerade die Ausgangssituation vor, nur daß x_2 durch x_2' zu ersetzen ist. Wieder wird eine monotone Transformation konstruiert, die x_1 in $x_1' = x_1 + \Delta_1$, x_2' in $x_2'' = x_2' + \Delta_2'$ überführt und μ nicht ändert. Wieder ist $\Delta_2' = -\Delta_1 \frac{p_1}{p_2}$, woraus mit der analogen Gleichung (1) folgt, daß $\Delta_2' = \Delta_2$. Auch gilt wiederum

$$\frac{u(x_1') - u(x_1)}{x_1' - x_1} = \frac{u(x_2'') - u(x_2')}{x_2'' - x_2'}.$$

Zusammen mit der analogen Gl. (2) folgt daraus:

$$\frac{u(x_2'') - u(x_2')}{x_2'' - x_2} = \frac{u(x_2') - u(x_2)}{x_2' - x_2},$$

wobei $x_2'' - x_2' = x_2' - x_2 = \Delta_2$. Man kann also den Nenner auf beiden Seiten der Gleichung fortmultiplizieren und erhält, wenn man noch abkürzend $x_2 = x$ und $\Delta_2 = \Delta$ setzt:

$$u(x + 2\Delta) - u(x + \Delta) = u(x + \Delta) - u(x). \qquad (3)$$

Das ist eine Funktionalgleichung für die Nutzenfunktion u, die zunächst nur für eine bestimmte Stelle $x=x_2$ und für alle hinreichend kleinen $\varDelta$ gilt, also alle $\varDelta$, die absolut kleiner sind als ein gewisses $\bar{\varDelta}>0$. Durch Parallelverschiebung — das ist eine spezielle streng monoton steigende Transformation — der Wahrscheinlichkeitsverteilungen w_1 und w_2 erkennt man aber, daß x jeder beliebige Wert sein kann. Da ferner jedes $\varDelta'$ mit $|\varDelta'|>\bar{\varDelta}$ als Vielfaches $\varDelta'=k\varDelta$ von einem $\varDelta$ mit $|\varDelta|<\bar{\varDelta}$ geschrieben werden kann, folgert man durch wiederholte Anwendung der Funktionalgleichung, daß diese auch für $\varDelta'$ gilt. Sie gilt mithin für alle x und alle $\varDelta$.

Die Lösung der Funktionalgleichung (3) aber ist bekanntlich eine lineare Funktion, wenn man noch die postulierte Stetigkeit für $u(x)$ an einer Stelle hinzuzieht. Man erkennt nämlich sehr leicht, daß bei festem x und $\varDelta$ alle Funktionswerte der Form $u(x+r\varDelta)$ mit rationalem r auf einer Geraden durch $u(x)$ liegen. Gäbe es nun für verschiedene $\varDelta$ verschiedene Geraden dieser Art, dann wäre u an allen von dem gewählten x verschiedenen Stellen unstetig. Gleiches gälte an jener Stelle x selbst, und somit wäre u überall unstetig entgegen der Voraussetzung. Also liegen alle Funktionswerte $u(x)$ auf nur einer Geraden: u ist linear.

Bemerkung zur Funktionalgleichung (3): Wird die Stetigkeitsvoraussetzung für u fallengelassen, hat (3) auch andere Funktionen als nur die lineare zur Lösung. Erscheint jemandem die Forderung nach Stetigkeit an wenigstens einer Stelle als zu restriktiv, so sei ihm versichert, daß man sie weitgehend abschwächen kann: Man braucht nur zu verlangen, daß u in der Umgebung wenigstens einer Stelle beschränkt ist. Funktionen, die (3) erfüllen, aber nicht linear sind, sind also in zweierlei Hinsicht „pathologisch": Sie sind überall unstetig, sie sind überall unbeschränkt.

Bemerkungen zum Theorem 3: Genau wie beim Theorem 2 schränkt auch hier die im zweiten Satz formulierte Voraussetzung die Allgemeinheit der Aussage nur unwesentlich ein. Von dieser Voraussetzung abgesehen, kann der Inhalt des Theorems dahingehend zusammengefaßt werden, daß die Berücksichtigung ordinaler Parameter zusätzlich zum Erwartungswert bei der Erstellung von Präferenzen unter Wahrscheinlichkeitsverteilungen unrational ist. Das Theorem stellt damit eine Ergänzung zum vorangehenden dar, indem es dessen Behauptung auch für den Fall bekräftigt, daß die Präferenzfunktion noch den Erwartungswert berücksichtigt. Ob sie aber diesen berücksichtigt oder nicht — so können wir das Ergebnis beider Theoreme zusammenfassen —, in jedem Fall sind ordinale Parameter für eine rationale Präferenzdiskriminierung irrelevant.

Danach ist z.B. eine Präferenzfunktion unrational, die sich auf den Erwartungswert und den mittleren Quartilsabstand oder die Spannweite bezieht (vgl. S. 56); ebenso eine, die sich nach dem Erwartungswert und dem Minimum der Wahrscheinlichkeitsverteilung (als Risikomaß) richtet[1] (Hodges-Lehmann-Regel).

Wieder kann freilich zur „Entlastung" eines solchen Entscheidungsprinzips angeführt werden, daß es bei entsprechender Einschränkung der Klasse zulässiger Wahrscheinlichkeitsverteilungen sehr wohl zumindest approximativ rational sein kann.

3.4. Andere Parameter

Für klassische Entscheidungsprinzipien, die sich auf metrische bzw. auf ordinale Parameter gründen, konnte in den vorangehenden Abschnitten der Einfluß des Bernoulli-Prinzips aufgezeigt werden. Aber längst nicht alle Verteilungsparameter fallen unter die beiden genannten Kategorien. So ist z. B. der Quartilsabstand weder ein ordinaler noch ein metrischer Parameter. Allerdings ist er eine Funktion von ordinalen Parametern, nämlich den Quartilen, und daher wird seine Verwendung in klassischen Entscheidungsprinzipien durch die Theoreme 2 und 3 eingeschränkt.

Nun gibt es aber gewiß auch solche Parameter, die weder ordinale noch metrische sind und auch nicht von solchen funktional abhängen. Zum Beispiel dürften hierher gehören (vgl. 2.2.3.):

die mittlere absolute Abweichung

$$\bar{a} = E[|x - \mu|],$$

die mittlere untere Abweichung

$$a_u = \int_{-\infty}^{\mu} x \, dF(x),$$

die Semivarianz

$$v_u = \int_{-\infty}^{\mu} (x - \mu)^2 \, dF(x).$$

Über diese Parameter machen die Theoreme 1 bis 3 keine Aussage; die Frage nach ihrer rationalen Verwendbarkeit in klassischen Entscheidungsprinzipien − z.B. als Risikomaße − ist noch unbeantwortet. Ohne nun im einzelnen nachzuweisen, daß sie keine Funktionen von metrischen oder ordinalen Parametern sind[2], soll hier sogleich untersucht werden, ob bzw. unter welchen Umständen das $(\mu, \bar{a})$-Prinzip, das (μ, a_u)-Prinzip und das (μ, v_u)-Prinzip rational sind.

---

[1] Daß dieser Fall mit der Existenz einer Nutzenfunktion unverträglich ist, wurde − freilich auf ganz anderem Wege − von MARKOWITZ [1959], S. 293 ff., bewiesen.

[2] Übrigens werden sie sogleich metrische Parameter, wenn man in ihren Definitionen μ durch eine feste Zahl, etwa durch 0, ersetzt; z.B. wird a zu CRAMÉR's average risk (2.2.3.) und a_u zum durchschnittlichen Verlust λ (2.2.4.).

Wir wollen die Untersuchung mit Hilfe diskreter Verteilungen vor-
nehmen, für die ja die genannten Parameter definiert sind. Es sei nun
x ein Wert, der mit positiver Wahrscheinlichkeit p in einer Wahrscheinlichkeitsverteilung w_1 vorkommt, und es sei $x > \mu$. Wir gehen von dieser
Verteilung zu einer neuen, w_2, über, indem wir x durch die Werte
$x + \Delta$ und $x - \Delta$ ersetzen und beiden die Wahrscheinlichkeit $p/2$ zuordnen.
Dabei soll Δ eine beliebige positive Größe sein, aber so klein, daß noch
$x - \Delta > \mu$. Andere Veränderungen werden nicht vorgenommen. w_2 hat
dann denselben Mittelwert wie w_1 und dieselben Werte für $\bar{a}$, a_u und v_u.

Wird daher eines der drei angeführten klassischen Prinzipien zur
Aufstellung einer Präferenzordnung auf W verwandt, dann findet man,
daß in allen drei Fällen $w_1 \sim w_2$. Liegt nun dieser Präferenzordnung
zugleich eine Nutzenfunktion u zugrunde (ist sie also rational), dann
muß $E_{w_1}[u(x)] = E_{w_2}[u(x)]$ sein. Aus der Art, wie w_2 aus w_1 hervorging,
folgt dann aber, daß

$$\frac{p}{2}[u(x + \Delta) + u(x - \Delta)] = p\, u(x)$$

oder

$$u(x + \Delta) - u(x) = u(x) - u(x - \Delta).$$

Diese letzte Gleichung gilt zunächst nur für den einen, oben festgelegten
Wert x und für alle hinreichend kleinen Δ. Da aber x beliebig gewählt
werden kann und da μ beliebig weit entfernt von x angenommen werden
kann, gilt obige Gleichung für alle x und alle Δ. Aus ihr folgt aber, wie
in 3.3., Gl. (3) gezeigt, daß u eine lineare Funktion ist (wenn man noch
die unbedeutende Voraussetzung macht, daß u an mindestens einer
Stelle stetig sein soll).

Dieses Ergebnis bedeutet aber, daß in den Präferenzfunktionen zu
den drei genannten Prinzipien die Parameter $\bar{a}$, a_u und v_u nicht vorkommen, daß vielmehr die Präferenzordnung sich allein nach μ richtet.
Mit anderen Worten, die angeführten Prinzipien sind unrational, es sei
denn, sie sind zum einfachen μ-Kriterium degeneriert.

Diese These stellt eine sinngemäße Ergänzung zum Theorem 3 dar.
Sie ist zu der Aussage dieses Theorems völlig analog formuliert, mit dem
einen Unterschied freilich, daß neben dem Mittelwert in der Präferenzfunktion jetzt keine ordinalen Parameter vorkommen, sondern gewisse
außerhalb dieser Kategorie stehende Parameter.

Auch das folgende auf HARING und SMITH [1959] zurückgehende
Entscheidungsprinzip ist im strengen Sinne unrational: Die Präferenzfunktion richte sich nach zwei Perzentilen, einem sehr niedrigen (z.B.
dem ersten) und einem sehr hohen (z.B. dem 99ten) sowie nach dem
Mittelwert der Rumpfverteilung, die aus der ursprünglichen Wahrscheinlichkeitsverteilung dadurch hervorgeht, daß die Teile unterhalb vom

unteren Perzentil und oberhalb vom oberen Perzentil abgeschnitten werden. Da nach diesem Kriterium die Gestalt der Wahrscheinlichkeitsverteilung oberhalb eines gewissen Perzentils überhaupt nicht berücksichtigt wird, liegt die Unrationalität des Kriteriums auf der Hand, verletzt es doch sogar das Dominanzprinzip. Es ist freilich zu bedenken, daß HARING und SMITH dieses Kriterium (zusammen mit anderen Vorentscheidungen) nur als approximativ rationales Entscheidungsprinzip verstanden wissen wollen. Unrationales Verhalten wird in Grenzen in Kauf genommen, zumal es sich nur auf die Beurteilung der als unbedeutend angesehenen „Ausläufer" der Wahrscheinlichkeitsverteilung bezieht. Auf sie wird möglichst keine analytische Arbeit verschwendet, vielmehr soll sich die ganze analytische Kraft auf die Beurteilung der Rumpfverteilungen konzentrieren. Rationalität wird also als knappes Gut angesehen, das optimal einzusetzen ist. Das Kriterium von HARING und SMITH kann daher durchaus als subjektiv rational, wenn schon nicht als objektiv rational, angesehen werden[1]. Ähnlich lassen sich viele andere im strengen Sinne unrationale Entscheidungskriterien z.T. rechtfertigen.

Anhang zum dritten Kapitel

Notwendigkeit einer quadratischen Nutzenfunktion
für eine zweiparametrige Klasse von
Wahrscheinlichkeitsverteilungen beim (μ, σ)-Prinzip

Das Theorem 1 von S. 89f. befaßte sich, auf das (μ, σ)-Prinzip angewandt (vgl. S. 96f.), mit Präferenzfunktionen $\psi(\mu, \sigma)$ auf dem Bereich aller Wahrscheinlichkeitsverteilungen, für die μ und σ existieren. Es behauptete u.a., daß solche Präferenzfunktionen nur dann als Erwartungswert einer Nutzenfunktion $u(x)$ angesehen werden können, wenn diese quadratisch ist: $u(x) = ax^2 + bx + c$.

Es wird in diesem Anhang gezeigt, daß diese Behauptung auch dann noch richtig bleibt, wenn der Bereich der zu vergleichenden Wahrscheinlichkeitsverteilungen sehr stark eingeschränkt ist. Erst recht ist dann die Behauptung für den größeren Bereich von Wahrscheinlichkeitsverteilungen richtig. Somit wird hier ein neuer, von dem von MARKOWITZ stammenden gänzlich unabhängiger Beweis für diesen Spezialfall des Theorems 1 gegeben[2]. Allerdings benötigen wir für unseren Beweis die — freilich vom sachlichen Standpunkt unbedeutende — Voraussetzung, daß $u(x)$ mindestens an einer Stelle differenzierbar ist.

[1] Vgl. hierzu 2.4.2.
[2] RICHTER [1959/60], S. 153, Fn. 3, deutet einen Beweis für Theorem 1 an, der ungefähr in die Richtung des hier vorgetragenen Beweisganges weist. Er schlägt vor, Wahrscheinlichkeitsverteilungen mit drei möglichen Einkommen zum Beweis heranzuziehen. Hier begnügen wir uns mit solchen, die eine Alternative zwischen zwei möglichen Einkommen anbieten.

Die Klasse W, die wir nun unseren Überlegungen zugrunde legen wollen, besteht aus all den Wahrscheinlichkeitsverteilungen w, die nur zwei beliebige Stellen, etwa x_1 und x_2, mit Wahrscheinlichkeiten belegen, etwa $w(x_1) = p_1$, $w(x_2) = p_2$, jedoch mit der Einschränkung, daß die Streuung σ^2 konstant den Wert 1 besitzt. Der Erwartungswert μ kann dagegen jeden beliebigen Wert annehmen. Tatsächlich ist w innerhalb W' durch die Angabe von μ und $r = x_1 - \mu$ eindeutig bestimmt, wobei wir noch voraussetzen können, daß $x_1 > \mu$, also $r > 0$. Setzen wir nämlich $x_1 = \mu + r$ und $x_2 = \mu + s$, $r > 0$, $s < 0$, dann ist

$$
\begin{array}{ccc}
p_2 & & p_1 \\
\overline{} \\
x_2 & \mu & x_1 \\
\underbrace{}_{s} & \underbrace{}_{r}
\end{array}
$$

$$p_1 + p_2 = 1$$

$$r\,p_1 + s\,p_2 = 0$$

$$r^2 p_1 + s^2 p_2 = \sigma^2 = 1 \, .$$

Aus diesen drei Gleichungen lassen sich p_1, p_2 und s wie folgt bestimmen

$$p_1 = \frac{1}{1 + r^2} \quad (>0)$$

$$p_2 = \frac{r^2}{1 + r^2} \quad (>0)$$

$$s = -\frac{1}{r} \, .$$

Damit sind x_1, x_2, p_1, p_2 und folglich die ganze Wahrscheinlichkeitsverteilung w bekannt. Umgekehrt bestimmt eine Wahrscheinlichkeitsverteilung aus W' eindeutig μ und r durch

$$\mu = x_1\,p_1 + x_2\,p_2 \, ,$$

$$r = x_1 - \mu, \quad \text{sofern } x_1 > x_2 \text{ (sonst } r = x_2 - \mu) \, .$$

W' ist somit eine zweiparametrige Klasse von Wahrscheinlichkeitsverteilungen $w_{\mu r}$, $r > 0$, μ beliebig. Ist auf W' eine Präferenzfunktion $\psi(\mu, \sigma)$ gegeben, die eine Präferenzstruktur auf W' in Abhängigkeit von μ und σ definiert, dann reduziert sich diese zu einer Präferenzfunktion $\psi(\mu)$, da wegen $\sigma^2 = 1$ innerhalb W' eine Abhängigkeit von σ nicht festgestellt werden kann.

Die eingangs aufgestellte Behauptung kann nun in dem folgenden Satz präzisiert werden:

Satz: Es sei $u(x)$ eine an wenigstens einer Stelle differenzierbare (Nutzen-)Funktion. W' sei die oben definierte Klasse von Wahrscheinlichkeitsverteilungen. Dann ist der Erwartungswert von $u(x)$ bezüglich einer Wahrscheinlichkeitsverteilung $w \in W'$ dann und nur dann eine (nicht näher bestimmte) Funktion $\psi(\mu)$ des Mittelwertes $\mu = \mu[w]$ allein, wenn $u(x)$ quadratisch ist.

Beweis: Man kann ohne Beschränkung der Allgemeinheit annehmen, daß $u(x)$ bei $x = 0$ differenzierbar ist. Andernfalls verschiebe man den Nullpunkt der x-Achse.

Daß aus der Eigenschaft der Nutzenfunktion, quadratisch zu sein, die Beziehung $E[u(x)] = \psi(\mu)$ folgt, ist trivial. Umgekehrt ist nun zu zeigen, daß aus $E[u(x)] = \psi(\mu)$ folgt, daß $u(x) = ax^2 + bx + c$.

Hierzu berechnen wir zunächst den Erwartungswert bei irgendeiner Wahrscheinlichkeitsverteilung aus W':

$$E[u(x)] = u(x_1)\,p_1 + u(x_2)\,p_2$$

$$= u(\mu + r)\,p_1 + u(\mu + s)\,p_2 \,.$$

Nach Einsetzen der früher gefundenen Werte für p_1, p_2 und s wird daraus

$$E[u(x)] = u(\mu + r)\,\frac{1}{1 + r^2} + u\left(\mu - \frac{1}{r}\right)\frac{r^2}{1 + r^2} \,.$$

Wird dieser Ausdruck mit $\psi(\mu)$ gleichgesetzt und bezeichnen wir der Einfachheit halber μ jetzt mit x, dann entsteht die Funktionalgleichung

$$u(x + r) + r^2 u\left(x - \frac{1}{r}\right) = (1 + r^2)\,\psi(x)\,. \tag{1}$$

Sie gilt für alle x und alle $r \neq 0$, denn, obwohl bisher $r > 0$ vorausgesetzt war, kann die vorstehende Argumentation, ohne daß sich etwas ändern würde, auch mit $r < 0$ durchgeführt werden.

Für $x = 0$ wird aus (1):

$$r^2 u\left(-\frac{1}{r}\right) = (1 + r^2)\,\psi(0) - u(r)\,.$$

Nun ist $u(r)$ bei $r = 0$ stetig (weil dort laut Voraussetzung differenzierbar); folglich existiert der Grenzwert

$$\lim_{r \to 0}\left[r^2 u\left(-\frac{1}{r}\right)\right] = \psi(0) - u(0) = a\,,$$

8*

den wir abkürzend mit a bezeichnen. Wir führen nun die neue Variable $y = \dfrac{r}{1-rx}$ ein und haben die Gleichung

$$r^2 u\left(x - \frac{1}{r}\right) = \frac{y^2}{(1+xy)^2} u\left(-\frac{1}{y}\right).$$

Da, wie eben gezeigt wurde, der Grenzwert der rechten Seite für $y \to 0$ existiert und gleich a ist, gilt dasselbe für den Grenzwert der linken Seite bei $r \to 0$, weil nämlich mit $r \to 0$ auch $y \to 0$. Also ist

$$\lim_{r \to 0}\left[r^2 u\left(x - \frac{1}{r}\right)\right] = a,$$

unabhängig von x.

Bilden wir jetzt in der Funktionalgleichung (1) auf beiden Seiten den Grenzwert $r \to 0$, dann folgt zunächst, daß $\lim_{r \to 0} u(x+r)$ existiert und daß

$$\lim_{r \to 0} u(x+r) + a = \psi(x). \tag{2}$$

Es ist nun zu zeigen, daß $\lim u(x+r) = u(x)$, daß also $u(x)$ für alle x stetig ist. Hierzu bemerken wir zunächst, daß $\lim_{r \to 0} u(x+r)$ eine in x stetige Funktion ist. Daher ist wegen (2) auch $\psi(x)$ stetig. Setzt man in (1) $r = \dfrac{1}{x - x_0}$ mit einer beliebigen Konstanten x_0, dann erhält man die Beziehung

$$u\left(x + \frac{1}{x-x_0}\right) = -\frac{1}{(x-x_0)^2} u(x_0) + \left(1 + \frac{1}{(x-x_0)^2}\right) \psi(x) \tag{3}$$

für alle $x \neq x_0$. Die Funktion $z = x + \dfrac{1}{x-x_0}$ ist an jeder Stelle $x \neq x_0$ und $x \neq x_0 \pm 1$ lokal eindeutig und stetig umkehrbar, weil dort ihre Ableitung nicht verschwindet. Da zudem die rechte Seite der Gleichung (3) für $x \neq x_0$ stetig in x und wegen der erwähnten Umkehrbarkeit für $x \neq x_0 \pm 1$ auch stetig in z ist, folgt, daß auch $u(z)$ für alle z, die sich als $z = x + \dfrac{1}{x-x_0}$ mit $x \neq x_0 \pm 1$ schreiben lassen, stetig ist. Nun kann man durch geeignete Wahl von x und x_0 erreichen, daß sich jede Zahl z so darstellen läßt. Also ist $u(x)$ eine überall stetige Funktion.

Es folgt dann aus (2):

$$u(x) + a = \psi(x).$$

Das so ermittelte $\psi(x)$ in (1) eingesetzt, ergibt

$$u(x+r)+r^2\,u\left(x-\frac{1}{r}\right)=(1+r^2)\,(u(x)+a)\,. \tag{4}$$

Wir führen nun die Funktion

$$v(x)=u(x)-a\,x^2 \tag{5}$$

ein und erhalten nach einigen Umformungen aus (4) die folgende Funktionalgleichung für $v(x)$:

$$\frac{v(x+r)-v(x)}{r}=r\,v(x)-r\,v\left(x-\frac{1}{r}\right). \tag{6}$$

Mit $x=0$ wird daraus

$$\frac{v(r)-v(0)}{r}=r\,v(0)-r\,v\left(-\frac{1}{r}\right).$$

Da $u(x)$ und damit auch $v(x)$ bei $x=0$ differenzierbar ist, existiert der Grenzwert des letzten Gliedes dieser Gleichung für $r\to0$ und errechnet sich zu

$$\lim_{r\to0} r\,v\left(-\frac{1}{r}\right)=-v'(0)=-b\,.$$

Wir führen jetzt wieder die Variable $y=\dfrac{r}{1-rx}$ ein und erhalten

$$r\,v\left(x-\frac{1}{r}\right)=\frac{y}{1+x\,y}\,v\left(-\frac{1}{y}\right).$$

Es folgt

$$\lim_{r\to0} r\,v\left(x-\frac{1}{r}\right)=-b\,.$$

Dies in (6) eingesetzt, erkennt man, daß $v(x)$ überall differenzierbar und daß

$$v'(x)=b\,,$$

woraus $v(x)=bx+c$ mit $c=v(0)=u(0)$ folgt und mit (5) schließlich

$$u(x)=a\,x^2+b\,x+c\,.$$

Viertes Kapitel

Das Bernoulli-Prinzip für spezielle Klassen von Wahrscheinlichkeitsverteilungen

Die Untersuchungen des vorangehenden Kapitels zeigten, daß das klassische Prinzip nur in sehr speziellen Fällen rational genannt werden kann — rational im Sinne des Bernoulli-Prinzips. Insbesondere ist das (μ, σ)-Prinzip — auf das wir uns im folgenden fast ausschließlich beschränken wollen — nur dann rational, wenn die Präferenzfunktion die Gestalt $\psi(\mu, \sigma) = a(\sigma^2 + \mu^2) + b\mu + c$ hat (vgl. S. 96). Die zugehörige Nutzenfunktion ist in diesem Fall quadratisch.

Eine derart einschneidende Beschränkung sowohl der Präferenzfunktion als auch der Nutzenfunktion ist offenbar eine Folge der angenommenen Allgemeingültigkeit des (μ, σ)-Prinzips. Es sollte mit derselben Präferenzfunktion auf alle Wahrscheinlichkeitsverteilungen (für die μ und σ existieren) anwendbar sein, d.h. alle Wahrscheinlichkeitsverteilungen in eine bestimmte Präferenzordnung bringen.

Wird hingegen die Menge der zu vergleichenden (und zu bewertenden) Wahrscheinlichkeitsverteilungen auf einen Bereich beschränkt, innerhalb dessen keine zwei Wahrscheinlichkeitsverteilungen zugleich denselben Mittelwert μ und dieselbe Standardabweichung σ haben — wir werden solche Bereiche als (μ, σ)-Klassen bezeichnen —, dann gibt es sogleich eine Fülle von rationalen Präferenzfunktionen $\psi(\mu, \sigma)$. Ihrem Studium gilt dieses Kapitel.

Wir fragen etwa: Wie beeinflussen gewisse Eigenschaften der Nutzenfunktion das Aussehen der Präferenzfunktion auf speziellen (μ, σ)-Klassen? Eine Antwort gibt Satz 5.

Eine andere Frage lautet: Welche Präferenzfunktionen $\psi(\mu, \sigma)$ sind auf speziellen (μ, σ)-Klassen rational? Sind etwa alle rational? Die zweite Frage ist zu verneinen. Um so dringlicher stellt sich die erste Frage. Sie wird für drei (μ, σ)-Klassen (Normalverteilungen, logarithmische Normalverteilungen und sog. einfache Alternativen) durch Angabe jeweils eines Kriteriums beantwortet. Dieses Kriterium gestattet erstens zu entscheiden, ob eine Präferenzfunktion rational ist oder nicht, und bietet zweitens ein Verfahren an, mit dessen Hilfe man die zugehörige Nutzenfunktion berechnen kann.

Zahlreiche Beispiele sollen die Brauchbarkeit des Kriteriums herausstellen. Es dient in erster Linie dazu, eine Reihe von klassischen Entscheidungskriterien — neben dem (μ, σ)-Prinzip vor allem noch das

(μ, P_0)-Prinzip – zu rehabilitieren, insofern nämlich, als sie bei unbeschränkter Verwendung zwar unrational, auf den speziellen (μ, σ)-Klassen aber durchaus rational sein können. Es ist schon auf S. 103 im Zusammenhang mit den zunächst unplausiblen Folgerungen aus dem Theorem 1 darauf hingewiesen worden[1], daß die scheinbare Plausibilität gewisser unrationaler Präferenzfunktionen ψ(μ, σ) möglicherweise darauf zurückzuführen ist, daß man sie sich intuitiv nur auf Normalverteilungen (oder ähnliche Verteilungen) angewandt denkt, wo sie eben sehr wohl rational sein können. So glaubt ARROW, daß IRVING FISHER, als er Präferenzbeziehungen allein durch μ und σ charakterisiert wissen wollte, tatsächlich keine allgemeinen Wahrscheinlichkeitsverteilungen, sondern nur Normalverteilungen vor Augen hatte[2]. Ebenso geht ROY bei der Konstruktion seiner Präferenzfunktion[3] von der Annahme aus, daß Normalverteilungen vorliegen, wenn er sie auch später wieder aufgibt. In Übereinstimmung mit diesen Meinungen und intuitiven Verfahrensweisen zeigt unser Kriterium, daß viele an sich plausible, aber (bei genereller Anwendung) unrationale Präferenzfunktionen rational werden, wenn man sie nur auf die Klasse der Normalverteilungen (oder auf ähnlich eingeschränkte Verteilungsklassen) anwendet[4].

Darüber hinaus zeigt dieses Kriterium auf, welche Präferenzordnungen in den genannten (μ, σ)-Klassen rational sind und welche nicht. Da eine solche Präferenzordnung durch ein Indifferenzkurvensystem im (μ, σ)-Diagramm gegeben ist, können wir auch sagen, daß unser Kriterium von allen Präferenzfeldern gerade die rationalen (d.h. die mit dem Bernoulli-Prinzip verträglichen) herausstellt. Es beantwortet die Frage: Welche Gestalt muß ein Indifferenzkurvensystem haben, damit es rational ist?

Übrigens ist diese Frage für die Klasse der einfachen Chancen und Risiken schon früher beantwortet worden (vgl. S. 71f.). Die Probleme dieses Kapitels sind also z.T. analog den damals behandelten Fragen, nur werden sie jetzt für andere Verteilungsklassen gestellt.

4.1. (μ, σ)-Klassen

Definition: Eine Klasse W' von Wahrscheinlichkeitsverteilungen heißt eine (μ, σ)-*Klasse*, wenn keine zwei Wahrscheinlichkeitsverteilungen aus W' sowohl denselben Mittelwert als auch dieselbe Streuung haben,

---

[1] Vgl. auch S. 108.

[2] ARROW [1951a], bes. S. 422.

[3] ROY [1952]. Vgl. auch S. 53.

[4] So sagt RICHTER [1959/60], S. 155: The preceding analysis has made it clear that the use of mean-variance analysis implies either quadratic utility functions, a violation of the Neumann-Morgenstern axioms, or probability distributions of a special type. In diesem Kapitel wird der letzte Fall untersucht. Auch TOBIN [1957/58] analysiert recht eingehend den Fall der Beschränkung auf (μ, σ)-Klassen.

bzw. wenn je zwei Wahrscheinlichkeitsverteilungen aus W' mit gleichem
Mittelwert und gleicher Streuung identisch sind: Aus $\mu[w_1]=\mu[w_2]$,
$\sigma[w_1]=\sigma[w_2]$ und w_1, $w_2\in W'$ folgt $w_1=w_2$.

In einer (μ, σ)-Klasse ist also jede Wahrscheinlichkeitsverteilung durch
die Angabe von μ und σ eindeutig bestimmt. Eine (μ, σ)-Klasse ist eine
spezielle Zweiparameterklasse[1]. Beispiele sind die Klasse der Normalver-
teilungen, $\mathfrak{N}=\{N_{\mu\sigma}\}$, der logarithmischen Normalverteilungen $\mathfrak{L}=\{L_{\mu\sigma}\}$
und der sog. einfachen Alternativen $\mathfrak{A}=\{A_{\mu\sigma}\}$, die je zwei beliebigen Ein-
kommenswerten x_1 und x_2 die Wahrscheinlichkeit $\frac{1}{2}$ zuordnen (vgl. 4.5.).

Gibt es zu jedem Mittelwert und jeder Streuung genau eine Wahrscheinlichkeitsverteilung aus W', dann sagen wir, die (μ, σ)-Klasse W' sei
vollständig. Vollständige (μ, σ)-Klassen enthalten insbesondere sämtliche
ausgearteten Wahrscheinlichkeitsverteilungen, nämlich die Verteilungen
mit $\sigma=0$, μ beliebig. Die Klasse der ausgearteten Wahrscheinlichkeitsverteilungen wurde früher mit der Menge der reellen Zahlen identifiziert
(vgl. S. 37). $x\in\mathfrak{R}$ bedeutet also sowohl das sichere Einkommen x (ohne
Bezug auf irgendwelche Wahrscheinlichkeiten) als auch diejenige ausgeartete Wahrscheinlichkeitsverteilung, die x mit Wahrscheinlichkeit 1
eintreten läßt. Wir können dann sagen, daß eine vollständige (μ, σ)-
Klasse die reelle Zahlengerade enthält: $\mathfrak{R}\subset W'$.

Die Klasse $\mathfrak{N}$ der Normalverteilungen ist nicht vollständig; sie wird
es erst, wenn $\mathfrak{R}$, die Menge der ausgearteten Verteilungen, hinzugefügt
wird. Ist das geschehen, dann wollen wir von der vollständigen Klasse $\mathfrak{N}$
der Normalverteilungen sprechen. Die Klasse $\mathfrak{A}$ kann dagegen von
vornherein als vollständig angesehen werden, wenn man den Fall
$x_1=x_2$ zuläßt. $\mathfrak{L}$ ist nicht vollständig.

Die (μ, σ)-Klassen sind für unsere Untersuchung deshalb von Bedeutung, weil jede Präferenzordnung[2] innerhalb einer solchen Klasse durch
eine Präferenzfunktion ψ in μ und σ repräsentiert wird, also einem
speziellen (μ, σ)-Prinzip äquivalent ist. Das gilt natürlich auch für die
durch eine Nutzenfunktion gemäß dem Bernoulli-Prinzip induzierte
Präferenzordnung. Mehr noch: Diese Eigenschaft charakterisiert sogar
alle (μ, σ)-Klassen, wie aus dem folgenden Satz hervorgeht:

Satz 4: Es sei W' eine Klasse von Wahrscheinlichkeitsverteilungen.
Für alle Nutzenfunktionen u, deren Erwartungswert bezüglich jeder
Wahrscheinlichkeitsverteilung $w\in W'$ existiert, sei dieser eine Funk-
tion von Mittelwert und Standardabweichung:

$$E_w[u(x)]=\psi_u(\mu[w], \sigma[w]).$$

Dann ist W' eine (μ, σ)-Klasse und umgekehrt.

---

[1] Jetzt erscheinen μ und σ nicht mehr nur als „Funktionalparameter", sondern
zugleich als „explizite Parameter" im Sinne PFANZAGLs [1962]; vgl. auch Fußnote 1
auf S. 47.

[2] Sofern sie ein Präferenzfunktional besitzt (vgl. die Bemerkung auf S. 37).

Beweis: Daß für eine (μ, σ)-Klasse die angegebene Gleichung gilt, wurde schon gesagt. Es bleibt zu zeigen, daß aus dem Bestehen der Gleichung für alle u folgt, daß W' eine (μ, σ)-Klasse ist. Hierzu ist nachzuweisen, daß zwei Wahrscheinlichkeitsverteilungen w_1, $w_2 \in W'$ mit gleichem μ- und σ-Wert identisch sind. Für diese ist aber für alle zulässigen u laut Voraussetzung:

$$E_{w_1}[u(x)] = E_{w_2}[u(x)].$$

Nun sei u_z eine Stufenfunktion mit dem Sprung an der beliebigen Stelle $x = z$:

$$u_z(x) = \begin{cases} 1 & \text{für} \quad x \leqq z \\ 0 & \text{für} \quad x > z. \end{cases}$$

u_z ist in dem Sinne eine zulässige Nutzenfunktion, als ihr Erwartungswert bezüglich jeder Wahrscheinlichkeitsverteilung existiert. Nun ist

$$E_{w_i}[u_z(x)] = w_i(x \leqq z) = F_{w_i}(z), \quad i = 1, 2.$$

Da die Erwartungswerte gleich sind, ist $F_{w_1}(z) = F_{w_2}(z)$, und das für alle z, was gleichbedeutend ist mit $w_1 = w_2$. Damit ist Satz 1 bewiesen.

Bemerkung: Der Satz steht in einer bemerkenswerten Dualität zu dem auf das (μ, σ)-Prinzip angewandten Theorem 1 (S. 96). Hier wie dort spielt die Gleichung des Satzes 4 gleichsam die Rolle eines Siebes: Im Falle des Theorems 1 werden alle die Nutzenfunktionen herausgesiebt, die bezüglich *aller* Wahrscheinlichkeitsverteilungen (für die $E[u(x)]$ existiert) die genannte Gleichung erfüllen – es sind das die quadratischen Nutzenfunktionen. Im Falle des Satzes 4 werden diejenigen Verteilungsklassen ausgesondert, auf die bezogen *alle* Nutzenfunktionen (für die $E[u(x)]$ existiert) die besagte Gleichung erfüllen – es sind das die (μ, σ)-Klassen. Im ersten Fall werden praktisch alle Wahrscheinlichkeitsverteilungen zugelassen, und die daraus resultierende Restriktion für die Nutzenfunktion wird studiert; im zweiten Fall sind praktisch alle Nutzenfunktionen zugelassen, und die Klasse der Wahrscheinlichkeitsverteilungen muß entsprechend restringiert werden. Der Anhang zum dritten Kapitel zeigt, daß die Aussage des Theorems 1 auch bei stärkster Einschränkung der zugelassenen Wahrscheinlichkeitsverteilungen richtig bleibt. Ebenso geht aus dem Beweis zu Satz 4 hervor, daß seine Aussage schon bei einer relativ kleinen Menge von zugelassenen Nutzenfunktionen (z.B. den oben angegebenen einfachen Sprungfunktionen) gültig ist.

4.2. Lineare Klassen

Definition: Eine *lineare Klasse W' von Wahrscheinlichkeitsverteilungen* ist eine nichtausgeartete Teilmenge von W, innerhalb der je zwei Verteilungen durch eine positiv lineare Transformation ineinander übergeführt werden können, d.h.: ist w_1, $w_2 \in W'$, dann existiert eine Funktion f (auf $\mathscr{R}$) mit $f(x) = ax + b$, $a > 0$ und so, daß $w_{1f} = w_2$.

Da jede positiv lineare Funktion sich in Translationen ($=$ Verschiebungen) und proportionale Maßstabsänderungen (maßstabsgerechte Vergrößerungen — bei $a > 1$ — oder Verkleinerungen — bei $a < 1$) zerlegen läßt, kann man auch sagen, daß w_2 aus w_1 durch Translationen und Maßstabsänderungen hervorgeht.

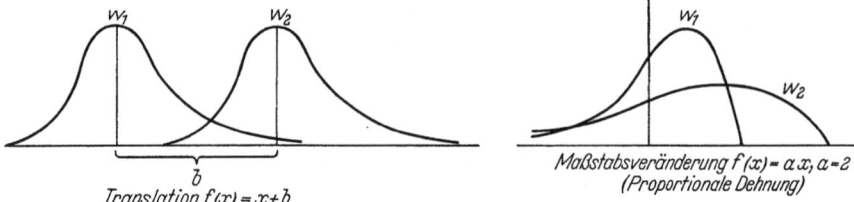

Translation $f(x) = x + b$

Maßstabsveränderung $f(x) = a\,x$, $a = 2$
(Proportionale Dehnung)

Abb. 22. Lineare Transformationen

Mittelwert und Standardabweichung (sofern sie existieren) werden dabei wie folgt geändert:

$$\mu[w_2] = a\,\mu[w_1] + b, \qquad \sigma[w_2] = a\,\sigma[w_1].$$

Zwei verschiedene Wahrscheinlichkeitsverteilungen aus W' haben daher entweder verschiedene Mittelwerte oder/und verschiedene Streuungen. Das heißt: Eine lineare Klasse ist eine (spezielle) (μ, σ)-Klasse, sofern für wenigstens eine Wahrscheinlichkeitsverteilung der Klasse μ und $\sigma > 0$ existieren. In diesem Falle wollen wir von einer *linearen (μ, σ)-Klasse* sprechen.

Gehen alle $w \in W'$ aus einer Standardverteilung durch lineare Transformation hervor und fügt man die ausgearteten Verteilungen hinzu, dann entsteht eine *vollständige lineare Klasse*. Beispiele sind die vollständige Klasse der Normalverteilungen und die Klasse $\mathfrak{A}$ der einfachen Alternativen.

Wie bei allen vollständigen (μ, σ)-Klassen kann eine Präferenzstruktur auf einer vollständigen linearen Klasse durch ein System von Indifferenzkurven im (μ, σ)-Diagramm dargestellt werden — wir wollen es das Präferenzfeld nennen. Wir fragen nun, welche Eigenschaften das Präferenzfeld aufweist, wenn es aus dem Bernoulli-Prinzip hervorgeht und wenn die zugehörige Nutzenfunktion einen gewissen typischen Verlauf nimmt, z.B. steigt oder fällt oder konvex bzw. konkav gekrümmt ist. Hierauf geben zwei Hilfssätze eine erste Antwort.

Hilfssatz 4.1: $w_2 = w_{1f}$ gehe aus w_1 durch eine Translation $f(x) = x + b$, $b > 0$ hervor. (Verschiebung nach rechts um den Betrag b, d.h., alle Einkommen werden um den Betrag b erhöht.) u sei eine monoton steigende (bzw. fallende) Nutzenfunktion. Dann ist, wenn E_i der Erwartungswert bezüglich der Wahrscheinlichkeitsverteilung w_i bedeutet (und dieser existiert),

$$E_2[u(x)] \geqq E_1[u(x)], \quad \text{falls } u \text{ steigt},$$

$$E_2[u(x)] \leqq E_1[u(x)], \quad \text{falls } u \text{ fällt}.$$

Ist u streng monoton, dann können in den Ungleichungen die Zeichen $\geqq$ und $\leqq$ durch $>$ und $<$ ersetzt werden.

Beweis: Es ist, wenn F_i die Verteilungsfunktion zu w_i bedeutet:

$$E_2[u(x)] = \int u(x)\,dF_2(x) = \int u(x)\,dF_1(x-b) = \int u(x+b)\,dF_1(x).$$

Wenn nun u monoton steigt, ist $u(x+b) \geqq u(x)$, da $b > 0$. Folglich ist das letzte Integral $\geqq \int u(x)\,dF_1(x) = E_1[u(x)]$. Also $E_2 \geqq E_1$. Entsprechend schließt man, falls u monoton fällt. Bei strenger Monotonie verwandeln sich alle $\geqq$ in $>$.

Hilfssatz 4.2: $w_2 = w_{1f}$ gehe aus w_1 durch eine proportionale Maßstabsverzerrung $f(x) = ax$ mit $a > 1$ hervor. (Das heißt: Alle Einkommen — Gewinne wie Verluste — werden mit dem Faktor a multipliziert.) Der Mittelwert von w_1 sei gleich Null: $E_1[x] = 0$. Schließlich sei u eine überall (von unten) konkave oder konvexe Nutzenfunktion. Dann ist

$$E_2[u(x)] \leqq E_1[u(x)], \quad \text{falls } u \text{ konkav ist},$$

$$E_2[u(x)] \geqq E_1[u(x)], \quad \text{falls } u \text{ konvex ist}.$$

Bei strenger Konkavität bzw. Konvexität können die Zeichen $\geqq$ und $\leqq$ durch $>$ und $<$ ersetzt werden, es sei denn, daß w_1 die ausgeartete Wahrscheinlichkeitsverteilung $w_1 \equiv 0$ ist.

Beweis: Es ist $E_2[u(x)] = \int u(x)\,dF_2(x) = \int u(x)\,dF_1(x/a) = \int u(ax) \times dF_1(x)$. Es ist nun zu zeigen, daß das letzte Integral für konkaves u größer oder gleich dem Integral $\int u(x)\,dF_1(x) = E_1[u(x)]$ ist. Hierzu sei zunächst ohne Beschränkung der Allgemeinheit angenommen, daß $u(0) = 0$. Dann existiert eine Zahl m, so daß $u(x) \leqq mx$ für alle x. Der Beweis dieser (Zwischen-)Behauptung erfolgt in drei Schritten:

1. Es gibt ein m, so daß $u(x) \leqq mx$ für alle $x > 0$. Andernfalls könnte nämlich $\dfrac{u(x)}{x}$ durch geeignete Wahl von $x > 0$ beliebig groß gemacht werden. Nun ist $\dfrac{u(x)}{x} = \dfrac{u(x) - u(0)}{x}$ die Steigung der Funktion u

zwischen 0 und $x>0$. Da aber u konkav ist, muß der entsprechende Ausdruck für $x<0$ größer sein. Für alle $x<0$ wäre also $\frac{u(x)}{x}$ größer als jede endliche Zahl: $u(x)$ wäre für alle $x<0$ negativ unendlich, was nicht möglich ist.

2. Es gibt eine kleinste Zahl m_0, so daß $u(x)\leq m_0 x$ für $x>0$. Denn die Menge M aller m, für die diese Ungleichung gilt, ist nach 1. nicht leer; sie ist ferner nach unten beschränkt, da sonst $u(x)$ für alle $x>0$ negativ unendlich wäre; sie besitzt somit eine untere Grenze m_0, die ebenfalls zu ihr gehört, d.h. für die $u(x)\leq m_0 x$ für alle $x>0$. Gäbe es nämlich ein $x>0$, für das $u(x)>m_0 x$ wäre, dann wäre auch noch $u(x)>mx$ für alle $m=m_0+\varepsilon$ mit geeignet kleinem $\varepsilon>0$. Diese m könnten also nicht zu M gehören, und m_0 könnte nicht die untere Grenze von M sein. Somit ergibt sich aus der Annahme $u(x)>m_0 x$ ein Widerspruch. Also ist in der Tat $u(x)\leq m_0 x$ für alle $x>0$.

3. Es ist aber auch $u(x)\leq m_0 x$ für alle $x<0$. Gäbe es nämlich ein $x<0$, für das $u(x)>m_0 x$, also $\frac{u(x)}{x}=\overline{m}<m_0$ wäre, dann ist wie folgt diese Annahme zu einem Widerspruch zu führen: $\overline{m}$ ist (wegen $u(0)=0$) wieder die Steigung von u zwischen 0 und $x<0$. Da u konkav ist, ist für alle $x>0$ die Steigung $\frac{u(x)}{x}\leq\overline{m}$. Dort ist also $u(x)\leq\overline{m}x$. Jedoch war schon m_0 die kleinste Zahl, mit der diese Ungleichung für alle $x>0$ erfüllbar ist; andererseits ist $\overline{m}<m_0$ — das ist ein Widerspruch. Also ist m_0 das nach der Zwischenbehauptung geforderte [1] m mit $u(x)\leq mx$ für *alle* x.

Mit diesem m sei nun $v(x)=u(x)-mx$, dann ist auch v eine konkave Funktion, die bei $x=0$ ihr Maximum hat, da $v(x)\leq 0$ und $v(0)=0$. v ist also für alle $x<0$ steigend, für $x>0$ fallend. Mit $a>1$ ist somit $v(ax)\leq v(x)$. Jetzt können wir sofort wegen $E_1 x=0$ die folgende Gleichungs- und Ungleichungskette aufstellen: $E_1[u(x)]=\int u(x)\,dF_1(x)=\int v(x)\,dF_1(x)\geq \int v(ax)\,dF_1(x)=\int u(ax)\,dF_1(x)=E_2[u(x)]$ nach den eingangs angegebenen Gleichungen. Damit ist $E_1\geq E_2$ bewiesen. Daß im Falle strenger Konkavität das Zeichen $>$ gilt, sieht man leicht, wenn man bedenkt, daß in diesem Fall auch v streng konkav ist und daher $v(ax)<v(x)$ für alle $x\neq 0$ ist. Die analoge Aussage für konvexe Nutzenfunktionen folgt einfach aus der Tatsache, daß die mit dem Minuszeichen versehene konvexe Funktion konkav ist.

Bemerkung zum Beweis: Der Beweis kann bedeutend einfacher geführt werden, wenn man für u Differenzierbarkeit voraussetzt. Dann

---

[1] Diesen umständlichen Beweis der Zwischenbehauptung kann man sich ersparen, wenn man u als differenzierbar bei $x=0$ annimmt. Dann ist nämlich m gerade die Steigung der Tangente von $u(x)$ bei $x=0$.

ist nämlich $u'(x)$ eine fallende Funktion, wenn u konkav ist. Bezeichnet man das Integral $\int u(ax)\,dF(x)$ mit $I(a)$, $a>0$, dann ist nur noch zu zeigen, daß $I'(a)\leqq 0$. Es ist aber $I'(a)=\int xu'(ax)\,dF(x)$. Da nun u' monoton fällt, ist $u'(ax)\leqq u'(0)$ für $x>0$ und $u'(ax)\geqq u'(0)$ für $x<0$. In beiden Fällen ist der Integrand des letzten Integrals $\leqq xu'(0)$ und daher dieses $\leqq u'(0)\int x\,dF(x)=0$.

Bemerkung zum Hilfssatz 4.2: Die Aussage des Satzes bleibt natürlich unverändert, wenn man für w_1 einen beliebigen Mittelwert μ annimmt und f als proportionale Verzerrung um den Fixpunkt $x=\mu$ ansetzt: $f(x)=a(x-\mu)$, $a>1$.

Die beiden Hilfssätze waren nur Vorstufen zu dem folgenden allgemeinen

Satz 5: W' sei eine vollständige lineare (μ, σ)-Klasse, der nach dem Bernoulli-Prinzip durch eine Nutzenfunktion u ein Präferenzfeld aufgeprägt sei. Dieses sei durch eine Präferenzfunktion ψ in μ und σ dargestellt: $E[u(x)]=\psi(\mu, \sigma)$. Dann lassen sich folgende vier Fälle unterscheiden:

1. u ist monoton steigend, dann nimmt ψ mit wachsendem μ zu.

2. u ist monoton fallend, dann nimmt ψ mit wachsendem μ ab.

a) u ist konkav, dann nimmt ψ mit wachsendem σ ab.

b) u ist konvex, dann nimmt ψ mit wachsendem σ zu.

Durch Kombination der Fälle 1., 2. mit a), b) entstehen vier Typen von Präferenzfeldern, die durch ihr Indifferenzkurvensystem im (μ, σ)-Diagramm in der folgenden Abb. 23 veranschaulicht sind:

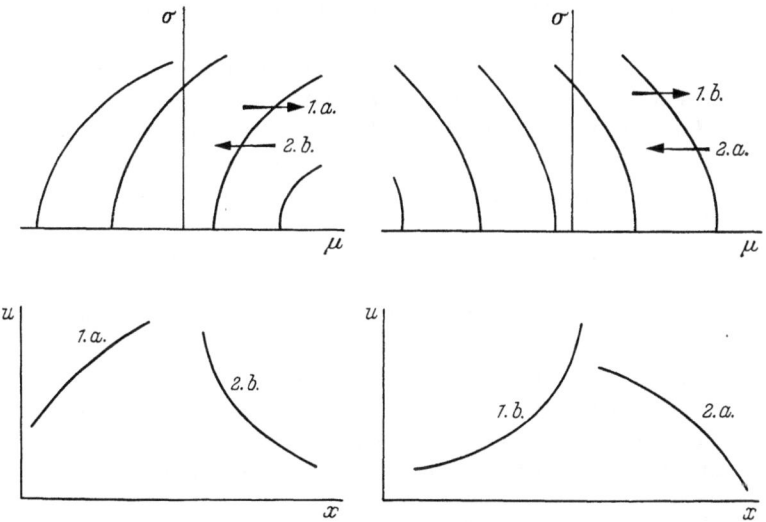

Abb. 23. Nutzenfunktion und (μ, σ)-Indifferenzkurven

(Die Pfeile weisen, wie immer, in die Richtung höherer ψ-Werte, d.h. vorgezogener Wahrscheinlichkeitsverteilungen.)

Beweis: Der Satz ist eine unmittelbare Folge der beiden vorangehenden Hilfssätze.

Bemerkungen: Nur die Fälle 1. a) und 1. b) entsprechen dem Normalfall, da nur sie zu einer steigenden Nutzenfunktion gehören. Gewöhnlich wird man sogar nur den Fall 1. a) abnehmender Grenznutzen als normal ansehen. Hier muß eine Verkleinerung des Mittelwertes durch eine Verringerung der Streuung und damit der Ungewißheit kompensiert werden, damit die neue Wahrscheinlichkeitsverteilung der alten gleichwertig erscheint. Risiko wird gescheut[1].

Daß die Voraussetzungen über W', eine lineare Klasse zu sein, nicht fallengelassen werden können, möge folgendes Beispiel zeigen. Die beiden Wahrscheinlichkeitsverteilungen w_1 und w_2 mit $w_1(\sqrt{2}-2)=\frac{1}{2}$, $w_1(\sqrt{2})=\frac{1}{2}$ und $w_2(-\sqrt{2})=\frac{1}{4}$, $w_2(0)=\frac{1}{2}$, $w_2(\sqrt{2})=\frac{1}{4}$ mögen zu einer (μ, σ)-Klasse gehören. Es ist $\mu_1=\sqrt{2}-1$, $\mu_2=0$ und $\sigma_1=\sigma_2=1$. Ferner sei u eine streng monoton steigende Nutzenfunktion mit $u(-\sqrt{2})=-2$, $u(\sqrt{2}-2)=-1,75$, $u(0)=0$, $u(\sqrt{2})=1$. Dann ist $\bar{u}_1=E_1[u(x)]=-\frac{3}{8}$ und $\bar{u}_2=E_2[u(x)]=-\frac{1}{4}$. Wegen $\mu_1>\mu_2$ müßte, falls die Behauptung des Satzes 5 auch für diesen Fall gelten würde, $\bar{u}_1>\bar{u}_2$ sein. Tatsächlich aber ist gerade die umgekehrte Beziehung richtig: $\bar{u}_1<\bar{u}_2$. w_1 und w_2 können eben nicht gemeinsam in einer *linearen* Klasse enthalten sein. Ein ähnliches Beispiel läßt sich in Hinblick auf eine Veränderung der Streuung bei konstantem Mittelwert und bei konvexen oder konkaven Nutzenfunktionen konstruieren: Auch hier wird die Behauptung von Satz 5 leicht falsch, wenn seine Voraussetzungen nicht erfüllt sind.

Eine dem Satz 5 analoge Aussage wurde von SIMPSON [1950] für die Klasse der Normalverteilungen bewiesen. Dabei nahm er jedoch an, daß die Nutzenfunktion differenzierbar sei. Satz 5 ist in zweierlei Hinsicht allgemeiner: er macht keinerlei Annahme über die Nutzenfunktion, und er geht von wesentlich allgemeineren Verteilungsklassen aus.

Auch TOBIN [1957/58] beweist die Behauptung dieses Satzes für differenzierbare Nutzenfunktionen und — angeblich — allgemeine (μ, σ)-Klassen, wobei er freilich die Voraussetzung der Linearität unterschlägt. Er benutzt sie offensichtlich im Beweis, führt sie aber nicht explizit an. Wie obiges Beispiel zeigt, ist der Satz für allgemeine (μ, σ)-Klassen falsch.

TOBIN [1957/58] beweist aber noch eine andere Eigenschaft der Indifferenzkurven im (μ, σ)-Diagramm. Aus Steigung und Krümmung der Nutzenfunktion kann nämlich nicht nur auf die Steigung der Indifferenzkurven, sondern auch auf deren Krümmung geschlossen

---

[1] Vgl. auch die Diskussion des (μ, σ)-Prinzips in 2.2.3.

werden. Das soll jetzt mit einer geringfügigen Modifikation des Tobin-schen Beweises geschehen. Wir beweisen:

Satz 6: W' und ψ seien wie in Satz 5 definiert. $M(\mu, \sigma)$ sei die Menge aller Punkte (μ', σ'), für die $\psi(\mu', \sigma') \geqq \psi(\mu, \sigma)$ und entsprechend $\overline{M}(\mu, \sigma)$ die Menge aller Punkte (μ'', σ'') für die $\psi(\mu'', \sigma'') \leqq \psi(\mu, \sigma)$. Dann gilt:

Ist u konkav, dann ist $M(\mu, \sigma)$ konvex;

ist u konvex, dann ist $\overline{M}(\mu, \sigma)$ konvex.

Die Indifferenzkurven sind daher in allen vier Fällen des Satzes 5 konkav gebogen (vgl. Abb. 23).

Beweis: u sei konkav. Sei $(\mu_i, \sigma_i) \in M(\mu, \sigma)$, $i = 1, 2$. Dann ist $\psi(\mu_i, \sigma_i) \geqq \psi(\mu, \sigma)$. Sei ferner $(\overline{\mu}, \overline{\sigma})$ ein Punkt auf der Verbindungsstrecke zwischen (μ_1, σ_1) und (μ_2, σ_2); also $\overline{\mu} = \rho\mu_1 + (1-\rho)\mu_2$ und $\overline{\sigma} = \rho\sigma_1 + (1-\rho)\sigma_2$ mit $0 < \rho < 1$. Dann ist zu zeigen, daß $(\overline{\mu}, \overline{\sigma}) \in M(\mu, \sigma)$. Hierzu betrachten wir die innerhalb der linearen Klasse eindeutig bestimmte Wahrscheinlichkeitsverteilung mit dem Mittelwert 0 und der Streuung 1. Bezeichnet man ihre Verteilungsfunktion mit F, dann ist allgemein

$$\psi(\mu, \sigma) = \int_{-\infty}^{\infty} u(x)\, dF_{\mu\,\sigma}(x) = \int u(x)\, dF\left(\frac{x-\mu}{\sigma}\right) = \int u(\mu + \sigma x)\, dF(x);$$

also speziell $\psi(\overline{\mu}, \overline{\sigma}) = \int u(\overline{\mu} + \overline{\sigma}x)\, dF(x)$. Nun ist wegen der Konkavität von u der Integrand $u(\overline{\mu} + \overline{\sigma}x) \geqq \rho u(\mu_1 + \sigma_1 x) + (1-\rho) u(\mu_2 + \sigma_2 x)$ und daher das letzte Integral $\geqq \rho\psi(\mu_1, \sigma_1) + (1-\rho)\psi(\mu_2, \sigma_2)$. Da beide ψ-Werte $\geqq \psi(\mu, \sigma)$ sind, folgt $\psi(\overline{\mu}, \overline{\sigma}) \geqq \psi(\mu, \sigma)$, d.h. $(\overline{\mu}, \overline{\sigma}) \in M(\mu, \sigma)$, und $M(\mu, \sigma)$ ist konvex.

Der Beweis der Konvexität von $\overline{M}(\mu, \sigma)$ für konvexe Nutzenfunktion u erfolgt analog, indem man an jeder Stelle das Zeichen $\geqq$ durch $\leqq$ ersetzt.

Satz 5 ist sicherlich unter sehr allgemeinen Bedingungen umkehrbar. Das heißt, aus der Neigung der Indifferenzlinien und der Richtung des Präferenzpfeiles kann umgekehrt auf einen der vier Fälle für die Form der Nutzenfunktion geschlossen werden. Diese Umkehrung ist jedenfalls trivialerweise richtig, wenn die Verteilungen der linearen Klasse beschränkt sind (wie das z.B. für die Klasse $\mathfrak{A}$ der Fall ist), und wenn man von der Nutzenfunktion weiß, daß sie zumindest stückweise steigt oder fällt bzw. konvex oder konkav ist. Eine Nutzenfunktion, die in gewissen Bereichen steigt, in anderen fällt bzw. die z.T. konvex, z.T. konkav ist, impliziert nur im Bereich kleiner Streuungen, also nur in unmittelbarer Nähe der μ-Achse des (μ, σ)-Diagramms das in Satz 5 geschilderte Verhalten der Indifferenzlinien, und das auch nur abschnittsweise. Man sehe sich daraufhin die folgende Abb. 24 an, die an einem Beispiel die Korrespondenz zwiwchen Nutzenfunktion und Präferenzfeld veranschaulicht:

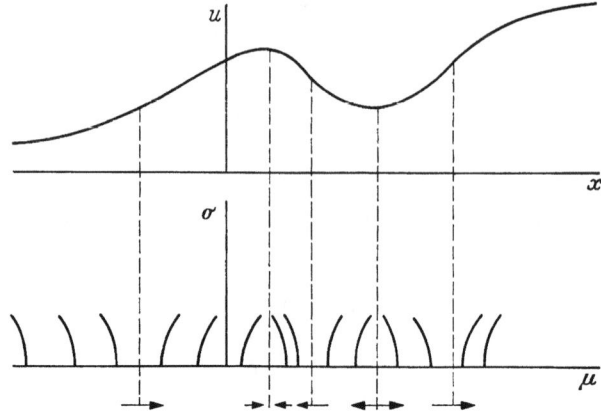

Abb. 24. Nutzenfunktion und (μ, σ)-Indifferenzkurven für kleine σ

In den Abbildungen wurde immer darauf geachtet, daß die Indifferenzkurven senkrecht in die μ-Achse einmünden. Das ist in der Tat eine sehr allgemeine Eigenschaft dieser Kurven:

Satz 7: Ist u eine stetig differenzierbare Nutzenfunktion mit $u'(x) \neq 0$ für alle x und ist $\psi(\mu, \sigma) = E_{\mu\sigma}[u(x)]$ eine (rationale) Präferenzfunktion über einer linearen (μ, σ)-Klasse (und[1] ist

$$|x u'(\sigma x + \mu)| < g_1(x, \mu) \quad \text{und} \quad |u'(\sigma x + \mu)| < g_2(x)$$

mit gewissen integrierbaren Funktionen g_1, g_2, integrierbar über dem Wahrscheinlichkeitsmaß einer der Verteilungen der (μ, σ)-Klasse), dann entspringen die Indifferenzlinien des (μ, σ)-Diagramms senkrecht aus der μ-Achse.

Beweis[2]: Es sei $F(x)$ die Verteilungsfunktion des Prototyps für die Wahrscheinlichkeitsverteilungen der linearen (μ, σ)-Klasse, aus dem alle anderen Verteilungen dieser Klasse durch lineare Transformationen hervorgehen. Für diesen Prototyp sei $\mu = 0$, $\sigma = 1$. Damit ist

$$\psi(\mu, \sigma) = \int_{-\infty}^{\infty} u(\sigma x + \mu)\, dF(x).$$

---

[1] Diese Voraussetzung wird benötigt, damit die im Beweis vorgenommenen Grenzübergänge und Differentiationen unter dem Integral überhaupt möglich sind. Vgl. etwa CRAMÉR [1946], bes. S. 66ff.

[2] Auch TOBIN [1957/58] gelangt zu der Aussage des Satzes 7, freilich wieder ohne explizite Berücksichtigung der Linearitätsvoraussetzung (vgl. auch S. 126).

Partielle Differentiation nach μ und σ ergibt:

$$\psi_\sigma = \int x\, u'(\sigma x + \mu)\, dF(x) \quad \text{und} \quad \psi_\mu = \int u'(\sigma x + \mu)\, dF(x).$$

Bildet man dann den Grenzwert $\sigma \to 0$ bei festem μ, dann erhält man $\lim\limits_{\sigma \to 0} \psi_\sigma = 0$ (weil nach Voraussetzung für den Prototyp $E[x] = 0$) und $\lim\limits_{\sigma \to 0} \psi_\mu = u'(\mu)$. Nun ist die Steigung einer Indifferenzlinie durch den Quotienten ψ_μ / ψ_σ gegeben. Dieser geht aber mit $\sigma \to 0$ wegen $u'(\mu) \neq 0$ gegen Unendlich, was mit der Behauptung des Satzes übereinstimmt.

Bemerkung: Die geometrische Aussage dieses Satzes bedeutet sachlich, daß das Indifferenzverhalten bei Risikosituationen mit sehr kleiner Standardabweichung gegenüber deren Änderung praktisch vollkommen unelastisch ist: Eine prozentual möglicherweise sehr massive Veränderung der Streuung braucht in diesem Bereich durch eine entsprechende Variation des Mittelwertes nicht oder nur äußerst geringfügig ausgeglichen zu werden. Diese Eigenschaft steht im Einklang mit der mehrfach erwähnten Möglichkeit des μ-Prinzips, bei kleinen Streuungen als gute Approximation des Risikoverhaltens zu dienen: Wahrscheinlichkeitsverteilungen mit kleiner Dispersion werden im wesentlichen nach der Größe ihrer Erwartungswerte beurteilt.

4.3. Normalverteilungen

4.3.1. Ein Kriterium

Es soll jetzt die in der Einleitung zu diesem Kapitel gestellte Aufgabe, ein Kriterium für rationale Präferenzfunktionen $\psi(\mu, \sigma)$ zu finden, für die (vollständige) Klasse der Normalverteilungen gelöst werden[1]. Es zeigt sich, daß dabei die sog. Wärmeleitungsgleichung eine zentrale Rolle spielt. Um sie für unser Problem anwenden zu können, ersetzt man zweckmäßigerweise die Streuung σ^2 durch den Parameter

$$t = \frac{\sigma^2}{2}. \tag{1}$$

---

[1] In der folgenden Abhandlung wird größtmögliche Exaktheit angestrebt. Sie wird erkauft durch z.T. langwierige und umständliche Ableitungen und durch die Erörterung von zwar mathematisch notwendigen, praktisch aber unwesentlich erscheinenden Voraussetzungen und Nebenbedingungen. Daher erscheint es zweckmäßig, im Anschluß an die exakten Herleitungen das Ergebnis in ungenauer, aber auf das Wesentliche sich beschränkender Form wiederzugeben (vgl. S. 143). Man kann natürlich schon bei der Herleitung selbst auf vollkommene Genauigkeit verzichten, um diese durchsichtiger zu gestalten. Vgl. SCHNEEWEISS [1965].

An die Stelle der Dichtefunktion einer Normalverteilung

$$\varphi(x;\mu,\sigma)=\frac{1}{\sigma\sqrt{2\pi}}\,e^{-\frac{(x-\mu)^2}{2\sigma^2}}$$

tritt dann die Funktion

$$f(x;\mu,t)=\frac{1}{2\sqrt{\pi t}}\,e^{-\frac{(x-\mu)^2}{4t}}\equiv\varphi(x;\mu,\sqrt{2t}),\qquad t>0;$$

an die Stelle der Präferenzfunktion $\psi(\mu,\sigma)$ die Funktion

$$g(\mu,t)\equiv\psi(\mu,\sqrt{2t}).\qquad\qquad(2)$$

Die Transformation (1) kann natürlich jederzeit rückgängig gemacht werden. Sie ist deshalb bequem, weil erst nach der mit ihrer Hilfe vorgenommenen Verwandlung von φ in f die folgende einfache partielle Differentialgleichung gilt, wie man durch Nachrechnen sofort bestätigt:

$$\frac{\partial^2 f}{\partial\mu^2}(x)\equiv\frac{\partial f}{\partial t}(x).$$

Eine Präferenzfunktion bezeichnen wir verabredungsgemäß als rational, wenn sie aus einer Nutzenfunktion u nach dem Bernoulli-Prinzip hervorgeht, d.h. wenn

$$\psi(\mu,\sigma)=U\big(E_{\mu\sigma}[u(x)]\big)\qquad\qquad(3)$$

mit einer streng monoton steigenden Funktion U, wobei der Erwartungswert bezüglich einer Normalverteilung $N_{\mu\sigma}$ gebildet ist.

Es sei nun zunächst $\psi(\mu,\sigma)=E_{\mu\sigma}[u(x)]$. Von der in der allgemeinen Formel (3) vorkommenden Transformationsfunktion U wird also zunächst abgesehen. Für die transformierte Funktion g gilt dann:

$$g(\mu,t)=\int_{-\infty}^{\infty}u(x)f(x;\mu,t)\,dx.\qquad\qquad(4)$$

Es erscheint nun durchaus plausibel, daß die für f oben angegebene partielle Differentialgleichung genau so auch für g gültig bleibt. Um das einzusehen, braucht man nur unter dem Integral (4) die Funktion f nach μ und t zu differenzieren. Das ist für Normalverteilungsfunktionen f immer erlaubt, sofern nur das (uneigentliche) Integral existiert (d.h. sofern u die in dem nachfolgenden Zusatz angegebene Eigenschaft besitzt). Dieses Ergebnis sei als Hilfssatz formuliert und erweitert:

Hilfssatz 4.3: Die Funktion g sei durch (4) für alle $t > 0$ und alle μ definiert, dann ist g zweimal stetig differenzierbar, und es gilt

$$\frac{\partial^2 g}{\partial \mu^2} = \frac{\partial g}{\partial t}. \tag{5}$$

Ist darüber hinaus u an der Stelle $x = x_0$ stetig, dann ist[1]

$$\lim_{\substack{\mu \to x_0 \\ t \to 0}} g(\mu, t) = u(x_0). \tag{6}$$

Zusatz: Das Integral (4) existiert für alle μ und $t > 0$, wenn u über jedem Intervall integrierbar und $|u(x)| e^{-ax^2}$ für alle $a > 0$ in x beschränkt ist. In diesem Fall ist auch die Funktion $|g(\mu, t)| e^{-a\mu^2}$ für alle $a > 0$ in jedem Streifen $(0 < t \leq c, \, -\infty < \mu < \infty)$ beschränkt.

Zum Beweis: Beweise findet man z. B. in dem Lehrbuch von HIRSCH-MAN und WIDDER über Konvolutionstransformationen[2]. Auf die Plausibilität von (5) wurde schon hingewiesen. Ebenso ist (6) sehr naheliegend: Mit $t \to 0$ und $\mu \to x_0$ schrumpft die Normalverteilung auf die ausgeartete Verteilung im Punkt x_0 zusammen. Der Erwartungswert von u, bezogen auf diese Verteilung, ist aber gerade der Wert von u an der Stelle x_0. Man könnte versucht sein, Gl. (6) in der einfacheren Form $g(x_0, 0) = u(x_0)$ zu schreiben; doch ist $g(\mu, t)$ nur für $t > 0$ definiert, weshalb an die Stelle von $g(x_0, 0)$ der in (6) angegebene Grenzwert zu setzen ist. Man könnte auch daran denken, (6) durch die einfachere Formel

$$\lim_{t \to 0} g(x_0, t) = u(x_0)$$

zu ersetzen. Diese Aussage ist zwar richtig, doch schwächer als (6). Für die Umkehrung des Hilfssatzes werden wir die stärkere Aussage (6) benötigen.

Der Zusatz zeigt, daß die Nutzenfunktion u mit wachsendem $|x|$ gegen Unendlich, sogar sehr rasch — nämlich wie e^{ax^2} — gegen Unendlich gehen darf, ohne daß ihr Erwartungswert sinnlos würde. Die Präferenzfunktion geht dann ebenfalls höchstens wie $e^{a\mu^2}$ mit wachsendem $|\mu|$ gegen unendlich, unabhängig von t.

---

[1] Es versteht sich, daß der Grenzübergang $t \to 0$ nur über positive t-Werte vorgenommen wird; für negative t ist $g(\mu, t)$ ja auch gar nicht definiert. Man kann zur Verdeutlichung dieser Begrenzung die Bezeichnung $t \to 0+$ einführen, was aber hier unterbleiben soll.

[2] HIRSCHMAN und WIDDER [1955], bes. S. 181, Theorem 3.3.

Beweis des Zusatzes: Sei $|u(x)| \leqq M e^{a x^2}$ für alle x und ein $M > 0$ und $a > 0$. Dann ist

$$|g(\mu, t)| \leqq \int |u(x)| f(x; \mu, t)\, dx$$

$$\leqq M \int e^{a x^2} f(x; \mu, t)\, dx$$

$$= \frac{M}{\sqrt{1 - 4ta}} \exp\left(\frac{a \mu^2}{1 - 4ta}\right) \times$$

$$\times \frac{1}{2} \sqrt{\frac{1 - 4ta}{\pi t}} \int \exp\left(-\frac{(1 - 4ta)\left(x - \dfrac{\mu}{1 - 4ta}\right)^2}{4t}\right) dx$$

$$= \frac{M}{\sqrt{1 - 4ta}} \exp\left(\frac{a \mu^2}{1 - 4ta}\right), \quad \text{falls} \quad t < \frac{1}{4a},$$

und der letzte Ausdruck $< M \sqrt{2} e^{2 a \mu^2}$, falls $t \leqq \dfrac{1}{8a} \left(< \dfrac{1}{4a}\right)$. In diesem Bereich existiert also das Integral $g(\mu, t)$. Da aber a jeden positiven Wert annehmen kann, existiert $g(\mu, t)$ sogar für alle $t > 0$. Ferner folgt (wenn man $2a = b$ setzt), daß $|g(\mu, t)| e^{-b \mu^2}$ für jedes $b > 0$ im Streifen $0 < t \leqq \dfrac{1}{4b}$ beschränkt ist. Diese Funktion ist aber auch in jedem größeren Streifen $0 < t \leqq c$ mit $c = \dfrac{1}{4b'} > \dfrac{1}{4b}$ beschränkt. Denn $|g(\mu, t)| e^{-b' \mu^2}$ ist dort beschränkt und $|g| e^{-b \mu^2} < |g| e^{-b' \mu^2}$ wegen $b' < b$.

Die partielle Differentialgleichung (5) ist die Wärmeleitungsgleichung der Thermodynamik (für spezielle Materialparameter). Dort bedeutet t die Zeit, μ ist eine Ortskoordinate und $g(\mu, t)$ die Temperatur. Die Gl. (5) beschreibt in impliziter Form und ihre Lösung $g(\mu, t)$ in expliziter Form die zeitliche Veränderung einer (eindimensionalen) Temperaturverteilung über einem nach beiden Seiten unendlich ausgedehnten wärmeleitfähigen Stab. Die Funktion u kann dabei wegen der Beziehung (6) als Anfangstemperaturverteilung (zum Zeitpunkt $t = 0$) verstanden werden. Die in diesem Zusammenhang auftretende Frage, ob alle Funktionen $g(\mu, t)$, die (5) erfüllen, sich in der Form (4) darstellen lassen (der sog. Poisson-Darstellung), läßt sich ohne Schwierigkeiten für unser Problem neu interpretieren.

Offenbar ist (5) eine notwendige Bedingung dafür, daß die zu g gehörige Präferenzfunktion ψ sich als Erwartungswert einer Nutzenfunktion darstellen läßt. Unsere Frage lautet nun: Ist (5) auch eine hinreichende Bedingung? Das heißt: Wenn eine irgendwie gegebene Präferenzfunktion ψ nach ihrer Transformation zu g die Differential-

gleichung (5) erfüllt, ist sie dann der Erwartungswert einer Nutzenfunktion? Wird die Frage bejaht, dann kann die Nutzenfunktion übrigens
nach (6) — zumindest an ihren Stetigkeitsstellen — leicht aus der Präferenzfunktion ermittelt werden. In der Tat kann diese Frage für sehr
allgemeine Fälle mit ja beantwortet werden; wie aus dem folgenden
bekannten Umkehrsatz hervorgeht:

Hilfssatz 4.4: Es sei $g(\mu, t)$ eine gemäß (2) transformierte Präferenzfunktion mit den Eigenschaften:

1. g ist zweimal stetig differenzierbar und gehorcht der Differentialgleichung (5):

$$g_{\mu\mu} = g_t.$$

2. Für alle x existiert der Grenzwert (6):

$$\lim_{\substack{\mu \to x \\ t \to 0}} g(\mu, t) = u(x).$$

3. Für alle $a > 0$ ist $|g(\mu, t)| e^{-a\mu^2}$ in jedem Streifen $0 < t \leq c$
beschränkt.

Dann ist g gleich dem Integral (4): $g(\mu, t) = \int u(x) f(x; \mu, t)\, dx$
mit der durch Eigenschaft 2 definierten Funktion u. u ist stetig, und
$|u(x)| e^{-ax^2}$ ist für alle $a > 0$ beschränkt.

Beweis: Aus den Eigenschaften 2 und 3 folgt, daß $|u(x)| e^{-ax^2}$ für
alle $a > 0$ eine beschränkte Funktion ist. Nach dem Zusatz zu Hilfssatz 4.3
konvergiert daher das Integral (4) für alle μ und t. Sei also

$$\hat{g}(\mu, t) = \int u(x) f(x; \mu, t)\, dx.$$

Nun ist wegen Eigenschaft 2 die Funktion u überall stetig und daher nach
Hilfssatz 4.3., Formel (6):

$$\lim_{\substack{\mu \to x \\ t \to 0}} \hat{g}(\mu, t) = u(x).$$

Für die Funktion $g_0 = g - \hat{g}$ ist dann

$$\lim_{\substack{\mu \to x \\ t \to 0}} g_0(\mu, t) = 0.$$

Auch impliziert Hilfssatz 4.3, daß $\hat{g}$ und damit wegen Eigenschaft 1
auch g_0 die Differentialgleichung (5) erfüllen. Schließlich ist nach dem
Zusatz zum Hilfssatz 4.3 $|\hat{g}(\mu, t)| e^{-a\mu^2}$ in $0 < t \leq c$ beschränkt; dieselbe
Eigenschaft besitzt dann aber (wegen Eigenschaft 3) auch g_0. Nach

TYCHONOFFs Eindeutigkeitssatz (in der Form nach HIRSCHMAN und WIDDER[1]) ist dann $g_0(\mu, t) \equiv 0$, also $\hat{g}(\mu, t) \equiv g(\mu, t)$, womit Hilfssatz 4.4 bewiesen[2] ist.

Bemerkungen zu den Voraussetzungen des Hilfssatzes 4.4: Die Eigenschaft 3 ist eine sehr schwache Voraussetzung und praktisch immer erfüllt, so daß man sie bei der Anwendung des Hilfssatzes wohl kaum zu beachten braucht. Auch die Eigenschaft 2 erscheint selbstverständlich: Präferenzfunktionen werden zumeist die ausgearteten Verteilungen mitberücksichtigen, d.h., es wird $g(x, 0)$ existieren, und dieses $g(x, 0) = u(x)$ ist eben — das behauptet der Satz — die zugehörige Nutzenfunktion. Doch ist das nicht immer richtig, denn es muß nicht immer

$$g(x, 0) = \lim_{\substack{\mu \to x \\ t \to 0}} g(\mu, t)$$

sein; vielmehr ist das nur bei einem stetigen Übergang der Funktion $g(\mu, t)$ zur μ-Achse hin richtig. Durch die Eigenschaft 2 wird dieser garantiert und $g(x, 0)$ bzw. $u(x)$ sehr eng an das Präferenzfeld — gegeben durch $g(\mu, t)$ — angeschlossen, enger noch, als wenn sie nur zum Ausdruck brächte, daß

$$u(x) = \lim_{t \to 0} g(x, t).$$

Die letzte Gleichung ist zwar eine Konsequenz von Eigenschaft 2, aber diese folgt umgekehrt nicht notwendig aus jener[3].

Im übrigen ist zu vermuten, daß Eigenschaft 2 dahingehend abgeschwächt werden kann, daß der Grenzwert nur bis auf endlich viele Stellen existiert, aber auch dort die Art des Grenzübergangs gewissen Bedingungen unterworfen ist, wenn auch nicht der der Konvergenz. Vermutlich wird dann auch u nur bis auf diese endlich vielen Stellen stetig sein[4].

Die Hauptaussage der beiden Hilfssätze 4.3 und 4.4 zusammen mit dem Zusatz können wir zusammenfassen zu dem

---

[1] HIRSCHMAN und WIDDER [1955], S. 184, Theorem 5.3.: Es sei 1. $g(\mu, t)$ im Streifen $0 < t \leqq c$ zweimal stetig differenzierbar und es gelte dort die Wärmeleitungsgleichung (5), 2. $\lim_{\substack{\mu \to x \\ t \to 0+}} g(\mu, t) = 0$ für alle μ, 3. $G(\mu) = \max_{0 < t \leqq c} |g(\mu, t)|$, 4. $G(\mu) = 0(e^{a x^2})$, für $|x| \to \infty$ mit einem $a > 0$. Dann folgt: $g(\mu, t) = 0$ in $0 < t \leqq c$.

[2] Sehr lehrreich ist die Herleitung des Umkehrsatzes bei SCHMEIDLER, der die Differentialgleichung (5) auf dem Umweg über eine Fouriertransformation löst und direkt zu der Lösung (4) gelangt — freilich mit sehr viel stärkeren Voraussetzungen, als bei dem Hilfssatz 4.4. angegeben sind; so verlangt er, daß $u(x) \to 0$ und $u'(x) \to 0$, wenn $x \to \pm \infty$. SCHMEIDLER [1950], bes. S. 76ff.

[3] Vgl. hierzu WIDDER [1944]. Vgl. auch das Beispiel (h) in 4.3.2., S. 155.

[4] Einen Hinweis für solche Möglichkeiten bietet der Satz 2 bei WIDDER [1944].

Hilfssatz 4.5: Dafür, daß die Präferenzfunktion $\psi(\mu, \sigma)$ über der Klasse der Normalverteilungen sich als Erwartungswert $E_{\mu\sigma}[u(x)]$ einer stetigen Nutzenfunktion u, die – damit der Erwartungswert überhaupt existiert – für alle $a > 0$ höchstens wie e^{ax^2} mit wachsendem $|x|$ gegen Unendlich geht, darstellen läßt, ist notwendig und hinreichend, daß die in Hilfssatz 4.4 genannten drei Eigenschaften gelten.

Die wichtigste Eigenschaft ist dabei offensichtlich die erstgenannte, nämlich, daß g der Wärmeleitungsgleichung gehorcht. Wenn wir jetzt die Eigenschaft 3, die zwar mathematisch notwendig, aber – da fast immer erfüllt – für die Praxis unwesentlich ist, unterschlagen und wenn wir – mit den nötigen Vorbehalten – die Eigenschaft 2 durch die einfachere Gleichung $g(x, 0) = u(x)$ ersetzen, dann haben wir, von allen mathematischen Feinheiten absehend, den wesentlichen Kern des Hilfssatzes 4.5 herausgestellt und formulieren:

Hilfssatz 4.5*: Notwendig und hinreichend dafür, daß die Präferenzfunktion $\psi(\mu, \sigma)$ über der Klasse der Normalverteilungen sich als Erwartungswert einer (stetigen) Nutzenfunktion $u(x)$ darstellen läßt, ist, daß die vermittels (2) aus ψ hervorgehende Funktion $g(\mu, t)$ der partiellen Differentialgleichung

$$\frac{\partial^2 g}{\partial \mu^2} = \frac{\partial g}{\partial t} \tag{5}$$

gehorcht und daß $u(x) = g(x, 0)$.

Wie schon gesagt, kann vermutlich die Voraussetzung der Stetigkeit der Nutzenfunktion weitgehend abgeschwächt werden.

Will man die Transformation (1) vermeiden, dann ist notwendig und hinreichend, daß

$$\frac{\partial^2 \psi}{\partial \mu^2} = \frac{1}{\sigma} \frac{\partial \psi}{\partial \sigma} \tag{7}$$

und $u(x) = \psi(x, 0)$.

Mit dieser Gleichung kann übrigens sehr leicht noch einmal die Aussage von Satz 7 für die Klasse der Normalverteilungen eingesehen werden: Die Steigung einer Indifferenzlinie im (μ, σ)-Diagramm ist nämlich

$$-\frac{\psi_\mu}{\psi_\sigma} = -\frac{1}{\sigma} \frac{\psi_\mu}{\psi_{\mu\mu}}.$$

Ist nun

$$\lim_{\sigma \to 0} \psi_\mu \neq 0 \quad \text{und} \quad \lim_{\sigma \to 0} \psi_{\mu\mu} \neq \infty,$$

dann geht diese Steigung mit $\sigma \to 0$ gegen Unendlich.

Der Hilfssatz 4.5 (bzw. 4.5*) gestattet bei gegebener Präferenz-funktion effektiv zu entscheiden, ob sie die mathematische Erwartung einer Nutzenfunktion ist oder nicht. Hierzu ist nur nachzuprüfen, ob die Wärmeleitungsgleichung (5) — bzw. die analoge Differentialgleichung (7) — erfüllt wird oder nicht. Im ersten Fall kann zudem sofort die ge-suchte Nutzenfunktion angegeben werden: sie ist gleich der Präferenz-funktion auf der μ-Achse.

Leider ist mit diesem Kriterium die eingangs gestellte Aufgabe noch nicht vollständig gelöst. Tatsächlich ist der Hilfssatz 4.5 nur eine Vor-stufe zu der wirklichen Lösung unseres Problems, gibt er doch nur die (notwendige und hinreichende) Bedingung dafür an, daß die Präferenz-funktion genau gleich dem Erwartungswert einer Nutzenfunktion ist. Um rational zu sein, genügt es aber, daß die Präferenzfunktion nur bis auf eine monotone Transformation gleich der Nutzenerwartung ist — wie in (3) angegeben. Mit anderen Worten, nicht eine in bestimmter Form gegebene Präferenzfunktion ist auf ihre Rationalität zu untersuchen, sondern das zu ihr gehörige Präferenz-(bzw. Indifferenz-)Feld im (μ, σ)-Diagramm, das ja bei monotonen Transformationen unverändert bleibt. Die Frage[1], der wir uns nun zuwenden, lautet also: Unter welchen Bedingungen ist eine Präferenzfunktion bzw. ihr Präferenzfeld rational, d.h. erfüllt sie Gl. (3) mit einer Nutzenfunktion u und irgendeiner streng monoton steigenden Funktion U?

Um die im folgenden Theorem zu gebende Antwort einigermaßen übersichtlich gestalten zu können, ist es zweckmäßig, die Rationalitäts-eigenschaft der Präferenzfunktion, die ja der Gegenstand eben jenes Theorems ist, genauer und etwas enger als bisher zu definieren:

Definition: Eine Präferenzfunktion ψ über der Klasse der Normal-verteilungen $N_{\mu\sigma}$ habe die Eigenschaft $\Re$ ($\Re$ für „Rationalität"), wenn

$$\psi(\mu, \sigma) = U\left(E_{\mu\sigma}[u(x)]\right) \tag{3}$$

mit einer zweimal stetig differenzierbaren, streng monoton steigenden Transformationsfunktion U und einer nicht konstanten, stetigen Nutzen-funktion u, für die das Produkt $|u(x)| e^{-ax^2}$ für alle positiven a in x beschränkt ist (so daß der Erwartungswert $E_{\mu\sigma}$ bezüglich jeder Normal-verteilung $N_{\mu\sigma}$ gebildet werden kann).

Die hiermit erklärte „Eigenschaft $\Re$" ist etwas enger als die früher definierte Rationalität von ψ. Diese drückt sich allein in der Beziehung (3) aus, während hier zusätzliche Eigenschaften für u und U verlangt werden, Eigenschaften freilich, die nur aus beweistechnischen Gründen postuliert

---

[1] Dieser Frage entspricht zwar ein analoges Problem der Wärmeleitungstheorie, doch dieses ist physikalisch uninteressant und ist m.W. bisher auch nicht in Angriff genommen worden. Das klassische Umkehrproblem der Wärmeleitungstheorie ist von grundsätzlich anderer Art (vgl. z.B. HIRSCHMAN und WIDDER [1955]).

werden, die aber hinlänglich allgemein erscheinen und in praktischen
Fällen wohl kaum als Restriktion empfunden werden. Zudem lassen sie
sich gewiß noch weitgehend abschwächen; so wird z. B. später die Voraussetzung der Differenzierbarkeit von U fallengelassen. Die Beschränkt-
heitseigenschaft der Nutzenfunktion ist ohnehin selbstverständlich, da
natürlich nur solche Nutzenfunktionen zugelassen werden können, für
die der Erwartungswert auch wirklich existiert. Die Forderung der Nichtkonstanz von u wurde nur hinzugefügt, um von vornherein den trivialen
Fall einer überall konstanten Nutzenfunktion auszuschließen.

Im Zusammenhang mit dem folgenden Theorem wird die homogene
lineare Differentialgleichung

$$V'' + V' G(z) = 0 \qquad (8)$$

für $V = V(z)$ mit integrierbarer Funktion G eine wichtige Rolle spielen.
Es empfiehlt sich daher, sich zunächst einmal mit ihr vertraut zu machen.
Ihre Lösung wird durch das doppelte Integral

$$V(z) = \int^{z} e^{-\int^{y} G(z)\, dz}\, dy \qquad (9)$$

wiedergegeben. Beide Integrale sind unbestimmt, so daß V nur bis auf
eine positive multiplikative und eine beliebige additive Konstante bestimmt ist. Wie man sieht, ist $V'(z) > 0$, daher V streng monoton steigend. Sollte der Definitionsbereich der Funktion G auf ein Intervall
$\langle a, b \rangle$ beschränkt sein, dann ist dasselbe für V der Fall.

Jetzt kann die Antwort auf die oben gestellte Frage gegeben werden
in dem folgenden

Theorem 4: Dafür, daß eine Präferenzfunktion $\psi = \psi(\mu, \sigma)$ über
der Klasse der Normalverteilungen die Eigenschaft $\Re$ (der vorangehenden Definition) besitzt, ist notwendig und hinreichend, daß sie
die folgenden Bedingungen (a) bis (d) erfüllt:

(a) Sie ist nicht konstant und zweimal stetig differenzierbar.

(b) Die mittels der Transformation (1) aus ihr hervorgehende
Funktion g mit $g(\mu, t) \equiv \psi(\mu, \sqrt{2t})$ erfüllt die Differential-Funktionalgleichung

$$\frac{\partial^2 g}{\partial \mu^2}(\mu, t) - \frac{\partial g}{\partial t}(\mu, t) = \left[\frac{\partial g}{\partial \mu}(\mu, t)\right]^2 G(g(\mu, t)) \qquad (10)$$

mit einer stetigen (aber ansonsten nicht näher bestimmten) Funktion G
in einer Variablen.

(c) Die mit der (unten definierten) monotonen Transformation V
aus g hervorgehende Funktion $\bar{g}(\mu, t) = V(g(\mu, t))$ besitzt die in
Hilfssatz 4.4 formulierte Eigenschaft 3, d.h., für alle $a > 0$ ist

$|\bar{g}(\mu, t)| e^{-a\mu^2}$ in jedem Streifen $0 < t \leqq c$ beschränkt. Dabei ist V eine Lösung (9) der Differentialgleichung (8), in der die nach (b) existierende Funktion G eingesetzt wurde.

(d) Der Grenzwert $\lim\limits_{\substack{\mu\to x \\ t\to 0}} \bar{g}(\mu, t)$ existiert für alle x.

Zusatz 1: Besitzt ψ die Eigenschaft $\Re$ (bzw. erfüllt ψ die Bedingungen (a) bis (d)), dann erhält man alle Nutzenfunktionen u und Transformationsfunktionen U, die zusammen ψ generieren, d.h. für die $\psi = U(E[u])$ ist, durch die Formeln

(e) $$u(x) = a\,\bar{u}(x) + b$$
und

(f) $$U^{-1} = a\,\bar{U}^{-1} + b, \quad \text{d.h.} \quad U(y) = \bar{U}\left(\frac{y-b}{a}\right),$$

mit beliebigen $a > 0$ und b. Dabei ist $\bar{U}^{-1}$ eine beliebige Lösung V von (8), wie in (c) definiert, und $\bar{u}(x)$ der in (d) angegebene Grenzwert.

Es erscheint zweckmäßig, eine zum Beweis dieses Theorems benötigte Formel vorweg als Hilfssatz zu formulieren und zu beweisen.

Hilfssatz 4.6: U sei eine zweimal differenzierbare, umkehrbare Funktion und $V = U^{-1}$ die Umkehrfunktion. Dann gilt für alle (y, z) mit $y = V(z)$ bzw. $z = U(y)$ die Beziehung:

$$\frac{U''(y)}{(U'(y))^2} = -\frac{V''(z)}{V'(z)}.$$

Beweis: Es ist $U'(y) = \dfrac{1}{V'(z)}$ und daher $U''(y) = -\dfrac{1}{(V'(z))^2}\,V''(z) \times$ $U'(y)$. Aus diesen beiden Gleichungen folgt sofort die behauptete Beziehung.

Es dürfte auch vorteilhaft sein, vor dem eigentlichen Beweis des Theorems sich zunächst einmal darüber klarzuwerden, daß die durch (b) definierte Funktion G, sofern sie existiert, eindeutig bestimmt ist: Es gibt zu gegebener Präferenzfunktion g nur eine Funktion G, die (10) erfüllt und stetig ist — jedenfalls soweit sich ihr Definitionsbereich erstreckt, der ja mit dem Wertebereich von g zusammenfällt. Natürlich ist G allenfalls nur für diejenigen Werte von g nicht eindeutig bestimmt, auf deren ganzen Indifferenzbereich $g_\mu = 0$ ist. Sei also B ein solcher Bereich, also die Menge aller (μ, t), für die $g(\mu, t) = g_0$ mit einer Konstanten g_0, und sei dort $g_\mu = 0$. Sei nun $(\mu_0, t_0) \in B$, dann kann die Horizontale $t = t_0$ nicht ganz zu B gehören, da andernfalls eine konstante

Nutzenfunktion vorliegen würde, ein Fall, der als Trivialfall ausgeschlossen wurde. $(\bar{\mu}, t_0)$ sei ein Randpunkt des Durchschnitts von B mit der Horizontalen $t=t_0$. Er gehört zu B, denn weil g stetig ist, ist B $=g^{-1}(g_0)$ abgeschlossen. Es muß nun eine gegen $(\bar{\mu}, t_0)$ konvergierende Folge von Punkten (μ_i, t_0), $i=1, 2, \ldots$, geben, wo überall $g_\mu \neq 0$ ist. Andernfalls gäbe es auf der Horizontalen $t=t_0$ eine ganze Umgebung um $\bar{\mu}$, wo $g_\mu=0$ wäre, was zur Folge hätte, daß dort g konstant gleich g_0 wäre, mithin $(\bar{\mu}, t_0)$ kein Randpunkt sein könnte. Für die Werte $g_i=g(\mu_i, t_0)$ ist nun aber $G(g_i)$ durch (10) eindeutig definiert, und da einerseits (wegen der Stetigkeit von g) $\lim g_i=g_0$, andererseits (wegen der postulierten Stetigkeit von G) $\lim G(g_i)=G(\lim g_i)=G(g_0)$, ist G auch an der Stelle g_0 eindeutig definiert. Die Funktion G ist also durch (10) eindeutig gegeben, wenn man noch Stetigkeit voraussetzt. Damit ist auch die Differentialgleichung (8) eindeutig determiniert. Ebenso sind deren Lösungen bis auf positiv lineare Transformationen eindeutig bestimmt. Das geht aus den Bemerkungen im Anschluß an (9) hervor und daraus, daß der Definitionsbereich von G, da er mit dem Wertebereich der stetigen Funktion g übereinstimmt, zusammenhängend, also ein (endliches oder unendliches) Intervall ist. Daraus folgt schließlich, daß die Eigenschaften (c) und (d), wenn sie für eine Lösung V richtig sind, dann auch für alle Lösungen gültig sind.

Nach diesen Vorbemerkungen folgt der

Beweis des Theorems: Er zerfällt in zwei Teile. Zunächst ist zu zeigen, daß aus der Eigenschaft $\Re$ die Behauptungen (a) bis (d) folgen. Hierzu bilden wir zunächst die Funktion $\tilde{g}(\mu, t)=U^{-1}(g(\mu, t))$. Nach Hilfssatz 4.5 besitzt sie als Erwartungswert von $u(x)$ bezüglich einer Normalverteilung mit den Parametern μ und $t=\sigma^2/2$ sämtliche drei Eigenschaften von Hilfssatz 4.4, wenn man dort g durch $\tilde{g}$ ersetzt. Daraus folgen sofort die entsprechenden Eigenschaften (a) bis (d) für g (bzw. ψ):

Daß ψ zweimal stetig differenzierbar ist, ist eine unmittelbare Folge derselben Eigenschaft von U und der Eigenschaft 1 (für $\tilde{g}$). Aus der Nichtkonstanz von u folgt dieselbe Eigenschaft für ψ. Damit ist (a) nachgewiesen.

Die Differentialgleichung (10) ist eine Folge der Wärmeleitungsgleichung (5) bzw. der Eigenschaft 1 (für $\tilde{g}$), wie man durch Rechnung bestätigt: Aus $g(\mu, t)=U(\tilde{g}(\mu, t))$ folgt $g_\mu=U'\tilde{g}_\mu$, $g_{\mu\mu}=U''\tilde{g}_\mu^2+U'\tilde{g}_{\mu\mu}$, $g_t=U'\tilde{g}_t$. Also ist $g_{\mu\mu}-g_t=U''\tilde{g}_\mu^2+U'(\tilde{g}_{\mu\mu}-\tilde{g}_t)=U''\tilde{g}_\mu^2$, da entsprechend der Eigenschaft 1 (für $\tilde{g}$) die letzte Klammer verschwindet. Ersetzt man in dem letzten Ausdruck $\tilde{g}_\mu$ durch g_μ/U', was wegen $U'>0$ immer möglich ist, erhält man

$$g_{\mu\mu}-g_t=\frac{U''}{U'^2}g_\mu^2.$$

Es ist aber in dieser Gleichung der Quotient U''/U'^2 — wie auch alle anderen Ableitungen von U in den vorangehenden Gleichungen — an der Stelle $\tilde{g}(\mu, t) = U^{-1}(g(\mu, t))$ zu berechnen, und somit haben wir in ihm die gesuchte Funktion $G = G(g)$ der Gl. (10) vor uns, angewandt auf den Funktionswert $g(\mu, t)$. Das heißt, es ist

$$G(z) = \frac{U''(y)}{(U'(y))^2} \quad \text{mit} \quad y = U^{-1}(z). \tag{11}$$

Da U zweimal stetig differenzierbar ist, existiert G und ist stetig. Damit ist (b) nachgewiesen.

Man sieht nun auch mit Hilfe der Gl. (11) und des Hilfssatzes 4.6, daß $V = U^{-1}$ eine Lösung der Differentialgleichung (8) ist. Bildet man daher mit dieser Lösung V die in (c) definierte Funktion $\bar{g} = V \circ g$, dann ist $\bar{g} = \tilde{g}$, und $\bar{g}$ besitzt die in (c) geforderte Eigenschaft als Folge von Eigenschaft 3 (für $\tilde{g}$). Damit ist (c) bewiesen.

Der in (d) geforderte Grenzwert von $\bar{g}$ existiert als Folge der Eigenschaft 2 (für $\tilde{g} = \bar{g}$). (Zugleich erhält man als Wert für den Grenzübergang die ursprüngliche Nutzenfunktion $u(x)$.)

Damit ist die Notwendigkeit der Bedingungen (a) bis (d) für die Eigenschaft $\Re$ bewiesen.

Es bleibt zu zeigen, daß umgekehrt die Bedingungen (a) bis (d) hinreichend sind für die Eigenschaft $\Re$.

Mit der nach (a) und (b) existierenden stetigen Funktion G bilde man die Differentialgleichung (8). V sei eine Lösung (9); sie ist nach den Bemerkungen von S. 137 zweimal stetig differenzierbar und streng monoton steigend. Gleiches gilt daher für die Funktion $U = V^{-1}$.

Nun erfüllt die Funktion $\bar{g} = V \circ g$ die sämtlichen drei in Hilfssatz 4.4 genannten Eigenschaften: Eigenschaften 3 und 2 sind ja schon in den Bedingungen (c) und (d) enthalten. Was Eigenschaft 1 anlangt, so ist zunächst klar, daß mit V und g auch $\bar{g}$ zweimal stetig differenzierbar ist. Ferner gilt $\bar{g}_\mu = V' g_\mu$, $\bar{g}_{\mu\mu} = V'' g_\mu^2 + V' g_{\mu\mu}$, $\bar{g}_t = V' g_t$ und daher $\bar{g}_{\mu\mu} - \bar{g}_t$ $= V'' g_\mu^2 + V'(g_{\mu\mu} - g_t) = V'(g_{\mu\mu} - g_t - g_\mu^2 G)$ wegen (8), wobei man sich $g(\mu, t)$ als Argument der Funktionen V' und G zu denken hat. Nach (10) aber ist der letzte Ausdruck gleich Null, also $\bar{g}_{\mu\mu} = \bar{g}_t$; das aber ist die Wärmeleitungsgleichung, der zweite Teil der Eigenschaft 1.

Jene drei Eigenschaften sind aber nach Hilfssatz 4.5 eine hinreichende Bedingung dafür, daß $\bar{g}(\mu, t) = E_{\mu t}[u(x)]$ mit $u(x) = \lim\limits_{\substack{\mu \to x \\ t \to 0}} \bar{g}(\mu, t)$. Auch folgt aus Hilfssatz 4.5, daß u eine stetige Funktion ist mit beschränktem $|u(x)| e^{-ax^2}$ (für alle $a > 0$). Schließlich ist $g(\mu, t) = U(\bar{g}(\mu, t))$ und daher $\psi(\mu, \sigma) = U(E_{\mu\sigma}[u(x)])$, wobei U, wie oben bemerkt, die gewünschten Eigenschaften besitzt. ψ erfüllt also die Bedingung $\Re$. Damit ist auch der zweite Teil des Theorems — der Umkehrsatz — bewiesen.

Beweis des Zusatzes 1: Wie aus dem ersten Teil des vorangehenden Beweises hervorgeht, kann jedes Paar (u, U) von Nutzen- und Transformationsfunktion, das (wie in der Definition für die Eigenschaft $\Re$ beschrieben) ψ generiert, mit einer geeigneten Lösung V der Differentialgleichung (8) als $u = \bar{u} = \lim \bar{g}$ und $U = V^{-1}$ dargestellt werden. Hält man nun eine spezifische Lösung $V = \bar{V} = \bar{U}^{-1}$ fest, dann gehen — wie aus der Vorbemerkung zu diesem Beweis auf S. 138 f. ersichtlich — alle anderen Lösungen von (8) aus dieser durch eine positiv lineare Transformation hervor. Mithin sind alle denkbaren Paare (u, U), die ψ generieren, durch die Gl. (e) und (f) mit dieser Lösung $\bar{U}^{-1}$ verbunden.

Daß man umgekehrt für jedes Paar (a, b) mit $a > 0$ durch (e) und (f) ein ψ generierendes Paar (u, U) erhält, folgt unmittelbar aus der Linearitätseigenschaft des Erwartungswertes. Ist nämlich $u = a\bar{u} + b$ und $U^{-1} = a\bar{U}^{-1} + b$, dann ist $U(E[u]) = U(aE[\bar{u}] + b) = \bar{U}(E[\bar{u}])$. Damit ist auch der Zusatz bewiesen[1].

Bemerkungen zum Theorem: Ähnlich wie im Falle von Hilfssatz 4.5 kann der wesentliche Gehalt des Theorems sehr viel prägnanter wiedergegeben werden, wenn man darauf verzichtet, die zwar mathematisch notwendigen, aber wegen ihrer Allgemeinheit durchaus nebensächlichen Bedingungen (a), (c) und (d) zu berücksichtigen. Die Bedingung (c) ist ja doch recht technischer Art; sie soll erzwingen, daß die Nutzenfunktion u höchstens wie e^{ax^2} gegen Unendlich geht, damit der Erwartungswert bezüglich einer Normalverteilung überhaupt gebildet werden kann.

Natürlich kann (d) an einigen Stellen verletzt sein, nämlich dann, wenn u an diesen Stellen eine Stufe besitzt, also unstetig ist. Ist also (d) nicht überall erfüllt, so kann die Aussage des Theorems im wesentlichen trotzdem richtig bleiben, nur ist dann die zugehörige Nutzenfunktion nicht mehr überall stetig. Die genauen Bedingungen, die für diesen Fall an die Stelle von (d) zu treten hätten, müßten freilich noch ermittelt werden[2].

(a) versteht sich fast von selbst, wenn (b) gelten soll, denn die Differentialgleichung (10) setzt natürlich voraus, daß g zweimal differenzierbar ist; dann ist aber g zumeist auch zweimal stetig differenzierbar. Eine konstante Funktion g scheidet wegen ihrer Trivialität aus.

Schließlich kann man aber auch in (b) auf die Erwähnung der Funktion G verzichten, denn sie ist eindeutig gegeben, wenn man nur verlangt, daß der Quotient $Q = \dfrac{g_{\mu\mu} - g_t}{g_\mu^2}$ auf jeder Indifferenzlinie ($g(\mu, t) = $ const)

---

[1] Es mag scheinen, daß der Beweis des Zusatzes überflüssig ist, weil wir ohnehin wissen, daß die Nutzenfunktion des Bernoulli-Prinzips bis auf eine positiv lineare Transformation bestimmt ist. Doch ist zu bedenken, daß wir hier das Bernoulli-Prinzip nicht auf alle Wahrscheinlichkeitsverteilungen, sondern nur auf die Normalverteilungen anwenden.

[2] Vgl. die Fußnote 4 auf S. 134.

konstant bleibt, und wenn überall $g_\mu \neq 0$ ist. Man hat dann[1] $G(z) = Q(g^{-1}(z))$. In diesem Fall ist auch G automatisch eine stetige Funktion. Denn Q ist voraussetzungsgemäß stetig, und g^{-1} ist eine stetige Abbildung der Zahlengeraden auf den topologischen Raum der Indifferenzklassen (dessen Topologie durch Klassenbildung aus der euklidischen hervorgegangen ist), weil umgekehrt g wegen $g_\mu \neq 0$ eine offene Abbildung der (μ, t)-Ebene in die Zahlengerade ist. Also ist auch die zusammengesetzte Abbildung $G = Q \circ g^{-1}$ stetig. Es ist aber der Regelfall, daß $g_\mu \neq 0$ auf der ganzen (μ, t)-Ebene. Sollte jedoch vereinzelt $g_\mu = 0$ sein, dann muß auch $g_{\mu\mu} - g_t = 0$ sein und der Quotient Q an dieser Stelle einen (endlichen) Grenzwert besitzen. In dem Fall kann nämlich G auch auf diese Stelle stetig erweitert werden.

Wirklich störend an dem Theorem ist freilich die Annahme, daß U zweimal stetig differenzierbar sei, möchte man doch nur von einer monotonen Transformation sprechen, ohne daß besondere Differenzierbarkeitseigenschaften verlangt werden. Nun kann in der Tat diese Eigenschaft von U unberücksichtigt bleiben, denn es gilt der

Zusatz 2: Notwendig dafür, daß die Präferenzfunktion über der Klasse der Normalverteilungen die Eigenschaft $\Re$ besitzt, jedoch mit einer Transformationsfunktion U, die nicht notwendig zweimal stetig differenzierbar ist, ist die Möglichkeit, eine (andere, nicht notwendig stetige) streng monoton steigende Funktion $\bar{U}$ zu finden, so daß $\bar{U} \circ \psi$ zweimal stetig differenzierbar ist.

Beweis: $E[u]$ ist, wie aus Hilfssatz 4.3 hervorgeht, zweimal stetig differenzierbar. Ist nun $\psi = U(E[u])$, dann besitzt $\bar{U} \circ \psi$ die gewünschte Eigenschaft, wenn man $\bar{U} = U^{-1}$ nimmt.

Der Zusatz kann nun so verwandt werden, daß man bei gegebener Präferenzfunktion ψ zunächst prüft, ob sie in eine zweimal stetig differenzierbare Funktion $\bar{\psi} = \bar{U} \circ \psi$ monoton transformiert werden kann. Ist das nicht möglich, dann war ψ nicht rational (im Sinne des Bernoulli-Prinzips). Kann man hingegen ein geeignetes $\bar{U}$ finden, dann wende man das Theorem auf $\bar{\psi}$ anstelle von ψ an; die Präferenzstruktur ist sowieso dieselbe.

Diese Erörterungen zeigten, daß als einzig wesentliche Bedingung für die Rationalität einer Präferenzfunktion die Differential-Funktionalgleichung (10) in Frage kommt. Zudem kann sie so formuliert werden, daß die Funktion G nicht erwähnt zu werden braucht. Man braucht sie freilich bei der Ermittlung der Nutzenfunktion nach dem Zusatz 1. Insgesamt kann also der von mathematisch-technischen Nebensächlichkeiten gereinigte Gehalt des Theorems zusammengefaßt werden zu dem

---

[1] Diese Darstellung sei erlaubt, obwohl g nicht eindeutig umkehrbar ist, doch hat ja Q voraussetzungsgemäß auf allen Punkten von $g^{-1}(z)$ den gleichen Wert.

Theorem 4*: Von einigen nebensächlichen Bedingungen abgesehen, ist eine Präferenzstruktur über der Klasse der Normalverteilungen, repräsentiert durch eine Präferenzfunktion $g(\mu, t)$ mit $t = \sigma^2/2$, dann und nur dann (im Sinne des Bernoulli-Prinzips) rational, wenn der Quotient

$$Q = \frac{g_{\mu\mu} - g_t}{g_\mu^2} \qquad (12)$$

auf jeder Indifferenzlinie von g (im (μ, t)-Diagramm) einen jeweils konstanten Wert annimmt.

Zum Schluß sei noch die Transformation $t = \sigma^2/2$ rückgängig gemacht. Aus $\psi(\mu, \sigma) \equiv g(\mu, \sigma^2/2)$ folgt sofort $\psi_\mu = g_\mu$, $\psi_{\mu\mu} = g_{\mu\mu}$ und $\psi_\sigma = g_t\sigma$. Daher kann in Theorem 4* der Quotient Q auch in der Form

$$Q = \frac{\psi_{\mu\mu} - \dfrac{1}{\sigma}\psi_\sigma}{\psi_\mu^2} \qquad (12a)$$

geschrieben werden.

Damit ist die eingangs gestellte Frage beantwortet. Will man prüfen, ob eine vorgegebene Präferenzfunktion rational ist oder nicht, ist (im wesentlichen) nur der genannte Quotient daraufhin zu untersuchen, ob er auf den Indifferenzkurven konstant ist, was übrigens zumeist[1] gleichbedeutend damit ist, daß er (als Funktion von μ und t) dieselben Indifferenzkurven hat wie g. Mit diesem Kriterium braucht also nicht erst nach der Nutzenfunktion gesucht zu werden, man hat lediglich den aus der Präferenzfunktion direkt errechenbaren Quotienten bzw. dessen Indifferenzkurvenfeld zu betrachten. Falls aber das Kriterium zu einer positiven Antwort führt, kann man natürlich auch die zur (rationalen) Präferenzfunktion gehörige Nutzenfunktion berechnen. Dafür gibt der Zusatz 1 ein direktes Verfahren an. (u braucht also nicht erraten zu werden.) Dieses Verfahren ist nicht unabhängig von dem vorangehenden Rationalitätstest, sondern gründet auf seinem Ergebnis, liefert doch im Falle eines positiven Ergebnisses der untersuchte Quotient gerade die Funktion G, die auf dem Umweg über die Differentialgleichung (8) zu der gesuchten Nutzenfunktion u führt.

Im einzelnen und bei Beachtung aller Voraussetzungen und Bedingungen des Theorems ist die Untersuchung, ob eine Präferenzstruktur rational ist, wie folgt vorzunehmen: Zunächst muß die Präferenzstruktur — es sei angenommen, daß sie schon in einem (μ, t)- und nicht in einem (μ, σ)-Diagramm vorliegt — durch eine Präferenzfunktion $g = g(\mu, t)$ dargestellt werden. Ist das nicht schon von vornherein der

---

[1] Genauer gilt: Jedes Indifferenzgebiet von g ist ganz in einem Indifferenzgebiet von Q enthalten.

Fall, so bietet sich in den meisten Fällen das Sicherheitsäquivalent, das man im Schnittpunkt der Indifferenzlinien mit der μ-Achse findet, als geeignete Präferenzfunktion an (vgl. Satz 3). Man beachte hierbei, daß bei Vorliegen einer stetig differenzierbaren Nutzenfunktion nach Satz 7 die Indifferenzlinien im (μ, σ)-Diagramm senkrecht in die μ-Achse einmünden. Auch muß jede Indifferenzlinie mindestens ein Sicherheitsäquivalent besitzen, sofern eine stetige Nutzenfunktion zugrunde liegt. Aus solchen Indizien können also schon anhand des geometrischen Bildes des Indifferenzkurvenfeldes Rückschlüsse auf das Vorhandensein einer Nutzenfunktion gezogen werden, freilich nur negativer Art. Stehen z.B. nicht alle Indifferenzlinien senkrecht auf der μ-Achse, dann weiß man, daß zumindest keine stetig differenzierbare Nutzenfunktion vorliegt.

Zu einer möglicherweise positiven Antwort auf die Frage nach der Rationalität der Präferenzstruktur gelangt man erst, wenn diese durch eine Präferenzfunktion g gegeben ist. Ist g nicht zweimal stetig differenzierbar, dann muß man versuchen, g durch eine monotone Transformation in eine Funktion mit dieser Eigenschaft zu verwandeln. Ist das nicht möglich, dann war g nicht rational, und die Untersuchung ist schon beendet. Im entgegengesetzten Fall sei jetzt angenommen, daß g zweimal stetig differenzierbar ist. Dann ist zu prüfen, ob der im Theorem 4* angegebene Quotient Q die dort geforderte Eigenschaft besitzt bzw., falls gelegentlich $g_\mu = 0$ wird, ob die Gl. (10) sich mit einer stetigen Funktion G befriedigen läßt. Hier liegt der eigentliche Prüfstein für die Rationalitätsfrage: Ist (10) nicht erfüllt, war g nicht rational; ist umgekehrt (10) erfüllt, dann ist in der Regel g rational.

Um aber sicher zu gehen, bilde man die transformierte Präferenzfunktion $\bar{g}(\mu, t) = V(g(\mu, t))$. Man braucht dafür die (monotone) Funktion V als Lösung der Differentialgleichung (8) — zu errechnen nach Formel (9) —, in der die aus (10) herrührende Funktion G eingesetzt ist. Nun prüfe man, ob der Grenzwert $\bar{u}(x)$ der transformierten Präferenzfunktion $\bar{g}$ so, wie in der Bedingung (d) des Theorems gefordert, existiert. Ist das der Fall, dann kann man entweder die Bedingung (c) überprüfen und, wenn der Test positiv ausfällt, die Existenz einer stetigen Nutzenfunktion als die rationale Grundlage der Präferenzfunktion behaupten, einer Nutzenfunktion, die man zudem nach dem Zusatz 1 sofort angeben kann — oder aber man geht sogleich an die Berechnung der Nutzenfunktion und macht später die Probe, ob sie wirklich g generiert. Ist andererseits der Grenzwert $\bar{u}(x)$ nicht für alle x vorhanden, dann muß nicht notwendig g unrational sein. Man weiß aber jetzt schon, daß nur eine unstetige Nutzenfunktion, wenn überhaupt eine, der Präferenzfunktion zugrunde liegen kann. Auch in diesem Fall versucht man, die Nutzenfunktion zu berechnen. Man setze dazu einfach $u(x) = \bar{u}(x)$, soweit $\bar{u}(x)$ existiert. Es ist aber auch möglich, durch Wahl geeigneter Konstanten $a>0$ und b nach der Gl. (e) des Zusatzes 1 eine eventuell einfachere Nutzenfunktion zu finden. Dabei fällt auf, daß u nur bis auf eine positiv lineare Transformation bestimmt ist, ganz in Übereinstimmung mit der allgemeinen Theorie des Bernoulli-Nutzens. Abschließend empfiehlt es sich, die Probe zu machen, ob wirklich $g(\mu, t) = U(E_{\mu t}[u(x)])$, wobei U nach (f) parallel zu u gewonnen wurde.

Da V eine stetige Funktion ist, hat man

$$\lim V(g(\mu, t)) = V(\lim g(\mu, t)).$$

Daher gilt der folgende

Zusatz 3: Sind die Bedingungen des Theorems 4 erfüllt, dann kann man eine Nutzenfunktion nach der Formel

$$u(x) = V(\lim_{\substack{\mu \to x \\ t \to 0}} g(\mu, t))$$

berechnen, sofern der angegebene Grenzwert im Definitionsbereich von V, d.h. im Wertebereich von g, liegt.

Dieser Zusatz gestattet bisweilen eine einfachere Berechnung der Nutzenfunktion, da jetzt nicht mehr die ganze Präferenzfunktion g mit V transformiert werden muß, sondern nur noch ihr Grenzwert.

Abschließend wollen wir noch auf das Problem zu sprechen kommen, wie man rechnerisch feststellen kann, daß bzw. ob Q auf den Indifferenzlinien von g konstant ist. In den meisten Fällen wird man ohne große Schwierigkeiten an der besonderen Form des Quotienten Q erkennen, ob er eine Funktion von g ist, und hat damit das Problem gelöst. In komplizierten Fällen hilft u.U. die Beachtung der folgenden einfachen Bedingung. Nimmt man dreifache Differenzierbarkeit von g und einfache Differenzierbarkeit von G an, dann folgt aus $Q = G \circ g$ sofort

$$\frac{Q_\mu}{Q_t} = \frac{g_\mu}{g_t}. \tag{13}$$

Umgekehrt impliziert diese Gleichung, daß in jedem Punkt die Steigungen der Indifferenzlinien von Q und g übereinstimmen, daß also Q und g im (μ, σ)-Diagramm dieselben Indifferenzlinien aufweisen und daher Q eine Funktion von g ist (jedenfalls, wenn die Indifferenzkurven von g zusammenhängend sind).

4.3.2. Beispiele zum Kriterium

Im folgenden wird das eben hergeleitete Rationalitätskriterium an einer Reihe typischer Präferenzfunktionen $\psi(\mu, \sigma)$ bzw. $g(\mu, t)$ erprobt. Es wird immer angenommen, daß diese Präferenzfunktionen auf der

Klasse $\mathfrak{N}$ der Normalverteilungen angewandt werden. Beantwortet wird nach wie vor die Frage: Sind spezielle Präferenzfunktionen auf $\mathfrak{N}$ rational (im Sinne des Bernoulli-Prinzips), und wenn ja, wie lautet die zugehörige Nutzenfunktion? In einigen Fällen wird die genaue Form der Präferenzfunktion bis zu einem gewissen Grade noch offengelassen. Dann lautet die Frage: Welche zusätzlichen Bedingungen sind an die Präferenzfunktion zu stellen, damit sie (auf $\mathfrak{N}$) rational wird?

Nur das erste Beispiel wird in aller Ausführlichkeit unter Berücksichtigung sämtlicher Bedingungen (a) bis (d) von Theorem 4 behandelt. Später begnügen wir uns im wesentlichen mit der Anwendung des gröberen, aber einfacheren Theorems 4*.

(a) Die Indifferenzlinien im (μ, t)-Diagramm seien parallele Geraden, die die μ-Achse in einem spitzen Winkel schneiden. Im (μ, σ)-Diagramm sind sie dann halbe Parabelbögen, die die μ-Achse senkrecht schneiden, ein Indiz, daß möglicherweise eine Nutzenfunktion dieser Präferenzstruktur zugrunde liegt (Satz 7).

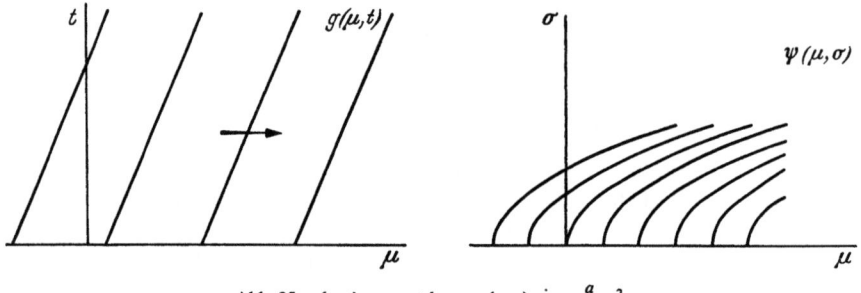

Abb. 25. $g(\mu, t) = \mu - at$ bzw. $\psi(\mu, \sigma) = \mu - \dfrac{a}{2}\sigma^2$

Eine zugehörige Präferenzfunktion lautet in der einfachsten Form

$$g(\mu, t) = \mu - a\,t, \quad a \neq 0,$$

wobei a die Steigung der Indifferenzgeraden, bezogen auf die t-Achse, bedeutet. Um zu prüfen, ob g rational ist, wird zunächst der in Theorem 4* angegebene Quotient berechnet, wobei man nebenher bemerkt, daß g in der Tat zweimal stetig differenzierbar ist (Bedingung (a) von Theorem 4). Es ist

$$Q = \frac{g_{\mu\mu} - g_t}{g_\mu^2} = a.$$

Der Quotient ist also konstant und daher trivialerweise eine Funktion von g allein: $Q(\mu, t) = G(g(\mu, t)) = a$, also $G(z) = a$. Damit ist die Bedingung (b) des Theorems erfüllt. Mit der Funktion G wird die Differentialgleichung (8) angesetzt bzw. sogleich eine ihrer Lösungen (9):

$$V(z) = \int\limits^{z} \exp\left(-\int\limits^{y} G(z)\,dz\right)dy$$

$$= \int\limits^{z} \exp(-a\,y)\,dy$$

$$= -\frac{1}{a}\,e^{-a\,z}.$$

Die Funktion

$$\bar{g}(\mu, t) = V\big(g(\mu, t)\big) = -\frac{1}{a}\,e^{-a(\mu - a\,t)},$$

multipliziert mit $e^{-\alpha\mu^2}$, ist in jedem Streifen $0 < t \leq c$ und für alle $\alpha > 0$ beschränkt, womit die Bedingung (c) erfüllt ist. Schließlich ist der Grenzwert

$$\lim_{\substack{\mu \to x \\ t \to 0+}} (\mu - a\,t) = x,$$

also überall vorhanden; gleiches gilt für den analogen Grenzwert von $\bar{g}(\mu, t)$ (Bedingung (d)).

Diese Analyse zeigt, daß die vorliegende Präferenzstruktur rational ist und von einer stetigen Nutzenfunktion erzeugt wird. Sie kann auch sofort nach der Formel des Zusatzes 3 angegeben werden mit

$$u(x) = -\frac{1}{a}\,e^{-a\,x}.$$

Man kann natürlich auch $u(x)$ direkt als Grenzwert von $\bar{g}(\mu, t)$ nach Formel (e) des Zusatzes 1 errechnen. Eine einfachere Nutzenfunktion erhält man aus der angegebenen durch Multiplikation mit dem positiven Faktor a, falls $a > 0$ bzw. $-a$, falls $a < 0$. Im ersten Fall wird[1]

$$u(x) = -e^{-a\,x}.$$

Mit der zugehörigen Transformationsfunktion nach (f),

$$U(y) = -\frac{1}{a}\,\log(-y),$$

wird, wie man leicht nachrechnet, in der Tat

$$g(\mu, t) = U\big(E_{\mu\,t}[u(x)]\big).$$

---

[1] Mit dieser Nutzenfunktion hat FREUND [1956] sein stochastisches landwirtschaftliches Produktionsprogramm angesetzt und gelöst. Auch folgt die von GRAYSON [1960] (bes. S. 304) gemessene Nutzenfunktion eines gewissen BILL BEARD ungefähr der Exponentialfunktion, wie man an ihrem Schaubild auf halblogarithmischem Papier besonders deutlich sieht. FARRAR [1962] nennt a den Risikoaversionskoeffizienten.

Das Theorem gestattet also, in relativ einfacher Weise aus der gegebenen Präferenzstruktur die zugehörige Nutzenfunktion zu berechnen. Es ist das (bei $a > 0$) eine streng monoton steigende, konkav gekrümmte Funktion (also mit abnehmendem Grenznutzen), die die x-Achse zur Asymptote hat.

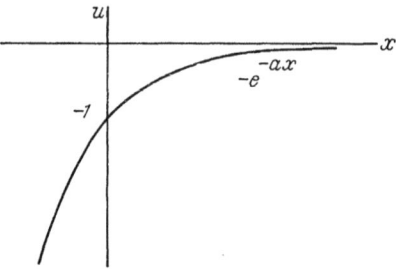

Abb. 26. Nutzenfunktion nach FREUND

Die Abnahme des Grenznutzens erfolgt so, daß dieser immer proportional zu dem Abstand der Nutzenfunktion von seinem Sättigungswert 0 ist: $u' = a|u|$. (Man vergleiche damit die Abnahme des Grenznutzens bei BERNOULLIs Nutzenfunktion $u(x) = a \log x$, dort war $u'(x) = a/x$. Vgl. auch Abb. 12.) Daß dieser Sättigungswert gerade 0 ist, sollte nicht stören. Durch Addition einer beliebigen Konstanten kann das Sättigungsniveau, wenn man will, auf jede gewünschte Höhe gebracht werden. An dem durch diese Nutzenfunktion bestimmten Risikoverhalten ändert die Verschiebung freilich nichts, weshalb sie hier unterbleibt. Bei dieser Nutzenfunktion kann das Sicherheitsäquivalent jeder Verteilung zugleich als deren Einsatz angesehen werden (vgl. den Anhang zum zweiten Kapitel).

Die lineare Präferenzfunktion g erwies sich somit als rational im Bereich der Normalverteilungen. Sie ist es, wie früher gezeigt wurde (3.2.), keineswegs innerhalb der Klasse aller Wahrscheinlichkeitsverteilungen.

(b) Ein zweites Beispiel soll eine Präferenzfunktion vorführen[1], die nicht nur allgemein, sondern auch auf der Klasse der Normalverteilungen nicht rational ist:

$$\psi(\mu, \sigma) = \mu - a\sigma, \quad a \neq 0.$$

Die Indifferenzlinien sind parallele Geraden im (μ, σ)-Diagramm, die die μ-Achse spitzwinklig, also nicht rechtwinklig schneiden. Damit ist im Grunde schon ψ als nicht rational erkannt. Es soll aber noch der Quotient Q berechnet werden.

---

[1] Nach FARRAR [1962], S. 15, Fußnote 24, hat THOMAS [1958] diese Präferenzfunktion benutzt. ALLAIS [1953d] verwendet sie in einer Theorie des allgemeinen Marktgleichgewichts bei Risiko und will diese Präferenzfunktion auf Normalverteilungen angewandt wissen.

Diesmal empfiehlt es sich, Q direkt aus $\psi(\mu, \sigma)$ nach der im Anschluß an Theorem 4* gegebenen Formel (12a) zu berechnen:

$$Q = \frac{\psi_{\mu\mu} - \dfrac{1}{\sigma}\psi_\sigma}{\psi_\mu^2} = \frac{a}{\sigma}.$$

Dieser Ausdruck ist aber auf den Indifferenzlinien von ψ nicht konstant, denn die verschiedensten σ-Werte gehören (zusammen mit geeigneten μ-Werten) zur selben Indifferenzlinie. Folglich kann ψ nicht rational sein: Es gibt keine Nutzenfunktion für ψ.

(c) In analoger Weise sieht man, daß auch

$$g(\mu, t) = \mu - a\,t^2, \quad a > 0$$

unrational ist, denn der fragliche Quotient hat den Wert $2at$, ist also auf den Indifferenzlinien von g nicht konstant. Bemerkenswert an diesem Beispiel ist aber, daß die Indifferenzlinien im (μ, σ)-Diagramm alle senkrecht in die μ-Achse einmünden, was freilich längst kein hinreichendes Indiz (allenfalls ein notwendiges) für die Rationalität von g ist.

(d) Die drei ersten Beispiele legen die Frage nahe, ob nicht etwa die erste Präferenzfunktion die einzige rationale Präferenzfunktion vom Typ

$$g(\mu, t) = \mu - r(t)$$

mit einer noch unbestimmten (aber differenzierbaren), das Risiko messenden Funktion $r(t)$ ist. Der Quotient

$$Q(\mu, t) \equiv r'(t)$$

ist eine Funktion von t allein und daher dann und nur dann auf den Indifferenzkurven von g konstant, wenn er auch von t nicht abhängt, d.h. wenn $Q = a$ mit einer beliebigen Konstanten a. Es folgt

$$r(t) = a\,t + b$$

mit einer beliebigen Integrationskonstanten b. Damit hat sich unsere Vermutung als richtig erwiesen: Von allen Präferenzfunktionen, die Risiken dadurch bewerten, daß sie vom Mittelwert ein gewisses nur von der Streuung abhängendes Risikomaß abziehen, ist (auf $\mathfrak{R}$) nur die Funktion des ersten Beispiels (a) rational:

$$g(\mu, t) = \mu - a\,t \quad \text{bzw.} \quad \psi(\mu, \sigma) = \mu - \frac{a}{2}\sigma^2.$$

(e) Versuchen wir jetzt, die Präferenzfunktion noch allgemeiner zu gestalten. Sie soll aus einem nur von μ abhängenden „Gewinnteil" bestehen, von dem ein nur von σ abhängender „Risikoteil" abgezogen wird. Also:

$$\psi(\mu,\sigma)=j(\mu)-\rho(\sigma)$$

bzw.

$$g(\mu,t)=j(\mu)-r(t).$$

Man errechnet

$$Q(\mu,t)=\frac{j''(\mu)+r'(t)}{[j'(\mu)]^2}.$$

Dabei dürfen wir sogleich annehmen, daß $j'(\mu)\not\equiv 0$, da andernfalls die Präferenzfunktion von μ nicht abhinge. Das aber hätte nach (10) zur Folge, daß $r'(t)\equiv 0$ und daher $\psi(\mu,\sigma)$ konstant wäre, d.h. daß alle Verteilungen indifferent wären.

Um zu entscheiden, unter welchen Bedingungen Q eine Funktion von g ist, ziehen wir das Kriterium (13) zu Rate:

$$\frac{Q_\mu}{Q_t}=\frac{j'j'''-2(j'')^2-2j''r'}{j'r''}=\frac{g_\mu}{g_t}=\frac{j'}{-r'}.$$

Daraus folgt die Gleichung

$$j'(\mu)\left\{\frac{j''(\mu)}{[j'(\mu)]^2}\right\}'-2r'(t)\frac{j''(\mu)}{[j'(\mu)]^2}=-\frac{r''(t)}{r'(t)}. \qquad (*)$$

Nun sind zwei Fälle zu unterscheiden

(I) $r''(t)\equiv 0.$

(II) $r''(t)\not\equiv 0.$

(I) Im ersten Fall ist $r(t)=at+b$ mit beliebigen Integrationskonstanten a und b, wobei wir ohne Beschränkung der Allgemeinheit $a\neq 0$ annehmen können, weil sonst der triviale Fall einer nur von μ abhängigen, ansonsten aber beliebigen Präferenzfunktion resultieren würde. Auch kann zur Vereinfachung $b=0$ gesetzt werden.

Somit ergibt sich für den Quotienten

$$Q=\frac{j''(\mu)+a}{[j'(\mu)]^2}.$$

Er ist dann und nur dann eine Funktion von g, wenn er von μ nicht abhängt: $Q=c$. Daraus resultiert für $j(\mu)$ die Differentialgleichung

$$j''(\mu)+a=c[j'(\mu)]^2.$$

Der Fall $c=0$ führt sofort zu einer quadratischen Funktion für j und schließlich zu der allgemein rationalen Präferenzfunktion des (μ, σ)-Prinzips (vgl. S. 96) mit quadratischer Nutzenfunktion.

Sei daher jetzt $c \neq 0$. Setzt man $j'(\mu)=y$, dann hat man die Differentialgleichung

$$\frac{y'}{\frac{c}{a} y^2 - 1} = a$$

zu lösen. Damit der Nenner der linken Seite nicht identisch verschwindet, muß der Fall $j'(\mu) \equiv \sqrt{\frac{a}{c}}$ ausgeschlossen werden, der übrigens, sofern $\frac{a}{c} > 0$, wieder auf die Präferenzfunktion des Beispiels (a) zurückführt.

Jetzt sind zwei Fälle zu unterscheiden:

1. $\frac{c}{a} > 0$ mit den Lösungen[1]

$$(\alpha) \; y = -\sqrt{\frac{a}{c}} \, \mathfrak{Ctg}\left(a\sqrt{\frac{c}{a}}\mu+\kappa\right) \quad \text{und} \quad (\beta) \; y = -\sqrt{\frac{a}{c}} \, \mathfrak{Tg}\left(a\sqrt{\frac{c}{a}}\mu+\kappa\right).$$

2. $\frac{c}{a} < 0$ mit der Lösung

$$y = \sqrt{-\frac{a}{c}} \, \mathrm{ctg}\left(a\sqrt{-\frac{c}{a}}\mu+\kappa\right).$$

Dabei ist κ eine beliebige Integrationskonstante. Eine zweite Integration liefert schließlich die gesuchte Funktion

1. $(\alpha) \; j(\mu) = -\frac{1}{c} \log |\mathfrak{Sin}(a\sqrt{c/a}\,\mu+\kappa)|$ bzw.

$(\beta) \; j(\mu) = -\frac{1}{c} \log \mathfrak{Cos}(a\sqrt{c/a}\,\mu+\kappa).$

2. $j(\mu) = -\frac{1}{c} \log |\sin(a\sqrt{-c/a}\,\mu+\kappa)|.$

Die Funktionen 1. (α) und 2. sind freilich nicht überall differenzierbar und können daher nicht zu rationalen Präferenzfunktionen gehören. Schränken wir aber den Definitionsbereich von $j(\mu)$ auf denjenigen Bereich der μ-Achse ein, über dem die Funktionen $\mathfrak{Sin}$ bzw. sin von einerlei Vorzeichen, z.B. nur positiv sind, dann kann die durch $j(\mu)-r(t)$ beschriebene Präferenzstruktur auf dem eingeschränkten Bereich sehr wohl rational sein. Jedenfalls ist dort, wie wir sahen, das

---

[1] Vgl. z.B. RINGLEB [1960], S. 193.

Kriterium (10) erfüllt. Wir suchen also auch für die Funktionen 1. (a) und 2. Nutzenfunktionen, die diese im Bereich positiver Ꮪin- bzw. sin-Werte generieren. Dort können die Betragszeichen | fortgelassen werden. Der Fall negativer Ꮪin- bzw. sin-Werte kann analog behandelt werden, liefert aber nichts Neues.

Ähnlich wie im Beispiel (a) findet man aus $Q = c$ die Transformationsfunktion $V(z) = -\frac{1}{c} e^{-cz}$ und damit die Nutzenfunktion

$u(x) = -\frac{1}{c} e^{-c\,j(x)}$, und zwar

$\quad$ 1. (α) $\quad u(x) = -\frac{1}{c} \mathfrak{Sin}(a\sqrt{c/a}x + \kappa)$,

$\quad\quad (\beta)$ $\quad u(x) = -\frac{1}{c} \mathfrak{Cos}(a\sqrt{c/a}\,x + \kappa)$.

$\quad$ 2. $\quad u(x) = -\frac{1}{c} \sin(a\sqrt{-c/a}\,x + \kappa)$.

Die Nutzenfunktionen 1.(β) und 2. widersprechen dem Normalfall.

$\quad$ (II) Im zweiten Fall muß

$$\frac{j''(\mu)}{[j'(\mu)]^2} = c$$

konstant sein, da andernfalls $r'(t)$ mit Hilfe zweier μ-Werte aus Gl. (*) eindeutig bestimmt werden könnte, also von t nicht abhinge und daher $r''(t) \equiv 0$ wäre, was wir ausdrücklich ausgeschlossen haben. Es folgt aus (*), daß für r eine ganz ähnliche Differentialgleichung gilt, da in (*) der Ausdruck in den geschweiften Klammern verschwindet:

$$\frac{r''(t)}{[r'(t)]^2} = 2c.$$

Nun gilt es, diese beiden Differentialgleichungen zu lösen. Für $c = 0$ ist $j''(\mu) = r''(t) = 0$, und man gelangt zu dem bekannten Fall (a) einer in μ und t linearen Funktion g.

$\quad$ Nehmen wir daher jetzt $c \neq 0$ an. Dann erhält man nach Integration beider Seiten der Differentialgleichung für j:

$$-\frac{1}{j'(\mu)} = c\mu + \kappa,$$

also

$$j'(\mu) = -\frac{1}{c\mu + \kappa} = \frac{C}{\mu + a} \quad \text{mit} \quad C = -\frac{1}{c} \quad \text{und} \quad a = \frac{\kappa}{c}.$$

Schließlich

$$j(\mu) = C \log|\mu + a| + b.$$

Und entsprechend

$$r(t) = \tfrac{1}{2} C \log(t+A) + B.$$

Dabei sind a, b, A, B gewisse beliebige Integrationskonstanten, $A \geqq 0$. Damit erhalten wir, abgesehen von einer beliebigen additiven Konstanten, die wir unterschlagen können, folgende Präferenzfunktion für $\mu > -a$:

$$g(\mu, t) = C\big(\log(\mu+a) - \log \sqrt{t+A}\big)$$

$$= C \log \frac{\mu+a}{\sqrt{t+A}}.$$

Wieder kann die Präferenzfunktion nur für einen beschränkten Bereich als differenzierbare Funktion der Form $j(\mu) - r(t)$ angegeben werden. Wir untersuchen sie dort weiter für den Fall $c>0$. Eine monotone Transformation $\left(\dfrac{1}{C} e^z \right)$ führt die Präferenzfunktion über in

$$\hat{g}(\mu, t) = \frac{\mu+a}{\sqrt{t+A}}.$$

Allgemein gelingt es mit Hilfe dieser Transformation, jede Präferenzfunktion vom hier behandelten Typ $j(\mu) - r(t)$ in die Form eines Quotienten $J(\mu)/R(t)$ zu verwandeln. Die Rationalität von Präferenzfunktionen dieses Typs wird also hier gleich mit untersucht. Vgl. auch den folgenden Abschnitt (f).

Um schließlich die Nutzenfunktion der oben erhaltenen Präferenzfunktion zu bestimmen, errechnen wir noch einmal den Quotienten Q zu g oder besser zu $\hat{g}$:

$$Q = \frac{\mu+a}{2\sqrt{t+A}} = \frac{1}{2} \hat{g}.$$

Daher ist $G(z) = \dfrac{1}{2} z$ und $V(z) = \Phi\left(\dfrac{1}{\sqrt{2}} z \right)$, wobei $\Phi(x) = \int \varphi(x)\,dx$ die Verteilungsfunktion der standardisierten Normalverteilung bedeutet. Die Nutzenfunktion findet man dann nach Theorem 4 (d) und Zusatz 1:

$$u(x) = \lim_{t \to 0} V\big(\hat{g}(x, t)\big),$$

wobei die Fälle $A=0$ und $A \neq 0$ gesondert zu betrachten sind. Von einer multiplikativen Konstanten abgesehen, hat man

$$u(x) = \begin{cases} 0 & \text{für } x \leqq -a \\ 1 & \text{für } x > -a \end{cases}, \quad \text{falls } A=0,$$

$$u(x) = \Phi\left(\frac{x+a}{\sqrt{2A}} \right), \quad \text{falls } A \neq 0.$$

Der Fall $A=0$ ist offensichtlich ein Grenzfall der Nutzenfunktion mit $A \neq 0$.

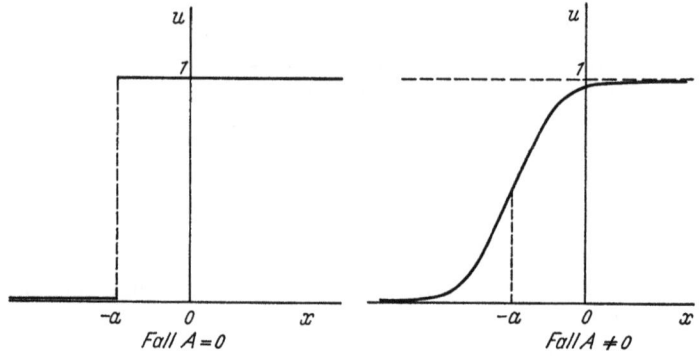

Abb. 27. Nutzenfunktionen zum Beispiel (e), Fall II

Damit sind alle rationalen Präferenzfunktionen des Typs $j(\mu)-r(t)$ aufgefunden.

(f) Es wurde schon im vorangehenden Abschnitt (e) darauf hingewiesen, daß jede Präferenzfunktion der Form $j(\mu)-r(t)$ durch eine monotone Transformation mittels einer Exponentialfunktion in die Form $J(\mu)/R(t)$ verwandelt werden kann. Die Umkehrung dieser Transformation durch den Logarithmus ist freilich nur in den Bereichen der (μ, t)-Ebene monoton, in denen die Präferenzfunktion $J(\mu)/R(t)$ das Vorzeichen nicht wechselt. Nun haben wir aber im vorangehenden Abschnitt (e) nicht nur rationale Präferenzfunktionen untersucht, die sich auf der ganzen (μ, t)-Ebene in der Form $j(\mu)-r(t)$ darstellen lassen, sondern uns auch mit Darstellungen in dieser Form auf Teilbereichen der (μ, t)-Ebene begnügt. Es zeigt sich, daß diese Teilpräferenzfunktionen durch Logarithmieren aus rationalen Präferenzfunktionen, die in der Form $J(\mu)/R(t)$ über der ganzen (μ, t)-Ebene definiert sind, hervorgehen. Folglich erzeugen alle in (e) aufgefundenen Nutzenfunktionen (und nur diese) rationale Präferenzfunktionen der Form $J(\mu)/R(t)$. Es sind das die Funktionen[1] $\exp y$, $\sin y$, $\mathfrak{Sin}\, y$, $\mathfrak{Cos}\, y$, $\Phi(y)$, $\frac{1}{2}(1+\mathrm{sign}\, y)$, y, y^2 mit $y=ax+b$. Die zugehörigen Präferenzfunktionen $E_{\mu\sigma}[u(x)]$ lauten $\exp(a\mu+b+a^2\sigma^2/2)$, $\mathfrak{Sin}(a\mu+b)\exp(a^2\sigma^2/2)$, $\mathfrak{Cos}(a\mu+b)\exp(a^2\sigma^2/2)$, $\sin(a\mu+b)\exp(-a^2\sigma^2/2)$, $\Phi((a\mu+b)/\sqrt{a^2\sigma^2+1})$, $(a>0)$, $\Phi((a\mu+b)/a\sigma)$, $(a>0)$, $a\mu+b$, $(a\mu+b)^2+a^2\sigma^2$. Sie sind von der Form $J(\mu)/R(t)$ oder lassen sich durch eine geeignete monotone Transformation in diese überführen.

---

[1] $\mathfrak{Sin}\, y=(e^y-e^{-y})/2$, $\mathfrak{Cos}\, y=(e^y+e^{-y})/2$, $\mathrm{sign}\, y=1$ für $y>0$, $\mathrm{sign}\, y=-1$ für $y<0$.

(g) Die Präferenzfunktion

$$g(\mu, t) = \mu^3 + 6\mu t$$

erweist sich als rational sogar im Sinne von Hilfssatz 4.5, ist also direkt der Erwartungswert einer Nutzenfunktion, ohne daß eine monotone Transformation vorgeschaltet ist. Denn man errechnet $Q=0$, also $G(z)=0$ und $V(z)=z$, daher

$$u(x) = \lim_{\substack{\mu \to x \\ t \to 0}} g(\mu, t) = x^3.$$

In der Tat ist $g(\mu, t) = E_{\mu t}[x^3]$.

(h) Die Präferenzfunktion [1]

$$\psi(\mu, \sigma) = \frac{\mu}{\sigma}$$

ist eigentlich ein Spezialfall der Funktion $\hat{g}$ von Beispiel (e) (mit $a = A = 0$) und daher schon als rational erkannt. Es ist aber recht interessant, sich an dieser relativ einfachen Präferenzfunktion die Wirkungsweise des Theorems 4 nochmals klarzumachen, zumal einige Besonderheiten zu beachten sind.

Zunächst fällt auf, daß ψ nur für $\sigma > 0$ definiert ist. Die Indifferenzlinien sind Strahlen, die vom Koordinatenursprung ausgehen, diesen jedoch ausschließen.

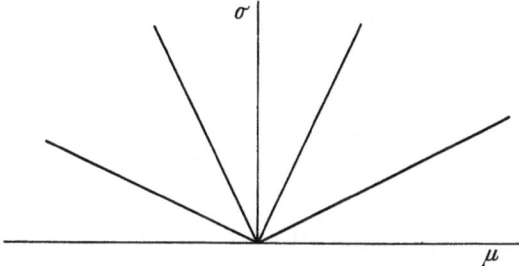

Abb. 28. Präferenzfunktion nach Roy

Auch die beiden Halbachsen $t=0$, $\mu > 0$ und $t=0$, $\mu < 0$ können als Indifferenzlinien aufgefaßt werden mit den Werten

$$\lim_{\sigma \to 0} \psi(\mu, \sigma) = +\infty \quad \text{bzw.} \quad -\infty.$$

Obwohl also der im Zusatz 3 benötigte Grenzwert i.e.S. nicht existiert[2], wollen wir die Rationalität der Präferenzfunktion untersuchen.

---

[1] Roy [1952], vgl. auch S. 53.

[2] Man spricht von einem Grenzwert i.w.S., wenn er auch die „Werte" $\pm \infty$ annehmen darf, während ein Grenzwert i.e.S. nur endliche Werte annimmt.

Denn immerhin existiert dieser Grenzwert i.w.S. für $\mu>0$ und $\mu<0$. Für $\mu=0$ ist

$$\lim_{\sigma\to 0}\psi(0,\sigma)=0,$$

aber

$$\lim_{\substack{\mu=\sigma\\ \sigma\to 0}}\psi(\mu,\sigma)=1,\quad\text{daher existiert}\quad\lim_{\substack{\mu\to 0\\ \sigma\to 0}}\psi(\mu,\sigma)$$

auch nicht i.w.S. Man wird daher bei $x=0$ eine Unstetigkeitsstelle der Nutzenfunktion vermuten, sofern eine solche überhaupt vorhanden ist. Das aber ist nun zu prüfen.

Man errechnet für den Quotienten nach (12a):

$$Q(\mu,\sigma)=\frac{\mu}{\sigma}=\psi(\mu,\sigma).$$

Q ist also eine Funktion G von ψ und G die Identität: $G(z)=z$. Diese Funktion G in (9) eingesetzt, ergibt

$$V(z)=\int_{-\infty}^{z}\exp\left(-\frac{y^2}{2}\right)dy=\Phi(z),$$

also die (standardisierte) Gaußsche Integralfunktion. Φ ist beschränkt, und daher ist trivialerweise Bedingung (c) erfüllt. Die Nutzenfunktion kann wieder auf zweierlei Weise berechnet werden. Entweder rechnet man nach dem Zusatz 3

$$v(x)=\lim_{\substack{\mu\to x\\ \sigma\to 0}}\psi(\mu,\sigma)=\begin{cases}+\infty & \text{für}\quad x>0\\ -\infty & \text{für}\quad x<0\end{cases}$$

und

$$u(x)=V\bigl(v(x)\bigr)=\begin{cases}\Phi(+\infty)=1 & \text{für}\quad x>0\\ \Phi(-\infty)=0 & \text{für}\quad x<0\end{cases}$$

oder man transformiert ψ in

$$\bar{\psi}(\mu,\sigma)=\Phi\left(\frac{\mu}{\sigma}\right)$$

und bildet den Grenzwert nach Theorem 4, (d) und (e):

$$u(x)=\lim_{\substack{\mu\to x\\ \sigma\to 0}}\bar{\psi}(\mu,\sigma)=\begin{cases}1 & \text{für}\quad x>0\\ 0 & \text{für}\quad x<0.\end{cases}$$

Die Nutzenfunktion hat also bei $x=0$ eine Stufe (vgl. Abb. 27) und ist dort unbestimmt. Wir können ihr dort willkürlich den Wert $u(0)=1$ geben.

(i) Auch die Verallgemeinerung von Roys Präferenzfunktion zu

$$\psi(\mu,\sigma)=\frac{\mu}{R(\sigma)}$$

wurde schon im Beispiel (e) untersucht. Das Resultat[1] ist die dort angegebene rationale Präferenzfunktion $\hat{g}$ mit $a=0$. Also

$$\psi(\mu,\sigma)=\frac{\mu}{\sqrt{\sigma^2+A}}\;.$$

Alle anderen Präferenzfunktionen des oben angegebenen Typs sind auf $\mathfrak{N}$ unrational. Dieser Typ ist insofern interessant, als er unabhängig von DORFMAN [1962] (bes. S. 148) und von STEINDL [1941] vorgeschlagen wurde. DORFMAN schlug für den Nenner $R(\sigma)$ die Bezeichnung *risk-discounting factor* vor und erwähnte die spezielle Form $R(\sigma)=1+c\sigma$, die freilich auf $\mathfrak{N}$ nicht rational ist.

(j) Die Nutzenfunktion des Beispiels (h) dient zur Charakterisierung der Verlustwahrscheinlichkeit P_0.

Es ist nämlich $P_0=1-E[u(x)]$. Addiert man ax, dann erhält man die neue Nutzenfunktion

$$u(x)=\begin{cases}1+ax & \text{für}\quad x\geqq 0\\ ax & \text{für}\quad x<0\end{cases}$$

mit $E[u(x)]=a\mu-P_0+1$. Das ist also eine nicht nur auf $\mathfrak{N}$, sondern auch im allgemeinen Fall rationale Präferenzfunktion, ausgedrückt als Funktion von μ und P_0 (vgl. S. 99). Beschränkt man sich auf Normalverteilungen, dann läßt sie sich in eine Funktion von μ und σ umwandeln. Denn es ist

$$P_0=\int_{-\infty}^{0}\varphi_{\mu\,\sigma}(x)\,dx=\Phi\left(-\frac{\mu}{\sigma}\right)=1-\Phi\left(\frac{\mu}{\sigma}\right)$$

mithin

$$a\mu-P_0+1=a\mu+\Phi\left(\frac{\mu}{\sigma}\right).$$

Die so entstehende Präferenzfunktion

$$\psi(\mu,\sigma)=a\mu+\Phi\left(\frac{\mu}{\sigma}\right)$$

---

[1] Es kann natürlich wieder direkt aus dem Kriterium des Theorems 4 hergeleitet werden. Vgl. hierzu SCHNEEWEISS [1965].

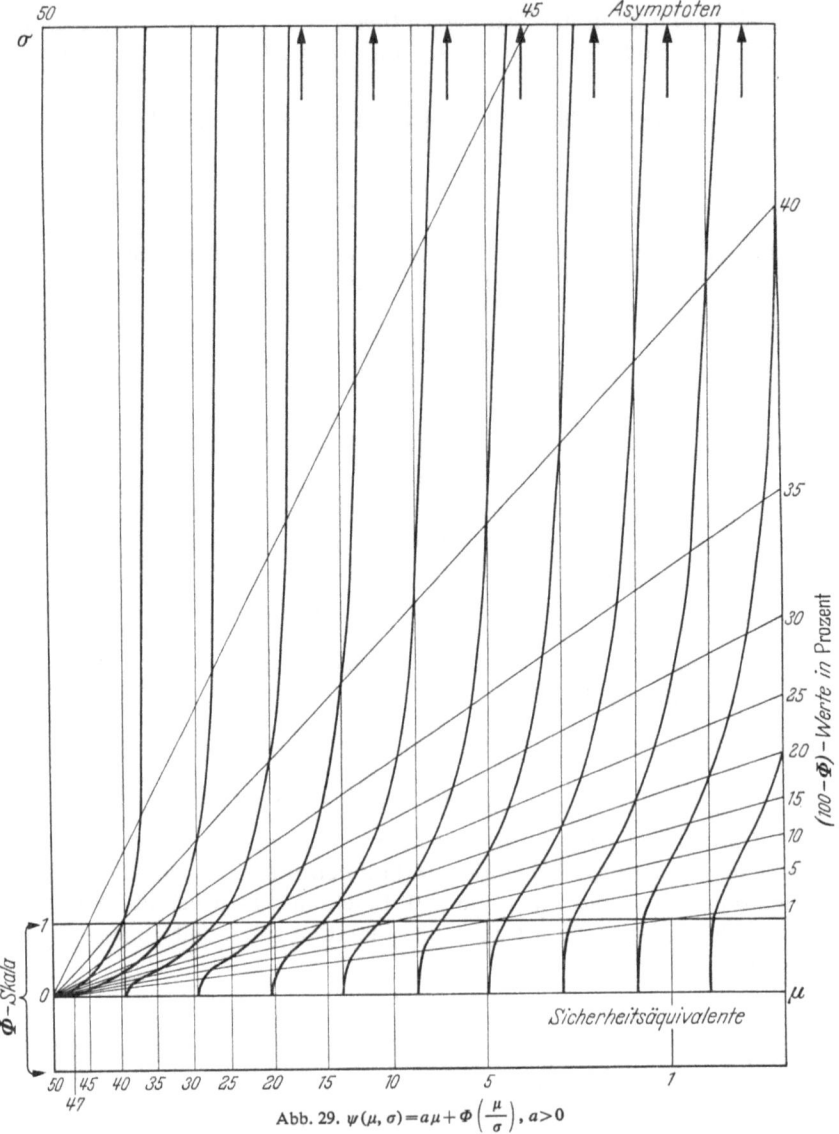

Abb. 29. $\psi(\mu, \sigma) = a\mu + \Phi\left(\dfrac{\mu}{\sigma}\right)$, $a > 0$

ist natürlich nicht allgemein, wohl aber auf der Klasse der Normalverteilungen rational. Das folgt aus den oben angestellten Umformungen,
kann aber auch nachträglich mit Hilfe des Theorems 4 bestätigt werden.
Dabei fällt auf, daß bei $\mu = 0$ wieder der Grenzwert $\sigma \to 0$ nicht existiert,
was aber nur den Sprung der Nutzenfunktion bei $x = 0$ zum Ausdruck
bringt. Man rechnet nach, daß $Q = 0$.

Es ist recht lehrreich, sich ein Bild von dieser Präferenzfunktion im (μ, σ)-Diagramm zu machen (vgl. Abb. 29). Dazu verschafft man sich zunächst das Indifferenzkurvenfeld von $\Phi(\mu/\sigma)$, das mit dem von μ/σ im Beispiel (e) übereinstimmt (vgl. Abb. 28). Den zu einer Indifferenzlinie gehörigen Funktionswert Φ findet man, indem man die Linie mit der Horizontalen $\sigma = 1$ zum Schnitt bringt und den Abstand des Schnittpunktes von der σ-Achse (der ja den Wert des Quotienten μ/σ für die jeweilige Indifferenzlinie angibt) mit einer nach dem Gaußschen Integral eingeteilten Skala mißt. Auf dieser Skala erscheint unmittelbar der zugehörige Φ-Wert. Unterteilt man umgekehrt den Wertebereich von Φ, also das Intervall [0,1], durch eine Anzahl äquidistanter Teilpunkte, überträgt man diese auf die Gaußskala der genannten Horizontalen und verbindet sie mit dem Koordinatenursprung, so entsteht ein Niveaulinienbild der Funktion $\Phi(\mu/\sigma)$. Dem wird das Niveaulinienbild von $a\mu$, eine Schar äquidistanter Vertikalen, überlagert. Nun kann man leicht auf geometrische Weise das Niveaubild der Summe beider Funktionen konstruieren, indem man jeweils solche Schnittpunkte der beiden Niveaulinienscharen miteinander verbindet, bei denen die Summe der Funktionswerte gleich groß ist. Dabei sei $a > 0$.

Einige Besonderheiten des Funktionsbildes erleichtern seine Aufzeichnung. Das Indifferenzlinienfeld ist symmetrisch um $\mu = 0$, denn

$$\psi(-\mu, \sigma) = 1 - \psi(\mu, \sigma).$$

Die Symmetrieachse $\mu = 0$ gehört zur Indifferenzlinie $\psi = \frac{1}{2}$. Es genügt, im folgenden etwa die rechte Hälfte $(\mu > 0)$ des Feldes zu betrachten. In dem Bereich $0 \leq \psi < 1$ haben die Indifferenzlinien kein Sicherheitsäquivalent, denn für $x \geq 0$ ist $u(x) \geq 1$, für $x < 0$ ist $u(x) < 0$; die Werte zwischen 0 und 1 (0 einschließlich) werden nicht angenommen. Alle anderen Indifferenzlinien haben ein eindeutig bestimmtes Sicherheitsäquivalent, nämlich $S_\psi = \frac{1}{a}(\psi - 1)$ für $\psi \geq 1$. Obwohl im Bereich $0 \leq \psi < 1$ alle Indifferenzkurven auf den Koordinatenursprung zulaufen, gehört dieser nur zur Kurve $\psi = 1$, da $u(0) = 1$. Alle Indifferenzlinien besitzen eine senkrechte Asymptote bei $M_\psi = \frac{1}{a}\left(\psi - \frac{1}{2}\right)$, wie man erkennt, wenn man in der Präferenzfunktion σ gegen Unendlich gehen läßt (man beachte, daß $\Phi(0) = \frac{1}{2}$). Für $\psi > 1$ ist der Abstand zwischen Asymptote und Sicherheitsäquivalent konstant und gleich $\frac{1}{2a}$. Außer in dem Bereich $0 \leq \psi \leq 1$ münden die Indifferenzlinien senkrecht in die μ-Achse. Für kleine σ richtet sich also der Entscheidende nach dem Mittelwert allein, ebenso wie für sehr große σ.

(k) Eine andere gern benutzte Präferenzstruktur in μ und P_0 ordnet die Normalverteilungen so, daß für $P_0 \geq \beta$ das kleinere P_0 vorgezogen wird, für $P_0 < \beta$ das größere μ vorgezogen wird. Sie ist — trotz ihrer Beliebtheit[1] — allgemein unrational. Um zu prüfen, ob sie wenigstens auf der Klasse der Normalverteilungen rational ist, fasse man sie in eine Präferenzfunktion in μ und σ. Dafür bietet sich die Funktion

$$\psi(\mu, \sigma) = \begin{cases} \Phi\left(\dfrac{\mu}{\sigma}\right) = 1 - P_0, & \text{sofern} \quad P_0 \geq \beta \\[2mm] e^{\mu} + 1 - \beta & \text{sonst} \end{cases}$$

an. Ihr Indifferenzkurvenfeld hat das folgende Aussehen (Abb. 30; vgl. auch Abb. 9):

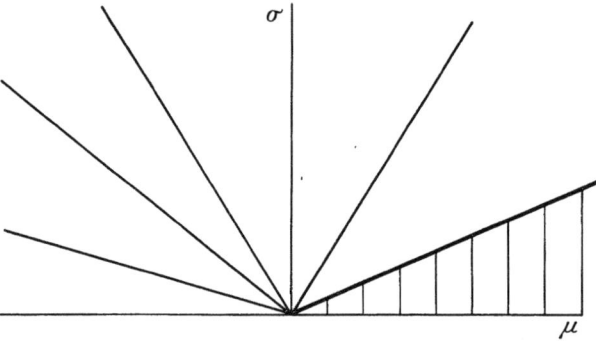

Abb. 30. Unstetige Präferenzfunktion für den Fall des „safety first"

Man sieht schon an dem Bild der Präferenzfunktion, daß sie offenbar nicht rational sein kann, da sie noch nicht einmal überall stetig, geschweige denn zweimal differenzierbar ist. Die Unstetigkeit entlang der dick ausgezogenen Geraden kann auch durch keine monotone Transformation der Präferenzfunktion behoben werden.

4.4. Logarithmische Normalverteilungen

Mag die Normalverteilung in vielen Fällen die wahre Wahrscheinlichkeitsverteilung einer Risikosituation gut approximieren, so haftet ihr doch der prinzipielle Mangel an, daß sie auch negativen Werten Wahrscheinlichkeiten zukommen läßt. Dagegen sind Situationen denkbar, wo mit Sicherheit keine negativen Werte auftreten. Wenn etwa der Gewinn nur vom Preis abhängt und dieser eine Zufallsvariable ist, dann kann diese (bzw. ihre Wahrscheinlichkeitsverteilung) offenbar zur Charakterisierung der Risikosituation dienen. Preise aber haben in der

---

[1] Vgl. S. 59 ff.

Regel nur positive Werte, während sie nach oben theoretisch unbeschränkt wachsen können. Wahrscheinlichkeitsverteilungen des Preises werden daher gewöhnlich ein linkssteiles Aussehen haben und sich oft durch eine logarithmische Normalverteilung approximieren lassen.

Sie ist definiert als die Verteilung einer positiven Zufallsvariablen, deren Logarithmus (μ, σ)-normalverteilt ist, und hat daher, ausgedrückt in den Parametern μ und $t = \sigma^2/2$, die Dichtefunktion

$$l(x; \mu, t) = \frac{1}{2x\sqrt{\pi t}} \, e^{-\frac{(\log x - \mu)^2}{4t}}$$

$$l(x; \mu, t) = \frac{1}{x} f(\log x; \mu, t),$$

wobei f die Dichtefunktion der Normalverteilung von S. 130, ausgedrückt in den Parametern μ und t, bedeutet. Mit der letzten Formel wird jeder logarithmischen Normalverteilung L eine zugehörige Normalverteilung N zur Seite gestellt: $L \leftrightarrow N$.

Ist $u(x)$ eine im positiven Bereich $(x > 0)$ definierte Funktion, dann kann ihr Erwartungswert bezüglich einer logarithmischen Normalverteilung in den Erwartungswert bezüglich der zugehörigen Normalverteilung umgeformt werden, und umgekehrt. Das geschieht durch die Formeln:

mit
$$E_L[u(x)] = E_N[u(e^x)] = E_N[u_N(x)] \tag{14}$$

$$u_N(x) = u(e^x)$$
$$u(x) = u_N(\log x). \tag{15}$$

Denn

$$\int_0^\infty u(x) f(\log x) \frac{1}{x} \, dx = \int_{-\infty}^\infty u(e^y) f(y) \, dy \quad \text{mit} \quad y = \log x.$$

Somit gibt es auch eine Entsprechung (15) zwischen nur im positiven Bereich definierten Funktionen u und zugehörigen auf der ganzen Zahlengeraden definierten Funktionen u_N.

Die logarithmischen Normalverteilungen bilden eine Zweiparameterklasse mit den Parametern μ und t, an deren Stelle aber auch Mittelwert m und Streuung s^2 der logarithmischen Normalverteilung treten können. Der Zusammenhang zwischen diesen beiden Parameterpaaren wird durch die beiden Formeln

$$\begin{array}{c|c} m = e^{\mu + t} & \mu = \log m - t \\[2mm] s^2 = m^2(e^{2t} - 1) & t = \frac{1}{2} \log\left(1 + \frac{s^2}{m^2}\right) \end{array} \tag{16}$$

gegeben, die man mit Hilfe der Beziehung (14) errechnen kann[1].

---

[1] $m = E_L[x] = E_N[e^x] = \int e^x \varphi_{\mu\sigma}(x) \, dx = e^{t+\mu}$. $E_L[x^2] = E_N[e^{2x}] = e^{4t+2\mu}$. $s^2 = E_L[x^2] - m^2 = m^2(e^{2t} - 1)$.

Nach diesen Bemerkungen kann sofort ein dem Theorem für Normalverteilungen entsprechendes Kriterium für die Rationalität von Präferenzfunktionen auf der Klasse der logarithmischen Normalverteilungen aufgestellt werden:

Theorem 5: Eine Präferenzfunktion $\psi = \psi(m, s^2)$ auf der Klasse der logarithmischen Normalverteilungen ist dann und nur dann bis auf eine (zweimal stetig differenzierbare) streng monotone Transformation der Erwartungswert einer stetigen Nutzenfunktion $u = u(x)$, die für alle $x > 0$ definiert ist (und für die $|u(e^x)|e^{-ax^2}$ für alle $a > 0$ in x beschränkt ist), wenn die mit der Transformation (16) als Funktion von μ und t umgewandelte Präferenzfunktion $g(\mu, t) \equiv \psi(m, s^2)$ die Bedingungen (a) bis (d) des Theorems 4 erfüllt. Ist $u_N(x)$ die nach Zusatz 1, (e) ermittelte Nutzenfunktion für g — sofern vorhanden —, dann ist $u(x) = u_N(\log x)$ die gesuchte Nutzenfunktion für ψ.

Bemerkung: Der hier aufgezeigte Weg, durch Zurückführen auf das Theorem 4 analoge Kriterien für andere, von $\mathfrak{N}$ verschiedene Verteilungsklassen aufzustellen, ist grundsätzlich immer begehbar, sofern diese Verteilungsklassen mit einer Transformationsfunktion — wie z. B. dem Logarithmus bei der Klasse $\mathfrak{L}$ — in die Klasse $\mathfrak{N}$ transformiert werden können. Für solche Klassen lassen sich also Rationalitätskriterien, ähnlich dem Theorem 5, aufstellen.

Beispiele:

(a) Die Präferenzfunktion $\psi(m, s^2) = m - s^2$, die ja auf der Klasse der Normalverteilungen sich als rational erwiesen hatte, ist jetzt unrational. Denn mit (16) wird daraus $g(\mu, t) = e^{\mu + t} - e^{2\mu + 4t} + e^{2\mu + 2t}$, und es zeigt sich, daß der Quotient Q des Zusatzes 3 zum Theorem 4 auf den Indifferenzlinien von g nicht konstant ist: $Q = 2(1 - 2e^{\mu + 3t} + 2e^{\mu + t})^{-2}$.

(b) Umgekehrt kann man aus der für die Normalverteilungen rationalen Präferenzfunktion $g(\mu, t) = \mu - at$ mit (16) eine rationale Präferenzfunktion auf der Klasse der logarithmischen Normalverteilungen gewinnen, nämlich

$$\psi(m, s^2) = (2 + a) \log m - \frac{1 + a}{2} \log(m^2 + s^2).$$

Nun sind drei Fälle zu unterscheiden:

1. $a = -2$. Dann erhält man mit Hilfe der monotonen Transformation $U(\psi) = e^\psi$ die einfache Präferenzfunktion

$$\bar{\psi}(m, s^2) = q = \sqrt{m^2 + s^2},$$

worin q das quadratische Mittel bedeutet.

2. $a > -2$. Man erhält eine einfachere Gestalt für die Präfernze-funktion, wenn man jetzt die monotone Transformation

$$U(\psi) = \exp\left(\frac{\psi}{2+a}\right)$$

ausübt:

$$\bar{\psi}(m, s^2) = \frac{m}{q^b}, \qquad b = \frac{1+a}{2+a}.$$

3. $a < -2$. Jetzt ist die monotone Transformation

$$U(\psi) = \exp\left(\frac{-\psi}{2+a}\right)$$

anzuwenden, und man erhält:

$$\bar{\psi}(m, s^2) = \frac{q^b}{m}, \qquad b \text{ wie oben}.$$

Die zugehörige Nutzenfunktion lautet in allen drei Fällen, aber für $a \neq 0$, nach (15) wegen[1]

$$u_N(x) = -\frac{1}{a} e^{-ax}:$$

$$u(x) = -x^{-a}, \quad x > 0, \quad \text{falls} \quad a > 0$$

$$u(x) = x^{-a}, \quad x > 0, \quad \text{falls} \quad a < 0,$$

wobei der Faktor $\frac{1}{a}$ $\left(\text{bzw.} -\frac{1}{a}\right)$ fortmultipliziert wurde.

Das sind für alle Exponenten $a > -1$ monoton steigende Nutzen-funktionen, die also dem Normalfall genügen. Sie haben zudem ab-nehmenden Grenznutzen. Dagegen sind die Nutzenfunktionen mit $a < -1$ wenig realistisch. $a = -2$ liefert die quadratische Nutzenfunktion $u(x) = x^2$. Für $a < 0$ sind die Nutzenfunktionen unbeschränkt.

Es lohnt sich, den Bereich $-1 \leq a < 0$ näher zu betrachten. Ihm ent-spricht der Bereich $0 \leq b < \frac{1}{2}$ für die Präferenzfunktion

$$\overline{\Psi}(m, s^2) = \frac{m}{q^b}.$$

Die Nutzenfunktionen sind Potenzfunktionen x^c mit $0 < c \leq 1$. Mit $a = -1$ erhalten wir das μ-Prinzip: $u(x) = x$, $\bar{\psi}(m, s^2) = m$. Der Fall $a = -\frac{1}{2}$ liefert CRAMERs Nutzenfunktion $u(x) = \sqrt{x}$ (vgl. S. 65 und Abb. 12) und $\bar{\psi}(m, s^2) = m/\sqrt[3]{q}$. Alle diese Nutzenfunktionen erscheinen

---

[1] Vgl. Beispiel (a) von 4.3.2.

mit ihrem abnehmenden (oder zumindest nicht zunehmenden) Grenznutzen vernünftig, obwohl die zugehörigen Nutzenfunktionen $u_N(x)$
für Normalverteilungen einen konvexen Verlauf zeigen. Es bleibt der
Fall $a=0$. Die Präferenzfunktion lautet

$$\psi(m, s^2) = \frac{m}{\sqrt{q}}.$$

Die zugehörige Funktion für Normalverteilungen ist $g(\mu, t) = \mu$ mit
$u_N(x) = x$ und daher nach (15)

$$u(x) = \log x, \quad x > 0.$$

Das ist DANIEL BERNOULLIs Nutzenfunktion (vgl. S. 65 und Abb. 12).

(c) In der Präferenzfunktion des vorangehenden Beispiels, Fall 2,
war wegen $a > -2$ für die Konstante b nur das Intervall $-\infty < b < 1$
vorgesehen. Hier sei der Grenzfall $b = 1$ untersucht. Man hat

$$\psi(m, s^2) = \frac{m}{q}.$$

Daher ist nach (16)

$$g(\mu, t) = e^{-t}$$

eine unrationale Präferenzfunktion, weil $g_\mu = 0$ und $g_t \neq 0$ und daher (10)
nicht erfüllbar ist.

Die Beispiele (b) und (c) zeigen, daß Nutzenfunktionen in Gestalt
einer Potenzfunktion oder einer logarithmischen Funktion zu sehr einfachen Präferenzfunktionen auf $\mathfrak{L}$ führen. Sie verwenden das quadratische Mittel q als Risikomaß: Je größer dieses ist — bei gleichbleibendem
Mittelwert m —, um so geringer wird (bei konkaver Nutzenfunktion)
die Verteilung bewertet. Ausgerechnet die einfachste dieser Präferenzfunktionen ($\psi = m/q$) ist, wie Beispiel (c) zeigt, unrational.

4.5. Einfache Alternativen

Wir betrachten nun einen sehr einfachen Typ von Wahrscheinlichkeitsverteilungen: die einfache Alternative A. Sie entspricht einem Lotte-
rielos, das nur zwei Beträge x und y — je nach ihrem Vorzeichen sind sie
als Gewinne oder als Verluste anzusehen — auszuspielen hat und das
beiden die gleiche Chance gibt:

$$A_{xy} = (x \tfrac{1}{2} y).$$

x und y kommen also je mit Wahrscheinlichkeit $\tfrac{1}{2}$ vor. Durch den Wurf
einer (idealen) Münze kann entschieden werden, welcher der beiden
Beträge realisiert wird.

Die einfachen Alternativen werden gern bei der experimentellen Bestimmung von Nutzenfunktionen verwandt[1]. In der Tat kann man z. B.
auf folgende Weise mit Hilfe einfacher Alternativen in mehr oder weniger
grober Form eine Nutzenfunktion berechnen: Man wähle drei Beträge
x_0, y_0, y_1, von denen y_0 und y_1 möglichst nahe beieinander liegen,
wobei $y_1 \succ y_0$, und gebe den Nutzen von x_0 und die Nutzendifferenz
zwischen y_0 und y_1 beliebig vor: $u(x_0) = u_0$, $u(y_1) - u(y_0) = d$ (Maßeinheit). Alsdann bestimme man den Betrag x_1 so, daß die Alternative
$A_{x_1 y_0}$ indifferent zur Alternative $A_{x_0 y_1}$ wird. Trifft die Hypothese eines
erwartungstreuen Nutzens zu, dann folgt aus der aufgefundenen Indifferenz, daß die beiden Alternativen die gleiche Nutzenerwartung
haben, d. h. daß

$$\tfrac{1}{2}\big(u(x_1) + u(y_0)\big) = \tfrac{1}{2}\big(u(x_0) + u(y_1)\big),$$

woraus sofort der Nutzen von x_1 berechnet werden kann:

$$u(x_1) = u_0 + d.$$

Alsdann sucht man denjenigen Betrag x_2 auf, bei dem $A_{x_2 y_0} \sim A_{x_1 y_1}$ ist
und berechnet, wie eben, den Nutzen von x_2:

$$u(x_2) = u(x_1) + d = u_0 + 2d.$$

Analog wird x_3 so bestimmt, daß $A_{x_3 y_0} \sim A_{x_2 y_1}$, woraus

$$u(x_3) = u(x_2) + d = u_0 + 3d$$

resultiert.

So fortfahrend, erhält man eine Kette von Beträgen $x_0, x_1, x_2, \ldots$,
mit gleichen Nutzenabständen d. Durch Interpolation kann die Nutzenfunktion für dazwischenliegende Werte geschätzt werden (vgl. Abb. 31;
dort wurde $y_0 = x_0$ und $y_1 = x_1$ gesetzt).

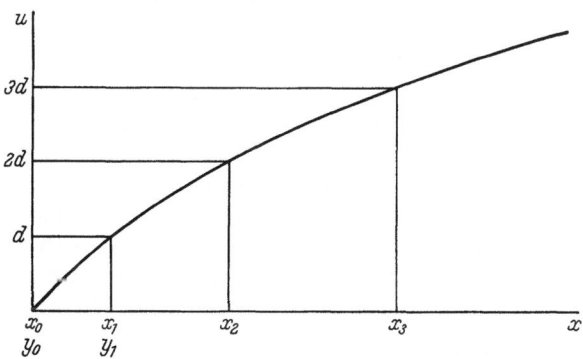

Abb. 31. Nutzenmessung mit Hilfe einfacher Alternation

[1] Vgl. z. B. Davidson, Suppes und Siegel [1957].

Diese Methode der Nutzenmessung ist für empirische Zwecke deshalb so vorteilhaft und den früher in 2.3.3. beschriebenen Verfahren vorzuziehen, weil sie zur Erzeugung der einfachen Alternativen nur ein Ereignis mit der Eintretenswahrscheinlichkeit $\frac{1}{2}$ braucht — z.B. das Ergebnis eines Münzenwurfes. Andere Wahrscheinlichkeiten, die ja zumeist subjektiv verfälscht erscheinen, werden nicht benötigt. Im Gegenteil, nach erfolgter Nutzenmessung können jetzt die subjektiven Wahrscheinlichkeiten anderer Ereignisse mit Hilfe der aufgefundenen Nutzenfunktion ebenfalls experimentell ermittelt werden[1].

Das geschilderte Meßverfahren ist verwandt mit einer alten von IRVING FISHER [1892] vorgeschlagenen Methode der Nutzenmessung[2], die freilich keine Wahrscheinlichkeitsmischungen $x\frac{1}{2}y$, dafür aber zwei verschiedene Güter X und Y verwendet: Wieder wird der Nutzen u_0 der Menge x_0 des Gutes X beliebig festgesetzt; wieder wird der Nutzenabstand d der Mengen y_0 und y_1 des Vergleichsgutes Y als Maßeinheit zugrunde gelegt. Alsdann werden die Mengen $x_1, x_2, \ldots$ des Gutes X nacheinander so bestimmt, daß die Güterkombinationen $(x_1, y_0) \sim (x_0, y_1)$, $(x_2, y_0) \sim (x_1, y_1)$ usw. sind. Zum Beispiel kann die Indifferenz von (x_2, y_0) und (x_1, y_1) so festgestellt werden, daß man von dem Güterkorb (x_1, y_0) ausgeht, eine Erhöhung von y_0 auf y_1 anbietet und danach fragt, um wieviel die Menge x_1 bis zur Menge x_2 vermehrt werden muß, damit der Korb (x_2, y_0) der angebotenen Kombination (x_1, y_1) indifferent wird. Die Nutzendifferenz zwischen x_1 und x_2 setzt dann FISHER gleich der Einheit d und erhält so in derselben Weise, wie oben beschrieben, eine Nutzenfunktion für das Gut X.

Die so konstruierte Nutzenfunktion muß nun freilich bei jeder anderen Wahl von x_0, y_0, y_1 im wesentlichen erhalten bleiben, d.h. bis auf eine Nullpunktverschiebung und bis auf die Maßeinheit. Voraussetzung dafür ist die Unabhängigkeit der beiden Güter X und Y — d.h., sie dürfen weder Substitute noch Komplemente sein. Eine analoge Forderung ist — wie wir sehen werden — an die Präferenzstruktur der einfachen Alternativen zu stellen, damit überhaupt eine Nutzenfunktion existiert.

Man kann, wenn man will, die Analogie zwischen einfachen Alternativen und (zweistelligen) Warenkörben weiter treiben, indem man die Beträge x und y einer Alternative A_{xy} als Mengen der „Güter" X und Y ansieht, wobei X ein Einkommen, verbunden mit dem Ereignis „Kopf" eines Münzenwurfes, bedeutet und Y ebenfalls ein Einkommen, aber verbunden mit dem Komplementärereignis „Zahl". Durch diesen Trick macht man aus dem einen Gut „Einkommen" oder „Geld" zwei neue Güter, die zu den „Güterkörben" A_{xy} zusammengestellt werden können.

---

[1] Die logischen Grundlagen für dieses Verfahren lieferte RAMSEY [1931], bes. Kap. VII: Truth and Probability, S. 156—198.

[2] Vgl. auch SCHNEEWEISS [1963].

So ist es nicht verwunderlich, daß man eine Präferenzstruktur auf der Klasse der einfachen Alternativen — genau wie im Falle der zweistelligen Güterkörbe — durch ein Indifferenzkurvenfeld in der (x, y)-Ebene darstellen kann, das etwa folgende Gestalt hat:

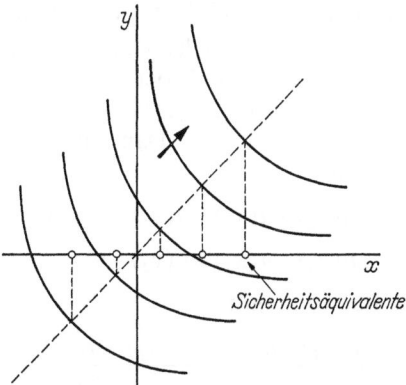

Abb. 32. Indifferenzkurven für einfache Alternation

Da x und y negativ sein können, erfüllt das Indifferenzkurvenfeld die ganze (x, y)-Ebene, nicht nur den ersten Quadranten. Ein wichtiger Unterschied zum Zwei-Güter-Indifferenzfeld besteht in der Symmetrie der Alternativen-Indifferenzlinien zur 45°-Linie. Sie folgt aus der Möglichkeit, in einer Alternative A_{xy} die Beträge x und y vertauschen zu können, ohne daß sie sich dabei ändert:

$$A_{xy} = A_{yx} \quad \text{oder} \quad x \tfrac{1}{2} y = y \tfrac{1}{2} x.$$

Auf der 45°-Linie befinden sich die sicheren Einkommen, denn mit $x = y$ ist $A_{xy} = A_{xx} = x \tfrac{1}{2} x = x$. Projiziert man daher den Schnittpunkt einer Indifferenzkurve mit der 45°-Linie auf die x- oder y-Achse, dann kann man dort das zugehörige Sicherheitsäquivalent ablesen.

In Analogie zu Satz 5 kann man über die Form der Indifferenzlinien den folgenden Satz formulieren:

Satz 8: $\mathfrak{A}$ sei die Klasse der einfachen Alternativen, auf der durch eine Nutzenfunktion u nach dem Bernoulli-Prinzip eine Präferenzordnung induziert sei. Dann lassen sich folgende vier Fälle unterscheiden:

1. u ist monoton steigend, dann zeigt der Präferenzpfeil von links unten nach rechts oben (wie in der Abb. 32).

2. u ist monoton fallend, dann zeigt der Präferenzpfeil von rechts oben nach links unten.

3. u ist streng konkav steigend oder konvex fallend, dann sind die Indifferenzlinien streng konvex.

4. u ist streng konvex steigend oder konkav fallend, dann sind die Indifferenzlinien streng konkav.

In allen Fällen sind die Indifferenzlinien fallende Kurven.

Beweis: Da 1. und 2. und ebenso der letzte Satz von selbst einleuchten, genügt es, einen der analogen Fälle 3. oder 4. zu beweisen. Sei also z. B. u konkav steigend[1] und seien (x_1, y_1), (x_2, y_2), (x_3, y_3) drei Punkte auf einer Indifferenzkurve, $x_1 < x_2 < x_3$. Dann ist $u(x_1) + u(y_1) = u(x_2) + u(y_2) = u(x_3) + u(y_3)$, also

$$u(x_2) - u(x_1) = u(y_1) - u(y_2),$$
$$u(x_3) - u(x_2) = u(y_2) - u(y_3).$$
(17)

Wegen der Konkavität von u gilt

$$\frac{u(x_2) - u(x_1)}{x_2 - x_1} > \frac{u(x_3) - u(x_2)}{x_3 - x_2}.$$

Durch Einsetzen der Beziehungen (17) wird daraus:

$$\frac{u(y_1) - u(y_2)}{x_2 - x_1} > \frac{u(y_2) - u(y_3)}{x_3 - x_2}$$

oder (weil u monoton steigt und daher die Zähler positiv sind):

$$\frac{u(y_1) - u(y_2)}{u(y_2) - u(y_3)} > \frac{x_2 - x_1}{x_3 - x_2}.$$
(18)

Nun ist (wegen (17) und weil u monoton steigt) $y_3 < y_2 < y_1$ und daher wieder wegen der Konkavität von u:

$$\frac{u(y_2) - u(y_3)}{y_2 - y_3} > \frac{u(y_1) - u(y_2)}{y_1 - y_2}$$

oder (wieder weil u monoton steigt):

$$\frac{y_1 - y_2}{y_2 - y_3} > \frac{u(y_1) - u(y_2)}{u(y_2) - u(y_3)}.$$

Zusammen mit (18) folgt dann

$$\frac{y_1 - y_2}{y_2 - y_3} > \frac{x_2 - x_1}{x_3 - x_2}$$

oder

$$\frac{y_2 - y_1}{x_2 - x_1} < \frac{y_3 - y_2}{x_3 - x_2}.$$

---

[1] Das Adverb „streng" wird im folgenden immer ausgelassen. Im übrigen kann man entsprechende Aussagen für nicht streng konkave Funktionen machen.

Diese Ungleichung bringt aber gerade zum Ausdruck, daß die drei (beliebig gewählten) Punkte der Indifferenzkurve auf einer konvexen Kurve liegen. Folglich ist die Indifferenzkurve insgesamt konvex, was zu beweisen war.

Fragen wir uns nun, unter welchen Bedingungen eine beliebige Präferenzstruktur auf der Klasse $\mathfrak{A}$ der einfachen Alternativen als durch eine Nutzenfunktion induziert gedacht werden kann. Hierüber gibt zunächst der folgende Hilfssatz eine vorläufige Auskunft:

Hilfssatz 4.7: Eine Präferenzfunktion $\overline{\psi}(x, y)$ auf der Klasse $\mathfrak{A}$ der einfachen Alternativen A_{xy} ist dann und nur dann gleich dem Erwartungswert einer differenzierbaren Nutzenfunktion u (d. h. $\overline{\psi}(x, y) = \frac{1}{2}[u(x) + u(y)]$), wenn

$$\frac{\partial^2 \overline{\psi}}{\partial x \, \partial y} = 0. \tag{19}$$

Beweis: Aus $\overline{\psi}(x, y) = \frac{1}{2}[u(x) + u(y)]$ folgt sofort die angegebene Differentialgleichung (19). Umgekehrt liefert diese durch Integration: $\overline{\psi}(x, y) = u(x) + v(y)$ mit beliebigen differenzierbaren Funktionen u und v. Wegen $A_{xy} = A_{yx}$ und daher $\overline{\psi}(x, y) = \overline{\psi}(y, x)$ folgt schließlich, daß $u = v$ bis auf eine Konstante, die man ohne Beschränkung der Allgemeinheit gleich Null setzen darf. Klammert man noch den Faktor $\frac{1}{2}$ aus, dann erhält $\overline{\psi}$ die gewünschte Form.

Die Nutzenfunktion u erscheint in der Präferenzfunktion auf der 45°-Linie:

$$u(x) = \overline{\psi}(x, x).$$

Das Ergebnis dieses Hilfssatzes ist wohlbekannt — besonders im Zusammenhang mit der Frage nach einem „additiven" Nutzen für unabhängige Güter[1]. Der Hilfssatz ist jedoch nur eine Vorstufe zu der eigentlichen Antwort der eingangs gestellten Frage, berücksichtigt er doch nicht die Tatsache, daß Präferenzfunktionen nur bis auf monotone Transformationen bestimmt sind. Die gesuchte Antwort[2] finden wir in dem

Theorem 6: Eine Präferenzfunktion $\psi(x, y)$ auf der Klasse $\mathfrak{A}$ ist dann und nur dann von einer differenzierbaren Nutzenfunktion u induziert (d. h. $\psi(x, y) = U(\frac{1}{2}[u(x) + u(y)])$) mit einer streng monoton

---

[1] Vgl. etwa SAMUELSON [1947], bes. S. 174.
[2] Der Hilfssatz 4.7 und Theorem 6 stehen in einem ähnlichen Verhältnis zueinander wie Hilfssatz 4.5 und Theorem 4 für die Klasse $\mathfrak{N}$. Die Theoreme 4 und 6 haben Ähnlichkeit mit Theorem 1 und dem Korrolar zu Theorem 1′ (S. 89 f. und 94) einerseits, sowie mit dem für das Präferenzfeld der einfachen Chancen und Risiken auf S. 71 f. angegebenen Kriterium andererseits.

steigenden, zweimal differenzierbaren Transformationsfunktion U),
wenn

$$\frac{\partial^2 \psi}{\partial x \partial y} = \frac{\partial \psi}{\partial x} \cdot \frac{\partial \psi}{\partial y} \cdot G(\psi(x,y)) \tag{20}$$

mit einer beliebigen, integrierbaren Funktion G. Dabei erfüllt
$V = U^{-1}$ die lineare Differentialgleichung:

$$V'' + V' G(z) = 0. \tag{21}$$

Und u errechnet sich aus

$$u(x) = V(\psi(x,x)). \tag{22}$$

Beweis: Wir bemerken zunächst, daß das Argument von U,
$\frac{1}{2}[u(x)+u(y)]$, gerade die Funktion $\bar{\psi}(x,y)$ des Hilfssatzes 4.7 ist. Sei
also $\psi = U \circ \bar{\psi}$, dann ist $\psi_x = U' \bar{\psi}_x$, $\psi_y = U' \bar{\psi}_y$ und $\psi_{xy} = U'' \bar{\psi}_x \bar{\psi}_y + U' \bar{\psi}_{xy} = U'' \bar{\psi}_x \bar{\psi}_y$ wegen (19). Zusammen folgt:

$$\psi_{xy} = \frac{U''}{U'^2} \psi_x \psi_y.$$

In U''/U'^2 haben wir die gesuchte Funktion $G \circ \psi$ vor uns, da dieser
Quotient nur über $\bar{\psi}$ und damit über ψ von x und y abhängt. Damit ist
die Richtigkeit von (20) gezeigt. Aus dem anläßlich des Beweises zum
Theorem 4 formulierten Hilfssatz 4.6 folgt dann sofort Gl. (21). (22) versteht sich von selbst.

Sei nun umgekehrt die Differentialgleichung (20) erfüllt. Dann löse[1]
man die Differentialgleichung (21) und bilde $\bar{\psi} = V \circ \psi$. Alsdann ist
$\bar{\psi}_x = V' \psi_x$, $\bar{\psi}_y = V' \psi_y$ und $\bar{\psi}_{xy} = V'' \psi_x \psi_y + V' \psi_{xy} = V'(\psi_{xy} - G(\psi)\psi_x\psi_y)$
$= 0$ wegen (20). Folglich ist nach dem Hilfssatz $\bar{\psi}(x,y) = \frac{1}{2}[u(x)+u(y)]$
und daher ψ von der gewünschten Form. Damit ist Theorem 6 bewiesen.

Bemerkungen: Die Gl. (20) setzt implizite die Differenzierbarkeit der
Präferenzfunktion voraus. Man kann diese Voraussetzung fallenlassen,
wenn man statt dessen die Bedingung stellt, daß ψ durch eine geeignete
monotone Transformation differenzierbar gemacht werden kann. Ist
das nicht möglich, dann ist eben ψ nicht aus einer differenzierbaren
Nutzenfunktion hervorgegangen. Das Theorem kann auch so umformu-
liert werden, daß es auch für nichtdifferenzierbare Nutzenfunktionen eine
analoge Aussage macht; doch sind dann die Differentialgleichungen
(20) und (21) durch entsprechende Differenzengleichungen zu ersetzen.

Theorem 6 ist völlig analog zum Theorem 4 gebaut: Die Differentialgleichung (21) ist identisch mit (8); (20) entspricht der Beziehung (10).
Um die Analogie noch deutlicher hervortreten zu lassen, wollen wir
Theorem 6 so umformulieren, daß die Präferenzfunktion als Funktion
von μ und $t = \sigma^2/2$ erscheint.

---

[1] Die Lösung ist in (9) angegeben.

Es ist nämlich $\mathfrak{A}$ eine Zwei-Parameter-Klasse mit den Parametern x und y, die man in die Parameter μ und σ (bzw. t) transformieren kann durch

$$\mu = \frac{x+y}{2}$$

$$\sigma = \frac{|x-y|}{2} \quad \text{bzw.} \quad t = \frac{(x-y)^2}{8}. \tag{23}$$

Da die ausgearteten Verteilungen (A_{xy} mit $x=y$) zu $\mathfrak{A}$ hinzugerechnet werden, ist $\mathfrak{A}$ eine vollständige lineare (μ, σ)-Klasse. Auf $\mathfrak{A}$ sind daher die Sätze 5, 6 und 7 anwendbar.

Setzt man nun[1] mittels (23)

$$\psi(x, y) \equiv g(\mu, t),$$

dann kann im Theorem 6 die Differentialgleichung (20) durch

$$\frac{\partial^2 g}{\partial \mu^2} - \frac{\partial g}{\partial t} - 2t \frac{\partial^2 g}{\partial t^2} = \left[\left(\frac{\partial g}{\partial \mu} \right)^2 - 2t \left(\frac{\partial g}{\partial t} \right)^2 \right] G\big(g(\mu, t)\big) \tag{24}$$

ersetzt werden, denn es ist

$$\psi_{xy} = \frac{1}{4} g_{\mu\mu} - \frac{t}{2} g_{tt} - \frac{1}{4} g_t \quad \text{und} \quad \psi_x \psi_y = \frac{1}{4} g_\mu^2 - \frac{t}{2} g_t^2.$$

Dies in (20) eingesetzt, ergibt gerade (24). Man sieht die Ähnlichkeit mit der Gl. (10) von Theorem 4.

Bei der Verwendung des Kriteriums (24) ist jedoch darauf zu achten, daß (24) nur für $x \neq y$ bzw. $t > 0$ hergeleitet werden kann, weil bei $x=y$ bzw. $t=0$, die Transformation (23) irregulär wird und daher dort g_t bzw. g_{tt} nicht zu existieren braucht. Nun ist bei $x=y$ immer $\psi_x = \psi_y$, woraus folgt, daß bei $\sigma=0$ die Ableitung nach σ der Präferenzfunktion g, wenn diese als Funktion von μ und σ ausgedrückt wird, gleich Null ist. Diese Eigenschaft — sie ist übrigens gleichbedeutend damit, daß die Indifferenzlinien im (μ, σ)-Diagramm (gemäß Satz 7) senkrecht in die μ-Achse einmünden — ist der Gl. (24) ergänzend für den Fall $t=0$ beizufügen.

Beispiele:

(a) Die Präferenzfunktion $g(\mu, t) = \mu - at$ ist — wie wir sahen — auf $\mathfrak{R}$ rational [vgl. 4.3.2., Beispiel (a)]. Ist sie das auch auf $\mathfrak{A}$? Die Gl. (24) wird hier

$$a = (1 - 2a^2 t) G(\mu - at),$$

---

[1] Bei ihren Experimenten zur Ermittlung individueller Nutzenfunktionen verwenden DAVIDSON und MARSCHAK die Klasse $\mathfrak{A}$, beziehen aber das Risikoverhalten auf die Parameter μ und σ, statt auf x und y. Vgl. DAVIDSON und MARSCHAK [1959], Kap. 13. Man findet Bilder von experimentell ermittelten Präferenzfunktionen (von denen noch μ subtrahiert wurde) auf der Klasse $\mathfrak{A}$ mit den Parametern μ und σ bei ROYDEN, SUPPES und WALSH [1959].

die offenbar durch keine Funktion G erfüllt werden kann. Folglich ist $\mu - at$ auf $\mathfrak{A}$ keine rationale Präferenzfunktion ($a \neq 0$).

(b) $g(\mu, t) = \mu - a\sqrt{2t}(= \mu - a\sigma)$ würde (24) mit $G \equiv 0$ erfüllen, doch ist $\partial g/\partial \sigma = -a \neq 0$.

Auch sieht man, daß die zugehörige Funktion $2\psi(x, y) = (x+y) - a|x-y|$ bei $x = y$ nicht differenzierbar ist. Also ist auch diese Präferenzfunktion auf $\mathfrak{A}$ nicht rational.

(c) Es sei $\psi(x, y) = xy$, $x > 0$, $y > 0$. (20) ergibt

$$1 = x \cdot y \cdot G(xy),$$

was mit $G(z) = 1/z$ zu erfüllen ist. Dies in (21) eingesetzt, liefert die Lösung $V(z) = \log z$ und damit die Nutzenfunktion

$$u(x) = 2\log x.$$

Es liegt also eine rationale Präferenzfunktion für den positiven Quadranten vor.

Fünftes Kapitel

Das μ-Kriterium im Wiederholensfall

5.1. Definition und allgemeine Eigenschaften

Eine einmalig vorkommende Risikosituation wird nicht nur nach ihrer mathematischen Erwartung (Mittelwert), sondern ebenso nach ihrer Streuung, ihrer Risikowahrscheinlichkeit, ihrer Schiefe usw. beurteilt, zusammenfassend: nach der moralischen Erwartung bezüglich einer vorgegebenen (subjektiven) Nutzenfunktion, gemäß dem Bernoulli-Prinzip. Steht jedoch der Entscheidende einer Risikosituation gegenüber, die sich ihm in bestimmten Perioden wieder und wieder in derselben Form repräsentiert, die sich also — kurz gesagt — wiederholt, und zwar sehr oft — theoretisch unendlich oft — wiederholt, dann freilich genügt zu ihrer Beurteilung die Berücksichtigung des Mittelwertes allein: Von zwei solchen Risikosituationen wird (im Normalfall) die mit dem größeren Mittelwert vorgezogen, gleichgültig, wie sich die beiden zugehörigen Wahrscheinlichkeitsverteilungen sonst noch unterscheiden mögen.

Das ist eine weitverbreitete These, deren Allgemeingültigkeit ich in diesem Schlußkapitel einschränken möchte.

Früher, bei der Erörterung des μ-Kriteriums (S. 49 f.) wurde die Bedeutung dieser These hervorgehoben, indem auf die zahlreichen Möglichkeiten hingewiesen wurde, wo solche Situationen auftreten können und wo in der Praxis wie in theoretischen Arbeiten in der Tat das μ-Kriterium in reiner Form verwandt wird[1]. Voraussetzung war freilich, daß es demEntscheidenden nur auf die Endsumme ankommt[2], die sich bei häufiger Wiederholung ein und derselben „Lotterie" ergibt. Der Ent-

---

[1] Am ausgeprägtesten ist diese Situation bei Glücksspielen zu finden, und zwar vornehmlich auf seiten der Spielbank. So war auch die Einführung des Erwartungswertes in die Wahrscheinlichkeitsrechnung vor allem zur langfristigen Bewertung von Glücksspielen im Wiederholensfalle gedacht.

[2] Die Erkenntnis, daß die Voraussetzung keineswegs immer zutrifft bzw. daß Ungewißheitssituationen oft überhaupt einmalig sind, führte gerade zur Kritik am μ-Prinzip und damit zu den besprochenen Kriterien. Aber diese Kritik nahm immer (mehr oder weniger stillschweigend) an, daß im Wiederholensfall das μ-Kriterium sehr wohl vernünftig sci. Vgl. z.B. MOXTER [1962] sowie Fußnote 1 auf S. 12. Der meines Wissens einzige Aufsatz, der betont, daß das μ-Kriterium im Wiederholensfall keineswegs selbstverständlich ist, stammt von SAMUELSON [1963]. SAMUELSON geht sogar noch weiter, indem er die Meinung äußert, das μ-Kriterium im Wiederholensfall werde zumeist nicht befolgt.

scheidende soll also weder durch hohe zeitweilige Verluste ruiniert werden
können noch eventuelle Zwischengewinne gewinnbringend anlegen
dürfen.

Diese Voraussetzung liegt auch der folgenden Untersuchung zugrunde. Auch wird angenommen, daß der Normalfall (das Monotonieprinzip) vorliegt, und daß jede Wahrscheinlichkeitsverteilung ein Sicherheitsäquivalent besitzt (Stetigkeitsprinzip). Wie wir wissen (vgl.
Satz 3), kann dann das (eindeutig bestimmte) Sicherheitsäquivalent als Präferenzfunktional angesehen werden.

Wir werden uns auf die Klasse der Normalverteilungen beschränken,
ohne damit die Allgemeingültigkeit der folgenden Erörterungen wesentlich einzuschränken. Denn die Wahrscheinlichkeitsverteilung einer
Summe von unabhängigen Zufallsvariablen, die alle dem gleichen Ver-
teilungsgesetz gehorchen (und deren erstes Moment existiert), konvergiert mit wachsender Zahl der Summanden ohnehin gegen eine Normalverteilung, und da es uns nur auf das asymptotische Verhalten dieser
Summe ankommt, kann es nichts schaden, wenn wir von vornherein
annehmen, daß schon die ursprüngliche Risikosituation durch eine
Normalverteilung sich beschreiben läßt. Sei also $N = N_{\mu\sigma}$ eine Normalverteilung mit Mittelwert μ und Standardabweichung σ, und sei $N^n = N_{\mu\sigma}^n$
die Normalverteilung der Summe von n unabhängigen nach $N_{\mu\sigma}$ normal-
verteilten Zufallsvariablen. Letztere hat bekanntlich den Mittelwert $n\mu$
und die Standardabweichung $\sqrt{n}\,\sigma$, d.h. es ist

$$N_{\mu,\,\sigma}^n = N_{n\,\mu,\,\sqrt{n}\,\sigma}\,.$$

Die Standardabweichung wird also *im Verhältnis zum Mittelwert* mit
zunehmendem n beliebig klein. Sie kann daher bei der Beurteilung der
Normalverteilung N unberücksichtigt bleiben — sofern eben der Entscheidende das Risiko einer Normalverteilung nur durch den Variationskoeffizienten σ/μ und nicht direkt durch die Standardabweichung σ mißt.
Ein solches Risikoverhalten ist aber nur eines unter vielen möglichen.
Beurteilt der Entscheidende das Risiko nicht nach dem Wert des Variationskoeffizienten, dann ist nicht einzusehen, wieso er die Standardabweichung nicht berücksichtigen sollte, denn diese wächst mit zunehmendem n über alle Grenzen (wenn auch bedeutend langsamer als der
Mittelwert).

Immerhin läßt sich ein sehr plausibles Argument zugunsten eines
Risikoverhaltens, das die Standardabweichung nicht berücksichtigt, ins
Feld führen: Aus der Eigenschaft des Variationskoeffizienten von N^n,
mit wachsendem n gegen Null zu tendieren, folgt, daß von zwei Normal-
verteilungen diejenige mit dem größeren Mittelwert mit beliebig hoher
Wahrscheinlichkeit den größeren Gewinn einspielt, sofern nur n, die
Zahl der Wiederholungen, genügend groß ist. Das Verhältnis der beiden

Streuungen zueinander spielt dabei keine Rolle. Dieser Sachverhalt — also letztlich das Gesetz der großen Zahlen — wird gewöhnlich als Begründung des μ-Kriteriums bei sich häufig wiederholenden Risikosituationen angeführt (vgl. S. 49)[1].

Jedoch, so vernünftig nach dieser Argumentation das μ-Kriterium im Wiederholensfalle auch erscheinen mag, denkbar sind sehr wohl auch andere Verhaltensweisen. Man stelle sich etwa vor, daß der Entscheidende bestrebt ist, allein die Verlustwahrscheinlichkeit P_0 zu minimieren, ohne Rücksicht auf eventuelle Vorzüge der einen oder anderen zur Wahl stehenden Wahrscheinlichkeitsverteilungen[2]. Ihm wird eine Normalverteilung $N = N_{\mu\sigma}$ mit $\mu > 0$ angeboten, die beliebig oft „ausgespielt" werden soll. Nach n-maliger Wiederholung des Spiels erhielte er eine Summe, die der Verteilung N^n folgt, die also mit wachsendem n einen immer höheren Betrag mit immer größerer Wahrscheinlichkeit anzunehmen verspricht. Jedoch ist bei noch so großem n die Verlustwahrscheinlichkeit P_0 bei der Verteilung N^n positiv (wenn sie auch gegen Null tendiert), und da der Entscheidende, wie vorausgesetzt, sich streng nach dem P_0-Prinzip richtet, wird er das Angebot der Normalverteilung N^n — wie groß auch n sein mag — ablehnen und den sicheren status quo vorziehen, bei dem er jedenfalls keinen Verlust erleiden kann ($P_0 = 0$). Andererseits hat der status quo den Mittelwert 0, und somit würde die Ablehnung von $N_{\mu\sigma}$ bei $\mu > 0$ dem μ-Kriterium widersprechen.

Ein solches Verhalten wäre noch nicht einmal unrational zu nennen, genügt es doch dem Bernoulli-Prinzip. Freilich ist die zugehörige Nutzenfunktion (vgl. S. 96) äußerst unplausibel, wenn nicht unvernünftig. Aber es gibt noch andere, sehr vernünftig erscheinende Nutzenfunktionen, die ebenfalls dem μ-Kriterium (auch im Wiederholensfall) widersprechen. Die Funktion $u(x) = -e^{-ax}$, $a > 0$, ist z.B. eine solche (vgl. S. 178 und S. 147 sowie Abb. 26).

Bevor wir das beweisen, soll der Inhalt des μ-Kriteriums im Wiederholensfall, wie wir ihn hier verstehen, präzisiert und danach eine allgemeine Beziehung zum Sicherheitsäquivalent hergestellt werden.

Definition: Wir sagen, daß ein Präferenzverhalten dem *μ-Kriterium im Wiederholensfall* gehorcht, wenn für irgend zwei Normalverteilungen $N_{\mu_1\sigma_1}$ und $N_{\mu_2\sigma_2}$ mit $\mu_1 > \mu_2$ es eine Zahl n_0 (von Wiederholungen) gibt,

---

[1] Vgl. z.B. KRELLE [1961], bes. S. 100ff. KRELLEs Beweisführung verläuft übrigens etwas anders als der hier vorgetragene Gedankengang. Vgl. auch MASSÉ [1959]. Dasselbe Argument führt auch LATANÉ [1959] an, jedoch mit einer interessanten Modifikation. Er nimmt an, daß jeder Gewinn sofort reinvestiert wird. Die Zufallsvariable, auf die es hier ankommt, ist dann also nicht der Periodengewinn, sondern die Verzinsungsrate, während der Gewinn noch von dem Einsatz abhängt. Unter diesen Annahmen ist diejenige Investition zu wählen, deren Verzinsungsrate nicht das größte arithmetische Mittel, sondern das größte geometrische Mittel hat.

[2] Vgl. das P_0-Prinzip auf S. 58, Fußnote 1.

so daß für alle $n>n_0$ die Präferenz $N^n_{\mu_1\sigma_1}\succ N^n_{\mu_2\sigma_2}$ besteht (wobei es gleichgültig ist, ob auch $N_{\mu_1\sigma_1}\succ N_{\mu_2\sigma_2}$ oder nicht).

Man beachte, daß diese Definition nichts über den Fall $\mu_1=\mu_2$ aussagt. Auch wird keine Aussage über die Größe von n_0 gemacht. KRELLE[1] setzt n_0 so fest, daß für alle $n>n_0$ die Wahrscheinlichkeit, bei $N^n_{\mu_1\sigma_1}$ einen kleineren Gewinn zu erhalten als bei $N^n_{\mu_2\sigma_2}$, unter eine vorgegebene (sehr kleine) Schranke fällt. Doch erscheint eine solche Festsetzung als zu willkürlich und nur zu bestimmten Präferenzstrukturen gehörig. Hier wird jedenfalls die Frage nach dem n_0 offengelassen. Die Definition besagt also nur, daß von einer gewissen (woher auch immer bestimmten) Anzahl von Wiederholungen ab die Verteilung mit dem größeren Mittelwert vorgezogen wird. Sie verschärft insofern den bisher eher intuitiv gebrauchten Begriff des μ-Kriteriums im Wiederholensfall, als hier nicht mehr von einer „sehr häufigen" oder gar „unendlich oftmaligen" Wiederholung der Risikosituation die Rede ist, Ausdrücke, die entweder unpräzise oder widersinnig sind. Jedenfalls sind wir mit unserer Definition in der Lage, den folgenden Satz zu beweisen:

Satz 9: Eine Präferenzstruktur (auf der vollständigen Klasse der Normalverteilungen) folgt dann und nur dann dem μ-Kriterium im Wiederholensfall, wenn für alle μ und σ der folgende Grenzwert existiert und wenn

$$\lim_{n\to\infty}\frac{1}{n}\,S_n(\mu,\sigma)=\mu. \qquad (*)$$

Dabei bedeutet $S_n(\mu,\sigma)$ das Sicherheitsäquivalent von $N^n_{\mu\sigma}$.

Das ist die angekündigte Beziehung des μ-Kriteriums zum Sicherheitsäquivalent, eine Beziehung, die die Entscheidung, ob eine Präferenzstruktur dem μ-Kriterium im Wiederholensfall genügt oder nicht, unter Umständen sehr erleichtern kann. Um eine sinnvolle Anwendung des Satzes zu garantieren, ist die anfangs getroffene Voraussetzung zu beachten, daß nämlich zu jeder Normalverteilung ein eindeutig bestimmtes Sicherheitsäquivalent existiert.

Beweis des Satzes:

(a) Es sei zunächst vorausgesetzt, daß für alle μ und σ Gl. (*) richtig ist. Ist nun $\mu_1>\mu_2$, dann existiert wegen (*) ein n_0, so daß für alle $n>n_0$ auch

$$\frac{1}{n}\,S_n(\mu_1,\sigma_1)>\frac{1}{n}\,S_n(\mu_2,\sigma_2),$$

also auch $S_n(\mu_1,\sigma_1)>S_n(\mu_2,\sigma_2)$. Das heißt aber gerade, daß $N^n_{\mu_1\sigma_1}\succ N^n_{\mu_2\sigma_2}$, womit die Gültigkeit des μ-Kriteriums im Wiederholensfall nachgewiesen ist.

---

[1] KRELLE [1961], S. 106ff.

(b) Es sei nun umgekehrt die Gültigkeit dieses Kriteriums vorausgesetzt. Wir vergleichen $N_{\mu\sigma}$ mit der ausgearteten Verteilung $N_{\mu+\varepsilon,0}$ mit beliebigem $\varepsilon > 0$. Wegen $\mu+\varepsilon > \mu$ gibt es nach dem μ-Kriterium im Wiederholensfall ein n_0, so daß für alle $n > n_0$ gilt $N_{\mu+\varepsilon,0}^n \succ N_{\mu\sigma}^n$. Für die zugehörigen Sicherheitsäquivalente gilt dann entsprechend $S_n(\mu+\varepsilon, 0) > S_n(\mu, \sigma)$. Nun ist offenbar $S_n(\mu+\varepsilon, 0) = n(\mu+\varepsilon)$. Daher folgt aus der letzten Ungleichung: $\mu+\varepsilon > \dfrac{1}{n} S_n(\mu, \sigma)$ für alle $n > n_0$. Entsprechend zeigt man, daß $\mu-\varepsilon < \dfrac{1}{n} S_n(\mu, \sigma)$ für alle $n > n_0$. Da ε jeden noch so kleinen positiven Wert annehmen kann, folgt schließlich die Gl. (∗) und Satz 9 ist bewiesen[1].

5.2. Beispiele

a) Nun führen wir eine Klasse von Präferenzstrukturen vor, für das μ-Kriterium im Wiederholensfall nicht gilt. Es sind das alle Präferenzstrukturen, deren Indifferenzkurven im (μ, σ^2)-Diagramm durch

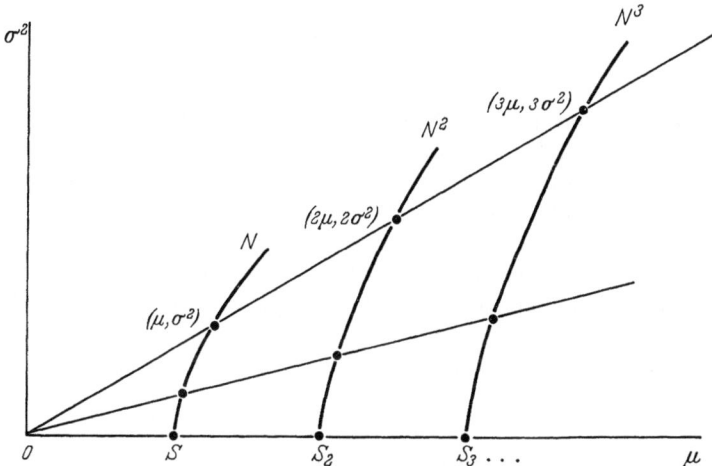

Abb. 33. Homothetisches Indifferenzkurvensystem

Ähnlichkeitstransformationen mit dem Koordinatenursprung als Projektionszentrum auseinander hervorgehen (homothetische Präferenzstruktur). Davon ist allerdings die Präferenzstruktur des einfachen μ-Kriteriums (mit seinen senkrechten Indifferenzgeraden) auszunehmen.

---

[1] SAMUELSON [1963] gibt eine hinreichende Bedingung dafür an, daß das μ-Kriterium im Wiederholensfall nicht befolgt wird. Angewandt auf unser System von Normalverteilungen kann sie wie folgt formuliert werden: Wird jeder Normalverteilung $N_{\mu+x,\sigma}$, μ und σ fest, $\mu > 0$, der sichere Betrag x vorgezogen, dann wird der Betrag 0 nicht nur der Normalverteilung $N_{\mu,\sigma}$ vorgezogen, sondern auch jedem Glücksspiel, das sich aus einer beliebigen Summe von (μ, σ)-normal verteilten unabhängigen Zufallsvariablen zusammensetzt.

In einem solchen Präferenzfeld ist nämlich $S_n(\mu, \sigma) = n S(\mu, \sigma)$ und

daher $\lim \dfrac{1}{n} S_n(\mu, \sigma) = S(\mu, \sigma) \neq \mu$ für mindestens eine Kombination

(μ, σ). (Es wird $S_1(\mu, \sigma) = S(\mu, \sigma)$ gesetzt; $S(\mu, \sigma)$ ist das Sicherheitsäquivalent von $N_{\mu\sigma}$). Nach dem vorangehenden Satz ist daher für solche
Präferenzstrukturen das μ-Prinzip im Wiederholensfall nicht erfüllt.

Unter ihnen findet man auch die aus der Nutzenfunktion $u(x) =$
$-e^{-ax}$ hervorgehende Präferenzstruktur; sie repräsentiert sich im
(μ, σ^2)-Diagramm durch eine Schar paralleler Indifferenzgeraden
(vgl. S. 146ff., bes. Abb. 25). Also ist auch für diese Nutzenfunktion das
μ-Kriterium im Wiederholensfall nicht erfüllt, was man übrigens auch
durch Berechnen des Grenzwertes (*) direkt nachprüfen kann. Es ist
$E_{\mu\sigma}[u(x)] = -\exp(\frac{1}{2}a^2\sigma^2 - a\mu)$ und daher

$$S(\mu, \sigma) = u^{-1}(E_{\mu\sigma}[u(x)]) = \mu - \frac{a}{2}\sigma^2.$$

Daraus folgt:

$$\lim \frac{1}{n} S_n(\mu, \sigma) = \mu - \frac{a}{2}\sigma^2 \neq \mu,$$

falls $\sigma \neq 0$.

Für diese und ähnliche Nutzenfunktionen gilt also das μ-Kriterium
im Wiederholensfall nicht, obwohl sie doch recht vernünftig aussehen.
Das zeigt die Grenzen dieses Prinzips. Auf der anderen Seite gibt es
natürlich eine Fülle von Nutzenfunktionen und noch mehr unrationale
Präferenzstrukturen, die dem μ-Kriterium im Wiederholensfall gehorchen, was seine Verwendung weitgehend rechtfertigt.

Es wäre eine reizvolle Aufgabe, die Klasse der im Sinne dieses
Prinzips zulässigen Nutzenfunktionen genauer einzugrenzen oder zu
charakterisieren. Hier sollen nur einige Funktionstypen dieser Art
angegeben werden.

Dabei begnügen wir uns mit der Feststellung des μ-Kriteriums (im
Wiederholensfall) für positives μ. Durch Spiegelung der Nutzenfunktion
an der Ordinatenachse erhält man dann sofort die entsprechenden
Funktionen, für die das μ-Kriterium bei negativem μ gilt. Diese ein-
seitige Beschränkung auf positive μ-Werte führt dazu, daß es nur auf
den rechts vom Nullpunkt liegenden Teil der Nutzenfunktion ankommt,
der andere Teil also — wie noch ausführlich zu zeigen sein wird — weitgehend willkürlich festgelegt werden kann. Funktionen, für die das
μ-Kriterium sowohl im positiven wie im negativen μ-Bereich gilt, folgen
dem μ-Kriterium generell. Auch ist klar, daß mit $u(x)$ ebenso die vor- und
nachgeschaltet linear transformierten Nutzenfunktionen $au(x) + b$ und
$u(cx + d)$ das μ-Kriterium im Wiederholensfall erfüllen. Nullpunkt und
Maßeinheit können also für beide Achsen willkürlich festgesetzt werden.

b) Eine Nutzenfunktion des folgenden allgemeinen Typs gehorcht für positive μ dem μ-Kriterium im Wiederholensfall:

$$u(x) = \begin{cases} x^\alpha + \varepsilon(x) & \text{für} \quad x > x_0, \quad x_0 > 0, \quad \alpha \neq 0 \\ v(x) & \text{für} \quad x \leqq x_0. \end{cases}$$

Dabei ist ε eine beliebige Funktion mit der Eigenschaft, daß

$$\lim_{x \to \infty} \frac{\varepsilon(x)}{x^\alpha} = 0,$$

und v eine beliebige Funktion bis auf die (uns von früher vertraute[1], unwesentliche) Einschränkung, daß mit einem gewissen $M > 0$

$$|v(x)| < M \, e^{c \, x^2}$$

für jedes $c > 0$ ist. Dabei treffen wir noch die allgemeine Voraussetzung, daß u monoton ist.

Beweis: Es ist (mit einer auch im folgenden sehr vorteilhaften Transformation $x = n y$):

$$u\big(S_n(\mu, \sigma)\big) = \frac{1}{\sqrt{n}\,\sigma} \int_{-\infty}^{\infty} u(x) \, \varphi\left(\frac{x - n\mu}{\sqrt{n}\,\sigma}\right) dx = \frac{\sqrt{n}}{\sigma} \int_{-\infty}^{\infty} u(n y) \, \varphi\left(\frac{y - \mu}{\sigma/\sqrt{n}}\right) dy$$

$$= n^\alpha \left[\int_{x_0/n}^{\infty} y^\alpha \, \varphi_n(y) \, dy + \int_{x_0/n}^{\infty} y^\alpha \frac{\varepsilon(n y)}{(n y)^\alpha} \, \varphi_n(y) \, dy + \int_{-\infty}^{x_0/n} \frac{v(n y)}{n^\alpha} \, \varphi_n(y) \, dy \right],$$

wobei wir abkürzend

$$\frac{\sqrt{n}}{\sigma} \, \varphi\left(\frac{y - \mu}{\sigma} \sqrt{n}\right) = \varphi_n(y)$$

gesetzt haben.

Das erste Integral geht wegen $\mu > 0$ mit wachsendem n gegen μ^α und das zweite wegen der vorausgesetzten Eigenschaft von ε gegen Null. Ebenso geht das dritte Integral gegen Null, was man wie folgt einsieht: Der Betrag dieses Integrals ist nämlich für jedes $c > 0$ kleiner als

$$\frac{M}{n^\alpha} \int_{-\infty}^{x_0/n} e^{c \, (n \, y)^2} \, \varphi_n(y) \, dy.$$

Setzt man darin $c = \dfrac{1}{2 n \sigma^2}$, dann errechnet sich diese obere Schranke für das dritte Integral zu

$$\frac{\sqrt{n}\, M}{\sqrt{2\pi}\,\sigma\, n^\alpha} \int_{-\infty}^{x_0/n} \exp\left(\frac{n \, y^2}{2\sigma^2}\right) \exp\left(-\frac{(y - \mu)^2 \, n}{2\sigma^2}\right) dy$$

$$= \frac{M \, \sigma}{\sqrt{2\pi}\,\mu\, n^\alpha \sqrt{n}} \exp\left(\frac{2 x_0 - n \mu}{2\sigma^2} \mu\right).$$

---

[1] Vgl. S. 131 und S. 136.

12*

Dieser Ausdruck geht aber mit $n \to \infty$ wegen $\mu > 0$ gegen Null, und zwar sowohl für negatives wie erst recht für positives α.

Danach geht insgesamt der Ausdruck in den eckigen Klammern gegen μ^α und

$$\lim_{n \to \infty} u(S_n) = \begin{cases} \infty, & \text{falls} \quad \alpha > 0 \\ 0, & \text{falls} \quad \alpha < 0. \end{cases}$$

Daraus ist zunächst zu folgern, daß in beiden Fällen

$$\lim_{n \to \infty} S_n = \infty \,.$$

Denn offenbar ist

$$\lim_{x \to \infty} u(x) = \lim_{x \to \infty} \left[x^\alpha \left(1 + \frac{\varepsilon(x)}{x^\alpha} \right) \right] = \begin{cases} \infty, & \text{falls} \quad \alpha > 0 \\ 0, & \text{falls} \quad \alpha < 0 ; \end{cases}$$

wegen der geforderten Monotonie von u ist daher über jeder von rechts begrenzten Halbgeraden im ersten Fall $u(x)$ nach oben beschränkt und im zweiten Fall $|u(x)|$ von Null verschieden. Daher ist in beiden Fällen notwendig $\lim S_n = \infty$.

Nun ist für hinreichend große[1] n

$$n^{-\alpha} u(S_n) = \left(\frac{S_n}{n} \right)^\alpha \left(1 + \frac{\varepsilon(S_n)}{S_n^\alpha} \right).$$

Dieser Ausdruck ist aber gleich der früher angegebenen, in den eckigen Klammern eingeschlossenen Summe der drei Integrale und geht daher wie diese mit wachsendem n gegen μ^α. Da aber wegen $\lim S_n = \infty$

$$\lim_{n \to \infty} \frac{\varepsilon(S_n)}{S_n^\alpha} = 0$$

ist, folgt schließlich

$$\lim_{n \to \infty} \frac{1}{n} S_n(\mu, \sigma) = \mu \quad \text{für} \quad \mu > 0 \,.$$

Damit ist nach Satz 9 bewiesen, daß die angegebene Nutzenfunktion u für positive μ dem μ-Kriterium im Wiederholensfall genügt.

Dieser Funktionstyp ist allgemeiner als man vielleicht auf den ersten Blick vermuten würde. Er umfaßt zunächst die einfachen Potenzfunktionen wie x^2, $\sqrt{x}$, $-1/x$, $-1/x^2$ usw., aber auch allgemeiner jede Nutzenfunktion, die sich von einem x_0 an als Polynom $\sum_{i=1}^{n} a_i x^{\alpha_i}$ mit nicht notwendig ganzzahligen α_i schreiben lassen. Schließlich gehören hierzu auch Nutzenfunktionen, die sich für $x \to \infty$ asymptotisch einem solchen

---

[1] Das heißt so große n, daß $S_n > x_0$. Dann braucht der Funktionsteil $v(x)$ nicht mehr berücksichtigt zu werden.

Polynom, dessen höchster Exponent α_n positiv ist, nähern. Bloße asymptotische Konvergenz gegen ein Polynom mit negativem größten Exponenten α_n genügt dagegen nicht, um die Zugehörigkeit zu unserem Funktionstyp sicherzustellen, ist sie doch nur gleichbedeutend damit, daß die Nutzenfunktion eine Horizontale zur Asymptote hat; es ist zusätzlich zu verlangen, daß der Abstand zwischen Nutzenfunktion und Polynom auch nach Multiplikation mit $x^{-\alpha_n}$ für $x \to \infty$ gegen Null geht. Die Nutzenfunktionen mit negativem α_n und nur diese vermeiden das Petersburger Paradoxon. Alle diese Nutzenfunktionen erfüllen für positive μ das μ-Kriterium im Wiederholensfall.

c) Dasselbe leistet auch die Nutzenfunktion

$$u(x) = \log x \quad \text{für} \quad x > x_0 > 0,$$

sonst beliebig bis auf die oben angegebene Einschränkung.

Beweis: Es ist

$$u\left(n \frac{S_n}{n}\right) = \log n + \log\left(\frac{1}{n} S_n\right) = \int_{x_0/n}^{\infty} \log(n\,y)\,\varphi_n(y)\,d\,y + k_n$$

mit $\lim_{n \to \infty} k_n = 0$, wie im vorangehenden Beispiel gezeigt wurde. Auf der rechten Seite kann nun bis auf einen gegen Null gehenden Rest $\log n$ aus dem Integranden herausgenommen und additiv davorgestellt werden, so daß also gilt

$$\log\left(\frac{1}{n} S_n\right) = \int_{x_0/n}^{\infty} \log y\, \varphi_n(y)\,d\,y + h_n$$

mit $\lim_{n \to \infty} h_n = 0$. Da schließlich das Integral mit wachsendem n gegen $\log \mu$ konvergiert, haben wir

$$\lim_{n \to \infty} \frac{1}{n} S_n = \mu,$$

und unsere Behauptung ist nach Satz 9 bewiesen.

Auch die Nutzenfunktion kann dahingehend modifiziert werden, daß ein Term $\varepsilon(x)$ mit $\lim_{x \to \infty} \varepsilon(x) = 0$ additiv hinzugefügt wird. Sie erfüllt dann immer noch das μ-Kriterium im Wiederholensfall.

d) Ein Blick auf das Präferenzfeld von Abb. 29 (S. 158) offenbart sofort, daß dort $\lim \frac{1}{n} S_n = \mu$, denn das Sicherheitsäquivalent einer jeden Verteilung $N_{\mu\sigma}$ ist (sofern es existiert) höchstens um den konstanten Betrag $1/2a$ von μ entfernt. Das rationale (μ, P_0)-Prinzip genügt also ebenfalls dem μ-Kriterium im Wiederholensfall. Das folgt auch aus der Tatsache, daß die zugehörige Nutzenfunktion für positive und negative x

linear ist und daher zum allgemeinen Typ (b) gehört. Dabei stört der
Sprung der Nutzenfunktion bei $x=0$ nicht. Zwar hat er zur Folge, daß
nicht immer Sicherheitsäquivalente existieren; für genügend große n
sind sie aber allemal vorhanden.

Es sollen jetzt noch einige Nutzenfunktionen vorgeführt werden, für
die, ähnlich wie für unseren „Hauptzeugen" $u(x) = -e^{-ax}$, das μ-Krite-
rium im Wiederholensfall nicht gilt.

c) Zunächst macht man sich klar, daß auch nach beliebiger Abänderung der Nutzenfunktion $u(x) = -e^{-ax}$ im negativen Bereich der x-Achse
(oder allgemeiner in einem Bereich links von einer beliebigen Stelle der
x-Achse) die modifizierte Nutzenfunktion nach wie vor dem μ-Kriterium
im Wiederholensfall widerspricht. Dabei heißt „beliebige Abänderung"
natürlich immer, daß die in (b) formulierten Restriktionen noch erfüllt
sind. Ist also

$$u(x) = -e^{-ax} - v(x)$$

$v(x) = 0$ für $x > 0$, sonst „beliebig", dann wird $\big($nach (a)$\big)$

$$-u(S_n) = \exp\big((\tfrac{1}{2} a^2 \sigma^2 - a\mu)n\big) \times$$

$$\times \left[1 + \int_{-\infty}^{0} v(n\,y)\, \varphi_n(y)\, d\,y \, \exp\big(-(\tfrac{1}{2} a^2 \sigma^2 - a\mu)n\big) \right].$$

Das Integral ist nach (b) dem absoluten Betrage nach kleiner als

$$\frac{C}{\sqrt{n}} \exp\left(\frac{-n\mu^2}{2\sigma^2}\right)$$

mit einer (von μ und σ abhängenden) Konstanten C. Folglich ist der
zweite Summand in den eckigen Klammern dem absoluten Betrage nach
kleiner als

$$\frac{C}{\sqrt{n}} \exp\left(-\frac{n}{2\sigma^2}(\mu - a\sigma^2)^2\right)$$

und geht mit $n \to \infty$ gegen Null. Für hinreichend große μ ist daher
$\lim_{n\to\infty} u(S_n) = 0$ und damit $\lim_{n\to\infty} S_n = \infty$; man kann also, sofern n genügend
groß ist, $u(S_n) = -e^{-aS_n}$ setzen. Es folgt schließlich, daß — genau wie
im Beispiel (a) —

$$\lim_{n\to\infty} \frac{S_n}{n} = \mu - \frac{a}{2} \sigma^2$$

ist und mithin auch die modifizierte Nutzenfunktion dem μ-Kriterium
im Wiederholensfall widerspricht.

In ähnlicher Weise zeigt man, daß es auch in den folgenden Beispielen
nur auf den über dem positiven Bereich der x-Achse definierten Teil der

Nutzenfunktion ankommt; doch soll darauf nicht näher eingegangen werden.

f) Das μ-Kriterium im Wiederholensfall wird nicht erfüllt von der Nutzenfunktion

$$u(x) = -e^{-x^2}.$$

Beweis: Es ist

$$E_{\mu\sigma}[-e^{-x^2}] = -\frac{1}{\sqrt{1+2\sigma^2}} \exp\left(-\frac{\mu^2}{1+2\sigma^2}\right).$$

Daraus folgt

$$\left(\frac{1}{n} S_n\right)^2 = \frac{1}{2n^2} \log(1+2n\sigma^2) + \frac{\mu^2}{1+2n\sigma^2}.$$

Dieser Ausdruck geht aber mit $n \to \infty$ gegen Null, womit nach Satz 9 erwiesen ist, daß die hier vorgestellte Nutzenfunktion dem μ-Prinzip im Wiederholensfall widerspricht.

g) Dasselbe kann von der Nutzenfunktion

$$u(x) = x e^{-x}$$

gesagt werden.

Beweis: Es ist

$$E_{\mu\sigma}[x e^{-x}] = (\mu - \sigma^2) \exp\left(\frac{\sigma^2}{2} - \mu\right)$$

und daher

$$\frac{1}{n} S_n \exp(-S_n) = \exp\left(\left(\frac{\sigma^2}{2} - \mu\right) n\right)(\mu - \sigma^2).$$

Wir beschränken uns auf $\mu > \sigma^2$, dann ist $S_n > 0$. Auch können wir annehmen, daß $\frac{1}{n} S_n$ konvergiert, ohne das im einzelnen nachprüfen zu müssen, da andernfalls die Ungültigkeit des μ-Kriteriums im Wiederholensfall auf der Hand läge. Zieht man nun auf beiden Seiten der letzten Gleichung die n-te Wurzel und führt den Grenzübergang $n \to \infty$ durch[1], dann erhält man den aus (a) und (e) bekannten Grenzwert

$$\lim\left(\frac{1}{n} S_n\right) = \mu - \frac{\sigma^2}{2},$$

womit unsere Behauptung bewiesen ist.

Zusammenfassend läßt sich sagen, daß das μ-Kriterium im Wiederholensfall keineswegs selbstverständlich ist, daß es jedenfalls nicht aus dem Bernoulli-Prinzip gefolgert werden kann, auch dann nicht, wenn man offensichtlich unplausible Nutzenfunktionen ausschließt, daß es aber andererseits doch für eine Vielzahl von Nutzenfunktionen Gültigkeit besitzt.

---

[1] Man beachte, daß $(S_n/n)^{1/n} \to 1$ und $(\mu - \sigma^2)^{1/n} \to 1$.

Schluß

Diese Arbeit kann als Beitrag zu der verbreiteten Diskussion über die Frage nach rationalen Entscheidungskriterien bei Ungewißheit angesehen werden. Dabei haben wir den Fall der Ungewißheit i.e.S. beiseite gelassen und uns auf den Risikofall beschränkt, den Fall also, der durch das Vorhandensein von Wahrscheinlichkeiten für die unbekannten Zustände der Umwelt charakterisiert ist. Diese grundlegende Einschränkung des Themas wurde in 1.3. ausführlich begründet. Das wichtigste Argument ist, daß Ungewißheitssituationen i.e.S. praktisch niemals in Reinform vorkommen, sondern fast immer vermischt mit Risikosituationen; d.h., man wird gewöhnlich über die Wahrscheinlichkeiten des Eintretens von Gewinnen oder Verlusten wenn nicht genaue Kenntnisse, so doch wenigstens ungefähre Vorstellungen haben. In eine besonders enge Verbindung treten Ungewißheit i.e.S. und Risiko z.B. in der statistischen Entscheidungstheorie[1]. Eine Lösung des allgemeinen Entscheidungsproblems setzt daher die Lösung dieses Problems für den speziellen Fall der Entscheidung in Risikosituationen voraus.

Ein anderes, zwar umstrittenes, aber m.E. sehr wichtiges Argument für die Beschränkung auf Risikosituationen ist die von vielen Autoren als notwendig angesehene Existenz subjektiver Wahrscheinlichkeiten, auch und gerade dort, wo objektive Wahrscheinlichkeiten fehlen. Danach wäre jede Ungewißheitssituation i.e.S. in eine Risikosituation umwandelbar.

Die bekannten Entscheidungsregeln für Ungewißheitssituationen i.e.S. (vgl. 1.2.2.) lassen sich natürlich auch im Risikofall anwenden. Darüber hinaus sind eine Fülle von Entscheidungsregeln und -prinzipien für Risikosituationen denkbar. Sie wurden in 2.2. und 2.3. diskutiert, und zwar in 2.2. die sog. klassischen Prinzipien, in 2.3. das Bernoulli-Prinzip. Die klassischen Prinzipien sind Entscheidungsprinzipien oder -regeln, die zur Beurteilung und Wertung einer beliebigen Wahrscheinlichkeitsverteilung (für Gewinne oder Verluste) nur einige spezifische Verteilungsparameter hinzuziehen. Meistens sind das nur zwei. Das arithmetische Mittel (oder ein anderer Lokalisationsparameter) und ein Risikomaß, wie die Streuung, die mittlere absolute Abweichung, die Ruinwahrscheinlichkeit, der mittlere Verlust usw. Das Bernoulli-Prinzip fordert, daß man zur Beurteilung von Wahrscheinlichkeitsverteilungen nicht die ursprünglichen (möglichen) Gewinne und Verluste, sondern

---

[1] ARROW [1951a] spricht daher in diesem Zusammenhang von „double-uncertainty".

deren Nutzen, die man in Hinblick auf das persönliche Risikoverhalten frei wählen kann, verwenden sollte und — genauer — daß man den Erwartungswert des Nutzens als Wertmaßstab heranziehen sollte; andere Verteilungsparameter brauchen dann nicht mehr berücksichtigt zu werden, wenn man nur die Nutzenfunktion geeignet wählt.

Es gibt einleuchtende Gründe für die These, daß das Bernoulli-Prinzip das einzig rationale Entscheidungsprinzip ist. Wir haben die Gründe in 2.3.4. und 2.4. dargelegt und uns diese These zu eigen gemacht. Damit aber scheint automatisch ein vernichtendes Urteil über die klassischen Prinzipien ausgesprochen zu sein: Die meisten von ihnen sind — immer bezogen auf das (rationale) Bernoulli-Prinzip — unrational. Der Schilderung des Konflikts zwischen klassischem und Bernoulli-Prinzip ist das dritte Kapitel gewidmet. Bekannt ist seit längerem, daß das Bernoulli-Prinzip nur in ganz speziellen Fällen mit dem klassischen Prinzip verträglich ist, wenn dieses sog. metrische Parameter, zu denen vor allem die Momente einer Verteilung gehören, benutzt. Es konnte in 3.3. gezeigt werden, daß auch die Verwendung sog. ordinaler Parameter (wie wahrscheinlichster Wert, Minimum, Quartile usw.) gewöhnlich zur Kollision mit dem Bernoulli-Prinzip führt. Gleiches gilt bei Benutzung gewisser nichtordinaler Parameter (mittlere absolute Abweichung, mittlere untere Abweichung, Semivarianz).

Mit diesen Aussagen geht eine Verschärfung des Konflikts zwischen den klassischen Prinzipien einerseits und dem Bernoulli-Prinzip andererseits einher, so daß die Verurteilung der ersteren auf letzteres zurückzufallen droht. Denn, wenn praktisch keines der altehrwürdigen und oft sehr plausiblen klassischen Entscheidungsprinzipien, die übrigens schon ihrer relativen Einfachheit wegen auch heute noch gern gebraucht werden, rational sein sollte, ist dann nicht der Rationalitätsanspruch des Bernoulli-Prinzips ungerechtfertigt oder zumindest übertrieben? Es gilt den Konflikt zu lösen: die Rationalität des Bernoulli-Prinzips gelten zu lassen, aber gleichzeitig die klassischen Prinzipien — wenigstens teilweise — zu rechtfertigen.

Beschränken wir uns hierzu auf den wichtigsten und gebräuchlichsten Fall des klassischen Prinzips, den Fall, daß es nur zwei Parameter, Mittelwert und Risikomaß, benutzt. Ohne wesentliche Beschränkung der Allgemeinheit können wir sogar annehmen, daß diese Parameter Erwartungswert μ und Standardabweichung σ sind. Denn in einer Zweiparameterklasse von Wahrscheinlichkeitsverteilungen lassen sich gewöhnlich je zwei beliebige Parameter auf μ und σ zurückführen. Zwei-parameterklassen — genauer (μ, σ)-Klassen[1] — spielen aber die Schlüssel-

---

[1] Das sind Klassen von Wahrscheinlichkeitsverteilungen, deren einzelne Verteilungen sich schon durch Angabe von μ und σ festlegen lassen. Vgl. die Definition in 4.1.

rolle in jenem angekündigten Versöhnungsakt zwischen klassischem und Bernoulli-Prinzip. Es ist nämlich offenkundig, daß bei Beschränkung auf eine (μ, σ)-Klasse jede Nutzenfunktion gemäß dem Bernoulli-Prinzip ein klassisches Prinzip mit den Parametern μ und σ [ein sog. (μ, σ)-Prinzip] induziert. Umgekehrt haben wir in 4.1. gezeigt, daß *nur* auf den (μ, σ)-Klassen jede Nutzenfunktion ein (μ, σ)-Prinzip impliziert.

A priori können wir also erwarten, daß bei Beschränkung auf eine (μ, σ)-Klasse sehr viele (μ, σ)-Prinzipien rational werden, die das bei unbeschränkter Anwendung auf die Klasse aller Wahrscheinlichkeitsverteilungen nicht sind. Insbesondere ist zu vermuten, daß gerade die plausiblen (μ, σ)-Prinzipien bei Anwendung auf gewisse, ebenso „plausible" (μ, σ)-Klassen rational werden, auch wenn sie es bei uneingeschränkter Anwendung nicht sind. Eine der wichtigsten und, wie es scheint, auch anschaulichsten (μ, σ)-Klassen ist die Klasse der Normalverteilungen. In der Tat sind eine Reihe bekannter (μ, σ)-Prinzipien auf ihr rational (4.3.2.). Aber keineswegs alle (μ, σ)-Prinzipien sind dort rational, d.h. mit dem Bernoulli-Prinzip verträglich, vielmehr nur solche, die einem in 4.3.1. abgeleiteten Kriterium genügen. Dieses Kriterium gestattet zu entscheiden, ob ein vorliegendes (μ, σ)-Prinzip — oder auch irgendein Zweiparameter-Entscheidungsprinzip, das sich auf ein (μ, σ)-Prinzip zurückführen läßt —, wenn schon nicht allgemein, so doch wenigstens auf der Klasse der Normalverteilungen rational ist. Fällt dieser Test positiv aus, kann die zugehörige Nutzenfunktion des Bernoulli-Prinzips errechnet werden. Diese — und nicht das (μ, σ)-Prinzip — liegt dann der Bewertung anderer (nichtnormaler) Wahrscheinlichkeitsverteilungen zugrunde. Ein (μ, σ)-Prinzip ist, eben weil es nur mit zwei Parametern arbeitet, häufig bequemer zu handhaben als eine diffizile Nutzenfunktion, deren Erwartungswert man (gemäß dem Bernoulli-Prinzip) berechnen müßte. Unser Kriterium zeigt, daß auch (μ, σ)-Prinzipien, die ganz unabhängig von einer Nutzenfunktion konstruiert wurden, u.U. eine Nutzenfunktion zugrunde liegt, sofern das Prinzip auf Normalverteilungen angewandt wird.

Ähnliche Resultate wurden in 4.4. und 4.5. für andere (μ, σ)-Klassen, der Klasse der logarithmischen Normalverteilungen und der Klasse der einfachen Alternativen hergeleitet.

Einige qualitative Aussagen über das Aussehen von Indifferenzkurven rationaler (μ, σ)-Prinzipien konnten im Abschnitt 4.2. gemacht werden. Sehr plausibel — und damit den Rationalitätsanspruch des Bernoulli-Prinzips stützend — ist die Beobachtung, daß konkav steigende Nutzenfunktionen (also solche mit abnehmendem Grenznutzen) nach rechts geneigte (und übrigens ebenfalls konkave) Indifferenzlinien induzieren. Das bedeutet, daß in diesem Falle eine Erhöhung der Streuung (und damit des Risikos) durch eine entsprechende Vergrößerung des Mittelwertes kompensiert werden muß, damit keine (subjektive) Verschlechterung der Risikosituation eintritt. Obwohl ein solches Risikoverhalten durchaus einleuchtet, ist es nur unter bestimmten Voraussetzungen allgemein richtig, nämlich bei Beschränkung auf sog. lineare (μ, σ)-Klassen, und daher ist es keineswegs trivial.

Einen ersten Test auf Rationalität eines (μ, σ)-Prinzips liefert die — freilich nur notwendige — Bedingung, daß die Indifferenzkurven senkrecht in die μ-Achse einmünden. Das bedeutet, daß bei kleinen Streuungen das Risikoverhalten sich vornehmlich nach dem Mittelwert μ richtet — ein ebenfalls einleuchtendes, wenn auch nicht triviales Resultat.

Im fünften Kapitel wird das Bernoulli-Prinzip erneut einer harten Belastung ausgesetzt. Diesmal gilt es, mit seiner Hilfe das μ-Prinzip im Wiederholensfall zu begründen. Das ist eine Verhaltensnorm, die bei sehr häufig sich wiederholenden Risikosituationen mit stabiler Wahrscheinlichkeitsverteilung zur Anwendung kommt und die in diesem Falle verlangt, daß von zwei solchen Verteilungen diejenige mit dem größeren Mittelwert μ vorgezogen wird, unabhängig davon, wie sehr die Verteilungen ansonsten voneinander abweichen. Sie erfreut sich allgemeiner Anerkennung und wird gewöhnlich mit einem Hinweis auf das Gesetz der großen Zahlen begründet: Auf lange Sicht werden die Mittelwerte realisiert, und daher wird der größere Mittelwert den größeren Gewinn abwerfen. Ist diese Regel rational? Kann sie aus dem Bernoulli-Prinzip hergeleitet werden? Die Antwort ist zwiespältig. Es gibt gewiß eine Fülle von Nutzenfunktionen, aus denen das μ-Prinzip im Wiederholensfall folgt; andererseits gibt es — wie gezeigt wurde — sehr plausible Nutzenfunktionen, die diesem Prinzip widersprechen. Ein dogmatisches Beharren auf dem μ-Prinzip im Wiederholensfall würde also dem Bernoulli-Prinzip nicht generell widersprechen, doch würde es eine Reihe sehr vernünftig aussehender Nutzenfunktionen als unverträglich ausschließen. Mir scheint dieser Ausschluß unvertretbar und daher das μ-Kriterium im Wiederholensfall nur bedingt gültig (d. h. rational) zu sein. Es wurde daher ein Kriterium angegeben (Satz 9), das die Frage, ob ein Entscheidungsprinzip dem μ-Prinzip im Wiederholensfall gehorcht oder nicht, u. U. leicht zu beantworten gestattet.

Die vorliegende Untersuchung über Entscheidungskriterien in Risikosituationen hat das Bernoulli-Prinzip und die damit zusammenhängende Rationalitätsfrage ins Zentrum gestellt. Es wurden verschiedene Konsequenzen dieses Prinzips analysiert und insbesondere die Frage nach seiner Kollision mit anderen Entscheidungskriterien gestellt. In den meisten Fällen ist das Bernoulli-Prinzip mit anderen Prinzipien unvereinbar, weshalb diese als im allgemeinen unrational angesehen werden müssen. Ihre Rationalität kann jedoch weitgehend gerettet werden, wenn man sich auf spezielle Verteilungsklassen beschränkt. Bedingungen dafür wurden angegeben.

Die aufgefundenen Lehrsätze und Theoreme wurden unter möglichst allgemeinen Voraussetzungen formuliert. Insbesondere wurden, wenn möglich, keine (oder nur abgeschwächte) Stetigkeits- und erst recht keine Differenzierbarkeitsvoraussetzungen über die Nutzenfunktion gemacht. Das scheint gerechtfertigt, da Nutzenfunktionen mit Unstetigkeitsstellen durchaus geläufig sind und daher nicht ohne weiteres ausgeschlossen werden dürfen. Auf der anderen Seite werden damit die Beweise und bisweilen auch die Theoreme selbst recht umständlich und weitläufig. Deshalb wurde gelegentlich einem streng gefaßten Theorem ein lax formuliertes, aber − weil auf seinen Kern reduziert − durchsichtigeres zur Seite gestellt. Aus demselben Grund wurden Lehrsätze gewöhnlich verbal erläutert.

Die Ergebnisse dieser Arbeit, die sich aus einer Gegenüberstellung der klassischen Entscheidungsprinzipien und des Bernoulli-Prinzips und allgemeiner aus einer Untersuchung der Konsequenzen des Bernoulli-Prinzips ergaben, sollen hier in Form einiger Thesen auf möglichst prägnante Weise zusammengefaßt werden. Die in diesen Thesen auftretenden Begriffe sind − sofern sie nicht zum (statistischen) Allgemeinwissen gehören − im Text definiert. Im einzelnen sind das

Bernoulli-Prinzip (2.3.1., S. 61),
Dominanzprinzip I und II (2.1.3., S. 39),
einfache Alternativen (4.5., S. 164),
einfache Chancen und Risiken (S. 71),
lineare (μ, σ)-Klasse (4.2., S. 122),
(μ, σ)-Klasse (4.1., S. 119 f.),
(μ, σ)-Prinzip (2.2.3., S. 42),
μ-Kriterium im Wiederholensfall (fünftes Kapitel, S. 175f.),
metrische Parameter (3.1., S. 92),
Normalfall bzw. Monotonieprinzip (2.1.2., S. 37),
Nutzenfunktion (2.3.1., S. 61),
ordinale Parameter (3.3., S. 103),
ordinales Prinzip (2.1.2., S. 35 f.),
Präferenzfunktion (2.2.1., S. 47),
Präferenzfunktional (2.1.2., S. 36),
Sicherheitsäquivalent (2.1.4., S. 42ff.),
Stetigkeitsprinzip (2.1.4., S. 43).

Die Thesen lauten[1]:

1. Präferenzfunktionale sind rational, wenn sie aus dem Bernoulli-Prinzip hervorgehen. Damit gehorchen sie notwendig dem ordinalen

---

[1] Diese Thesen bringen nicht durchweg neue Erkenntnisse. Neu sind m.E. die Thesen 2, 5 bis 8, 10 bis 12. Zu den schon bekannten Thesen konnten neue Beweise entwickelt werden. Zur These 5 waren Einzelfälle bekannt.

Prinzip und dem Dominanzprinzip; doch sind diese keine hinreichenden Bedingungen für Rationalität (2.4.1. und 2.3.1.).

Rationales Handeln impliziert zwar nicht notwendig die Befolgung von Monotonie- und Stetigkeitsprinzip, doch wird man erwarten dürfen, daß normalerweise auch diese Prinzipien befolgt werden. Sie sind zusammengenommen gleichwertig mit der eindeutigen Existenz eines Sicherheitsäquivalents zu jeder Wahrscheinlichkeitsverteilung (2.1.4., Satz 3). Im Falle rationalen Handelns ist die zusätzliche Befolgung des Monotonie- bzw. des Stetigkeitsprinzips gleichbedeutend damit, daß die Nutzenfunktion streng monoton steigt bzw. stetig ist (2.3.1.).

2. Es gibt nach Massé [1959] zwei Dominanzprinzipien, die dual zueinander formuliert sind. Das Prinzip I kann für jede Ungewißheitssituation definiert werden, das Prinzip II nur für Risikosituationen. Im letzten Fall ist das Prinzip II etwas allgemeiner als das Prinzip I und stimmt mit diesem überein, wenn man sich auf Wahrscheinlichkeitsverteilungen mit stetigen Verteilungsfunktionen beschränkt (2.1.3., Sätze 1 und 2).

3. Eine Präferenzfunktion in metrischen Parametern ist genau dann rational, wenn sie — bis auf eine monotone Transformation — eine lineare Funktion dieser Parameter ist (3.1., Theorem 1).

4. Die Präferenzfunktion $\psi(\mu, \sigma)$ ist genau dann rational, wenn $\psi(\mu, \sigma) = a\mu + b(\mu^2 + \sigma^2)$. Die Nutzenfunktion ist in diesem Fall quadratisch und widerspricht damit dem Normalfall (3.2.).

5. Eine Präferenzfunktion in ordinalen Parametern oder in ordinalen Parametern zusammen mit dem Mittelwert ist genau dann rational, wenn sie von den ordinalen Parametern effektiv nicht abhängt (3.3., Theoreme 2 und 3).

6. Dasselbe gilt, wenn man an die Stelle der ordinalen Parameter gewisse ausgewählte nichtmetrische Parameter setzt (3.4.).

7. Auf der Klasse der Normalverteilungen ist eine Präferenzfunktion $\psi(\mu, \sigma)$ genau dann rational, wenn sie — von einigen sehr allgemeinen Bedingungen abgesehen — die Differential-Funktionalgleichung (10) von S. 137 erfüllt. In diesem Fall kann die zugehörige Nutzenfunktion berechnet werden (4.3., Theorem 4 bzw. 4*).

8. Ähnliche Kriterien können für die Klasse der logarithmischen Normalverteilungen und für die Klasse der einfachen Alternativen angegeben werden (4.4. und 4.5., Theoreme 5 und 6). Alle diese Kriterien entsprechen einer bekannten Aussage über rationale Präferenzstrukturen auf der Klasse der einfachen Chancen und Risiken (2.3.3.).

9. Eine rationale Präferenzstruktur auf einer linearen (μ, σ)-Klasse besitzt im (μ, σ)-Diagramm Indifferenzlinien mit folgenden Eigen-

schaften: Sie sind steigend (fallend), wenn die Nutzenfunktion konkav steigt oder konvex fällt (konvex steigt oder konkav fällt). Sie sind in allen vier Fällen konkav gekrümmt. Sie entspringen senkrecht aus der μ-Achse, wenn die Nutzenfunktion stetig differenzierbar und ihre Ableitung ungleich Null ist (4.2., Sätze 5, 6 und 7). Für die Klasse der einfachen Alternativen kann eine analoge Aussage zur Darstellung im (x_1, x_2)-Diagramm gemacht werden (4.5., Satz 8).

10. Eine Klasse von Wahrscheinlichkeitsverteilungen ist genau dann eine (μ, σ)-Klasse, wenn jede Nutzenfunktion aufgrund des Bernoulli-Prinzips ein (μ, σ)-Prinzip induziert (4.1., Satz 4).

11. Das μ-Prinzip im Wiederholensfall gilt genau dann, wenn das durch n dividierte Sicherheitsäquivalent bei wachsender Zahl n von Wiederholungen gegen den Mittelwert μ konvergiert (5., Satz 9).

12. Es gibt vernünftig aussehende Nutzenfunktionen, deren Befolgung dem μ-Prinzip im Wiederholensfall widerspricht. Es gibt aber auch andere Nutzenfunktionen, die das μ-Prinzip im Wiederholensfall zur Folge haben (5.).

Anhang I

Ökonomisches Verhalten bei Risiko

In diesem Anhang sollen die theoretisch und allgemein gewonnenen Erkenntnisse über rationales Handeln bei Risiko auf einige typische ökonomische Risikosituationen angewandt werden und praktische wie theoretische Konsequenzen der Rationalitätshypothese anhand dieser Beispiele aufgezeigt werden.

1. Sicherheitsäquivalente und -surrogate

Ausgangspunkt unserer Untersuchungen ist das Verhalten eines Unternehmens, das nur ein Gut produziert und das bei gegebenem Preis π von diesem Gut diejenige Menge x anbietet, die bei gegebener Kostenfunktion $k(x)$ seinen Gewinn $g = g(x; \pi) = x\pi - k(x)$ maximiert. Sein Aktionsparameter ist also x, seine Zielvariable der Gewinn g. Ist nun der Preis dem Unternehmen zu dem Zeitpunkt der Erstellung seines Produktionsplanes nicht bekannt, betrachtet es vielmehr π als eine Zufallsvariable mit einer bestimmten, ihm bekannten Wahrscheinlichkeitsverteilung, dann wird x nach dem Bernoulli-Prinzip so gewählt, daß der Erwartungswert einer geeigneten Nutzenfunktion u des Gewinnes maximal wird. Zielvariable ist also jetzt $h_\pi(x) = Eu(g(x; \pi))$. Jede Wahrscheinlichkeitsverteilung für π induziert bei gegebenem x eine Wahrscheinlichkeitsverteilung für g. Zu dieser ist (bei streng monoton steigender und stetiger Nutzenfunktion) ein und nur ein sicherer Gewinn $S = S_\pi(x)$ indifferent[1]. S ist das Sicherheitsäquivalent der Wahrscheinlichkeitsverteilung des Gewinns. $S = u^{-1}(h_\pi(x))$.

Man kann nun die Frage stellen, ob es zu jeder Zufallsvariablen π einen sicheren Preis π_0 gibt, so daß für jede Kostenfunktion und jedes x

$$g(x; \pi_0) = x\pi_0 - k(x) = S_\pi(x).$$

Da diese Beziehung für jede Kostenfunktion und jedes x gelten soll, können wir auch eine von x unabhängige Kostenvariable y definieren, eine Gewinnvariable durch $g(x, y; \pi) = x\pi - y$ festsetzen mit dem Sicherheitsäquivalent $S_\pi(x, y) = u^{-1}[Eu(g(x, y; \pi))]$ und fragen, ob es zu jeder Zufallsvariablen π ein π_0 gibt, so daß für alle x und y gilt:

$$g(x, y; \pi_0) = S_\pi(x, y).$$

---

[1] Vgl. S. 62.

Man könnte ein solches π_0 als Sicherheitsäquivalent für die Wahrscheinlichkeitsverteilung des Preises π ansehen. Um aber Verwechslungen zu vermeiden, sprechen wir lieber von einem Sicherheitssurrogat der Zufallsvariablen π. Man könnte z.B. $\pi_0 = E\pi - \rho$ setzen, wobei ρ ein Risikoabschlag vom Erwartungswert $E\pi$ bedeutet, der etwa eine Funktion der Streuung der Zufallsvariablen π sein könnte. Im Hinblick auf das Korollar im Anhang zum zweiten Kapitel (S. 87) können wir unsere Frage nun dahingehend beantworten, daß es ein solches Surrogat π_0 dann und nur dann gibt, wenn u linear ist. In diesem Fall ist $\pi_0 = E\pi$.

Nach dieser im wesentlichen negativen Antwort auf die Frage nach der Existenz eines Sicherheitssurrogats für π versuchen wir, den Begriff des Surrogats weiter zu fassen in der Hoffnung, daß er wenigstens dann unter allgemeineren Bedingungen existiert. Wir fragen also, ob es zu jeder Zufallsvariablen π einen Surrogatpreis π_1 gibt, so daß $g(x, y; \pi_1)$ nicht gerade das Sicherheitsäquivalent zu $g(x, y; \pi)$ ist, aber doch eine Präferenzfunktion auf der Klasse aller durch beliebige x und y festgelegten Wahrscheinlichkeitsverteilungen für g, d.h. daß es eine monotone Transformation U gibt mit

$$g(x, y; \pi_1) = U(S_\pi(x, y)).$$

(Man beachte, daß U ebenso wie π_1 von π abhängt). Gibt es also einen solchen (sicheren) Surrogatpreis zu einer Wahrscheinlichkeitsverteilung für den tatsächlichen Preis π, dann wird ein Parameterpaar (x_1, y_1) einem anderen (x_2, y_2) genau dann vorgezogen, wenn der Gewinn des ersten größer ist als der des zweiten, beide berechnet für den Preis π_1:

$$(x_1, y_1) \succ (x_2, y_2) \Leftrightarrow g(x_1, y_1; \pi_1) > g(x_2, y_2; \pi_1).$$

Gewinnmaximierung beim Surrogatpreis π_1 muß also zum selben Ergebnis führen wie die Maximierung des Erwartungswertes des Gewinnes bei dem ungewissen Preis π.

Nun bilden offenbar zu gegebener Zufallsvariablen π die Wahrscheinlichkeitsverteilungen der sämtlichen Zufallsvariablen $x(\pi - E\pi) - y$, x und y beliebig, aber $x > 0$, eine lineare Klasse (4.2). $x(\pi_1 - E\pi) - y$ ist eine Präferenzfunktion für diese Klasse. Erwartungswert und Standardabweichung einer beliebigen Zufallsvariablen der Klasse sind $\mu = -y$ und $\sigma = x\sigma_\pi$, wobei σ_π die Standardabweichung von π bedeutet. In μ und σ ausgedrückt, lautet also die Präferenzfunktion

$$\psi(\mu, \sigma) = \frac{\pi_1 - E\pi}{\sigma_\pi} \sigma + \mu.$$

Die Indifferenzkurven im (μ, σ)-Diagramm sind also Geraden, die dann und nur dann senkrecht in die μ-Achse münden, wenn $\pi_1 = E\pi$. Nach Satz 7 (S. 128) kommt aber nur dieser Fall in Frage, wenn die Wahrscheinlichkeitsverteilungen des Gewinnes, wie vorausgesetzt, nach dem Bernoulli-Prinzip geordnet sind. $\pi_1 = E\pi$ ist aber gleichbedeutend damit, daß u linear ist. Wir haben damit gezeigt, daß auch in diesem abgeschwächten Sinne kein Preissurrogat π_1 für π existiert, es sei denn, es liegt eine lineare Nutzenfunktion vor.

Schließlich kann man von einem Sicherheitssurrogat π_2 von π im weitesten Sinne sprechen, wenn die Maximierung von $x\pi_2 - k(x)$ zu dem gleichen Produktionsplan x führt wie die Maximierung von $Eu(x\pi - k(x))$. Dabei soll natürlich π_2 nur von π und nicht etwa noch von der Kostenfunktion k abhängen. Es ist zu vermuten[1], daß auch in diesem Falle nur bei linearer Nutzenfunktion ein solches Surrogat existiert, nämlich $\pi_2 = E\pi$.

2. Wohlfahrtsmaximierung bei Ungewißheit

Selbst bei Beschränkung auf lineare Nutzenfunktionen brauchen in komplizierten stochastischen Optimierungsproblemen keine Sicherheitssurrogate zu existieren. Darunter wollen wir allgemein gewisse feste Werte verstehen, die die stochastischen Elemente des Optimierungsproblems ersetzen können derart, daß ein (analoges) nichtstochastisches Optimierungsproblem entsteht, das dieselbe Lösung besitzt wie das ursprüngliche. Die Existenz eines Surrogats ist beispielsweise dann problematisch, wenn in der Zielfunktion die Zufallsvariablen — im Gegensatz zum oben behandelten Fall — nicht linear auftreten. Um so bemerkenswerter ist eine Beobachtung von THEIL [1961] (Kap. 8), der festgestellt hat, daß die Maximierung einer quadratisch angenommenen Wohlfahrtsfunktion unter Beachtung der Restriktionen, wie sie ein lineares ökonometrisches Modell vorschreibt, ohne Berücksichtigung der im ökonometrischen Modell vorkommenden Zufallsvariablen vorgenommen werden kann. Seien $y_1, \ldots, y_n$ gewisse (endogene) makroökonomische Variablen und $x_1, \ldots, x_m$ (exogene) Entscheidungsvariablen einer wirtschaftspolitischen Instanz. Letztere beeinflussen erstere über ein System linearer Beziehungen zwischen ihnen, eben das ökonometrische Modell. In reduzierter Form laute es:

$$y_i = a_{i0} + \sum_{j=1}^{m} a_{ij} x_j + u_i.$$

Dabei sind die u_i Zufallsvariablen (mit $Eu_i = 0$), die außerhalb der Kontrolle der politischen Instanz stehen, die also unabhängig von den x_j zufällig gewisse Werte annehmen. Der Einfluß der x_j auf die y_i ist

---

[1] LANGE [1944] nahm die Existenz eines solchen Sicherheitssurrogats an. In diesem Punkt u. a. wurde er von FRIEDMAN [1946] kritisiert.

also nicht eindeutig (deterministisch) bestimmt, sondern von Zufalls-
störungen überlagert.

$$q = c_0 + \sum_{i=1}^{n} \sum_{j=1}^{n} c_{ij} y_i y_j + \sum_{i=1}^{n} \sum_{j=1}^{m} d_{ij} y_i x_j + \sum_{i=1}^{m} \sum_{j=1}^{m} e_{ij} x_i x_j$$

sei eine in y und x quadratische Wohlfahrtsfunktion, die es durch Wahl
der x zu maximieren gilt. Natürlich geht das nicht, weil die y nur stochastisch von den x abhängen. Wir wollen daher statt dessen Eq maximieren. Ersetzt man in dem Ausdruck für q die y durch die im ökonometrischen Modell vorgeschriebenen linearen Ausdrücke in x und u
und bildet den Erwartungswert, dann sieht man unschwer, daß Eq
wegen $Eu=0$ eine quadratische Funktion der x ist, mit Koeffizienten, die
— mit einer Ausnahme — nur von den a, c, d und e abhängen, nicht aber
von den Verteilungsparametern der u. Die Ausnahme bildet ein kon-
stantes Glied $c_0 + E \sum \sum c_{ij} u_i u_j$, das aber bei der Maximierung, eben
weil es konstant ist, nicht berücksichtigt zu werden braucht. Man kann
also THEILs Optimierungsaufgabe lösen, indem man die ökonometrischen
Beziehungen deterministisch annimmt, indem man also die Zufallsvariablen u_i durch ihre Erwartungswerte $Eu_i=0$ ersetzt. Diese sind daher
in dem hier behandelten Problem Sicherheitssurrogate im oben beschriebenen Sinne.

Zusammenfassend stellen wir fest, daß Sicherheitssurrogate eine
formal ähnliche Konstruktion darstellen wie Sicherheitsäquivalente, sich
jedoch sachlich unterscheiden. Sicherheitsäquivalente gibt es immer,
wenn nur die Nutzenfunktion stetig ist; dagegen brauchen Sicherheitssurrogate nicht einmal bei linearer Nutzenfunktion zu existieren.

3. Stochastische lineare Programme

Immerhin bieten stochastische lineare Programme keinerlei Probleme
dieser Art, sofern nur die Parameter der (linearen) Zielfunktion Zufallsvariablen sind und sofern die Nutzenfunktion linear ist, d.h. sofern das
μ-Kriterium[1] die Auswahl der optimalen Strategie bestimmt. Es handelt
sich dabei um die Aufgabe, den Erwartungswert Eg der Zielfunktion
$g = \sum_{i=1}^{n} x_i \pi_i$ bezüglich der Entscheidungsvariablen x_i zu maximieren
unter den Nebenbedingungen, daß

$$\sum_{j=1}^{n} a_{ij} x_j \leqq b_i, \quad i=1, \ldots, r,$$

$$x_j \geqq 0, \quad j=1, \ldots, n,$$

wobei die a_{ij} und b_i feste Koeffizienten sind (z.B. Produktionskoeffi-
zienten und Kapazitätsgrenzen) und die π Zufallsvariablen (z.B. Preise

---

[1] Vgl. S. 64f.

abzüglich Stückkosten). x_i kann als produzierte und angebotene Menge des Gutes i interpretiert werden. Nun ist offenbar $Eg = \sum x_i E \pi_i$ und daher $E \pi_i$ Surrogat für π_i. Die eigentlichen Schwierigkeiten beim stochastischen Programmieren entstehen erst, wenn einige der a_{ij} oder der b_i Zufallsvariablen sind[1].

4. Stochastische Programme mit nichtlinearer Nutzenfunktion

Wir wollen nun einige stochastische Optimierungsprobleme untersuchen, denen ein anderes Entscheidungskriterium als das μ-Kriterium zugrunde liegt. Betrachten wir zunächst ein lineares stochastisches Programm, wie oben beschrieben, das jetzt aber gemäß dem folgenden (μ, σ)-Kriterium zu lösen ist[2]: Maximiere $Eg - a \sigma^2 [g]$. Wir wissen, daß diesem Kriterium auf der Klasse der Normalverteilungen eine exponentielle Nutzenfunktion entspricht (vgl. S. 146ff.). Man errechnet nun

$$Eg - a \sigma^2 [g] = \sum x_i E \pi_i - a \sum \sum x_i x_j \sigma_{ij}.$$

Dabei bedeutet $\sigma_{ij} = E(\pi_i - E\pi_i)(\pi_j - E\pi_j)$ für $i \neq j$ die Kovarianz zwischen π_i und π_j und für $i = j$ die Varianz von π_i. Aus der linearen, aber stochastischen Zielfunktion ist jetzt eine nichtstochastische, aber quadratische Zielfunktion geworden. Das stochastische lineare Programm hat sich in ein gewöhnliches quadratisches Programm verwandelt, wofür Lösungsalgorithmen vorliegen[3].

Auch eine quadratische Nutzenfunktion $u(x) = x - bx^2$ führt zu einem quadratischen Programm, da sie unabhängig von einer speziellen Klasse von Wahrscheinlichkeitsverteilungen das folgende (μ, σ)- bzw. (μ, q)-Kriterium impliziert (vgl. S. 96):

Maximiere $Eg - b\, Eg^2 = \sum x_i E\pi_i - b \sum \sum x_i x_j m_{ij}$, wobei $m_{ij} = E \pi_i \pi_j$ für $i \neq j$ das gemischte Moment zwischen π_i und π_j bedeutet und für $i = j$ das quadratische Moment von π_i.

FREUND [1956] hat mit einem derartigen Programm der erstgenannten Art die Produktion gewisser landwirtschaftlicher Güter in einer Region der USA zu erklären versucht. Dabei stellte es sich heraus, daß riskante Güter, also solche, deren Preise (oder besser deren Gewinnbeiträge pro Anbaueinheit) starken Schwankungen unterlagen (σ_{ii} groß), in der Lösung des Programms weit weniger stark vertreten waren als in einer analogen Lösung, die mit Hilfe des μ-Kriteriums gewonnen wurden. Bei dieser Lösung waren z.B. Kartoffeln, deren Gewinnbeiträge pro Anbaueinheit zwar stark schwanken, deren Anbau aber auf lange Sicht und im Durchschnitt relativ profitabel ist, mit einem sehr hohen Anteil vertreten, im Gegensatz zu den tatsächlichen Anbauverhältnissen in

---

[1] Vgl. etwa DANTZIG [1966]. Siehe auch die vergleichende Übersicht bei SCHNEEWEISS [1962].

[2] Vgl. S. 53.

[3] Vgl. etwa KÜNZI und KRELLE [1962].

dieser Region. Die Diskrepanz ist aber erklärbar aus der Eigenschaft des μ-Kriteriums, die Gewinnschwankungen nicht zu berücksichtigen, während sie offenbar in Wirklichkeit sehr wohl einkalkuliert wurden. Denn die Lösung des Programms mit Hilfe des oben angegebenen (μ, σ)-Kriteriums lag bei geeignet gewähltem Risikoaversionskoeffizienten a durchaus in der Nähe der beobachteten Anbauflächen. Wir erkennen hier das allgemeine Verhalten der Risikoaversion wieder, daß nämlich im Durchschnitt gewinnbringende, aber riskante Unternehmungen zugunsten weniger interessanter, aber sicherer aufgegeben werden[1].

5. Portefeuille-Analyse

Ein anderes Problem, das im Prinzip mit einem ganz ähnlichen stochastischen linearen Programm bzw. nichtstochastischen quadratischen Programm gelöst werden kann, ist die Wahl eines optimalen Anlageportefeuilles. Zugelassen in das Portefeuille ist ein bestimmter, fest umrissener Kreis von Anlageformen, der z.B. nur Wertpapiere umfaßt oder nur Wertpapiere, Sparguthaben bei Banken und Bargeld oder nur gewisse reale Anlagewerte (Grundstücke, Häuser usw.). x_i sei der Anteil des anzulegenden Vermögens, der in der i-ten Anlageform angelegt wird. π_i sei der geeignet diskontierte Gewinn einer Einheit von dieser Anlage über eine fest vorgegebene Periode. Er mag sich aus Renditen und Wertänderungen zusammensetzen. Dann ist der Gewinn pro Geldeinheit eines Portefeuilles $(x_1, x_2, \ldots, x_n)$ gegeben durch $g = \sum x_i \pi_i$. Werden nun die π_i als Zufallsvariablen aufgefaßt und wird eines der beiden oben genannten (μ, σ)-Kriterien der Optimierung zugrunde gelegt, dann entsteht eine der früher angegebenen quadratischen Zielfunktionen, die zu maximieren ist unter den einzigen Nebenbedingungen

$$\sum x_i = 1, \quad x_i \geqq 0, \quad i = 1, 2, \ldots, n.$$

FARRAR [1962] hat solche Programme unter Zuhilfenahme der Methode der Hauptkomponenten, die die Datenfülle reduzieren sollte, gelöst. Er untersuchte verschiedene Investmentfonds und fand, daß sie sich durch unterschiedlich hohe Risikoaversionskoeffizienten auszeichneten.

Wenn man sich auf die Form des zur Anwendung gelangenden (μ, σ)-Kriteriums zunächst nicht festlegen will — wir wissen, es gibt z.B. auf der Klasse der Normalverteilungen eine Fülle rationaler (μ, σ)-Kriterien —, dann kann man zumindest die Aufgabe lösen, zu jedem μ das Portefeuille kleinster Streuung zu finden, dessen erwarteter Gewinn pro Geldeinheit mindestens gleich μ ist. Das heißt, man löst das quadratische Programm:

Minimiere $\sigma^2[g] = \sum \sum \sigma_{ij} x_i x_j$ bei
$$\sum x_i E \pi_i \geqq \mu, \quad \sum x_i = 1, \quad x_i \geqq 0.$$

[1] Vgl. auch S. 55.

Wenn man in dieser Weise zu jedem μ das Portefeuille minimaler Varianz aufsucht und in einem (μ, σ)-Koordinatensystem zu jedem μ die Standardabweichung dieses Portefeuilles abträgt, erhält man nach MARKOWITZ [1959] die Kurve der „effizienten" Portefeuilles, die sog. Effizienzkurve. Sie ist dort eine konvex ansteigende Kurve, die die Menge der zu zulässigen Portefeuilles gehörigen Punkte (μ, σ) von rechts begrenzt. Man kann dann zu jedem (μ, σ)-Kriterium, das sich im (μ, σ)-Diagramm durch nach rechts geneigte, konkave Indifferenzkurven ausdrückt[1], einen optimalen Punkt auf der Effizienzkurve auffinden. Es ist das der Berührungspunkt (μ^0, σ^0) der Effizienzkurve mit einer der Indifferenzkurven.

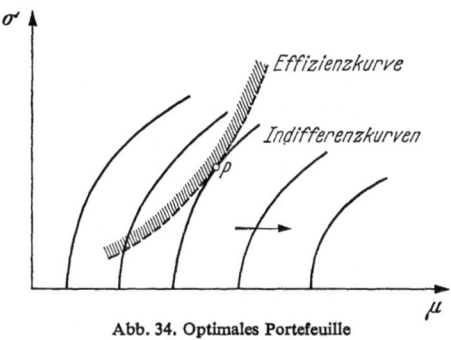

Abb. 34. Optimales Portefeuille

MARKOWITZ' Analyse ist zwar aufwendiger als die von FARRAR, hat aber den Vorteil, daß der erste Schritt, die Ermittlung der Effizienzkurve, unabhängig von einem speziellen (μ, σ)-Kriterium erfolgt und diese Kurve dazu benutzt werden kann, um im zweiten Schritt sehr leicht zu den verschiedensten (μ, σ)-Kriterien das optimale Portefeuille aufzufinden.

6. Liquiditätspräferenzfunktion

Neben der Möglichkeit, optimale Portefeuilles praktisch zu berechnen, vermittelt die Portefeuille-Analyse aber auch gewisse theoretische Einsichten in das Verhalten der Wirtschaftssubjekte bei riskanten Unternehmungen. So hat TOBIN [1957/58] mit Hilfe dieser Analyse die Keynessche Liquiditätspräferenzfunktion abzuleiten versucht. Zur Vereinfachung nehmen wir mit TOBIN an, daß ein Portefeuille sich nur aus zwei Anlageformen zusammensetzt: Bargeld und einem Rentenpapier. Bargeld bringe weder Gewinne noch Verluste innerhalb einer vor-

---

[1] Nach den Sätzen 5 und 6 (S. 125 und S. 127) induziert eine konkav zunehmende Nutzenfunktion (Risikoaversion) im (μ, σ)-Diagramm einer linearen (μ, σ)-Klasse konkav ansteigende Indifferenzkurven. Das gleiche gilt für quadratische Nutzenfunktionen über einer beliebigen Klasse von Wahrscheinlichkeitsverteilungen, wenn man nur den ansteigenden Ast der Parabel beachtet.

gegebenen Planungsperiode[1], also $\pi_1 \equiv 0$. Das Wertpapier dagegen realisiere einen Gewinn π_2, der sich aus dem festen Zinssatz r und einer zufälligen Kursänderung des Papiers zusammensetzt. Wir nehmen an, daß $E\pi_2 = r$ und setzen $\sigma[\pi_2] = \sigma_0$. Verluste durch Kursstürze sind denkbar. Ein Portefeuille (x_1, x_2) mit $x_1 + x_2 = 1$ hat dann den erwarteten Gewinn $\mu = x_2 r$ mit der Standardabweichung $\sigma = x_2 \sigma_0$. Dabei ist $0 \leqq x_2 \leqq 1$. Die Menge aller Portefeuilles wird daher im (μ, σ)-Diagramm durch die Gleichung

$$\sigma = \frac{\sigma_0}{r} \mu \ \text{mit} \ 0 \leqq \mu \leqq r$$

repräsentiert. Das ist ein am Ursprung ansetzendes Geradenstück mit der Steigung σ_0/r. Es stellt zugleich die Kurve effizienter Portefeuilles dar und ersetzt den schraffierten Bereich in Abb. 34. Das optimale Portefeuille (x_1^0, x_2^0) findet man genau wie früher über dem Berührungspunkt (μ^0, σ^0) des genannten Geradenstücks mit einer der Indifferenzkurven[2] und mit den Gleichungen $\mu^0 = x_2^0 r$ und $\sigma^0 = x_2^0 \sigma_0$. Es ist also – zumindest für kleine r – gewöhnlich aus beiden Anlagebestandteilen, Bargeld und Wertpapieren, zusammengesetzt und exemplifiziert damit das Phänomen der „Risikostreuung".

Man kann nun nach dem Zusammenhang zwischen x_1^0, dem Anteil des Bargeldes am optimalen Portefeuille und dem Zinssatz r fragen, also nach der (zunächst individuellen, nach Aggregation aber makroökonomischen) Liquiditätspräferenzfunktion. Vergrößerung von r bedeutet eine Verringerung der Neigung der Portefeuille-Geraden. Wie sich dabei der Bargeldanteil am optimalen Portefeuille verschiebt, läßt sich freilich allgemein nicht eindeutig sagen. Wenn wir aber voraussetzen, daß die Indifferenzkurven wie in Abb. 34 senkrecht in die μ-Achse einmünden[3], dann liegt der Schluß nahe, daß zumindest für kleine r, d.h. für sehr

---

[1] Es wird also von möglichen Kaufkraftänderungen abgesehen.

[2] Unter Umständen gibt es keinen Berührungspunkt, und der obere oder untere Endpunkt des Geradenstücks ist optimal. Das hieße dann, daß das ganze Portefeuille nur aus Wertpapieren bzw. nur aus Bargeld besteht. Der erste Fall ist bei großem r, d.h. bei flach ansteigender Portefeuille-Geraden leicht möglich. Der zweite ist auszuschließen, wenn die Indifferenzkurven senkrecht aus der μ-Achse entspringen. Für eine genauere Analyse vgl. Tobin [1957/58].

[3] Nach Satz 7 (S. 128) gilt das für Indifferenzkurven, die sich aus einer stetigen Nutzenfunktion nach dem Bernoulli-Prinzip herleiten lassen und die zu einer linearen (μ, σ)-Klasse gehören. Auch die quadratische Nutzenfunktion induziert über jeder beliebigen Klasse von Wahrscheinlichkeitsverteilungen Indifferenzkurven im (μ, σ)-Diagramm, die senkrecht in die μ-Achse einmünden, nämlich konzentrische halbe Ellipsen, deren eine Achse in die μ-Achse fällt. (Vgl. auch die Indifferenzkurven der quadratischen Nutzenfunktion im (μ, σ^2)-Diagramm – Abb. 18, S. 97.)

steile Portefeuille-Geraden, eine Vergrößerung von r auch die Standardabweichung σ^0 des optimalen Portefeuilles vergrößert. Damit vergrößert sich aber auch x_2^0 — weil σ_0 konstant ist — und verkleinert sich entsprechend x_1^0, der Bargeldanteil. Das ist die typische „inverse" Beziehung zwischen r und x_1^0, wie sie die Liquiditätspräferenzkurve fordert[1].

7. Besteuerung und Liquiditätspräferenz

Auch der Einfluß einer Besteuerung auf die Liquiditätspräferenz kann untersucht werden. Nehmen wir an, ein bestimmter Anteil t vom Gewinn verfällt der Steuer, und zwar die Zinseinnahmen ebenso wie ein eventueller Kapitalgewinn — Verluste können von der Steuer voll abgesetzt werden —, dann realisiert ein Portefeuille (x_1, x_2) nur noch den Gewinn $(1-t)x_2\,\pi_2$. Erwartungswert und Standardabweichung dieses Gewinnes sind dann $\mu_t = (1-t)x_2\,r$ und $\sigma_t = (1-t)x_2\sigma_0$. Die Portefeuille-Gerade ist also bis auf eine Verkürzung um den Faktor $1-t$ dieselbe wie vor der Besteuerung. Folglich wird normalerweise[2] der vor der Besteuerung als optimal erkannte Punkt (μ^0, σ^0) auch nach der Besteuerung optimal sein. Um ihn aber auch jetzt noch erreichen zu können, muß das früher optimale Portefeuille (x_1^0, x_2^0) zu $\left(x_1^0 - \dfrac{t}{1-t}\,x_2^0,\right.$

$\left.\dfrac{1}{1-t}\,x_2^0\right)$ verändert werden, zu einem Portefeuille also, das ohne Besteuerung die ertragreichere, aber auch riskantere Position $\left(\dfrac{1}{1-t}\,\mu^0,\ \dfrac{1}{1-t}\,\sigma^0\right)$ erreicht hätte. Es folgt, daß die angenommene Besteuerung den Bargeldanteil am optimalen Portefeuille senkt und damit die ganze Liquiditätspräferenzkurve in einem (x_1^0, r)-Koordinatensystem nach links verschiebt. Auch zeigt es sich, daß die Besteuerung eine Verlagerung der Portefeuillezusammensetzung zu dem im Durchschnitt gewinnbringenden, aber auch riskanten Wertpapier zur Folge hat.

Eine Besteuerung, die nur den Zinsertrag betrifft, nicht aber Kapitalgewinne, ändert (und zwar verringert) nur den erwarteten Gewinn, nicht dessen Zufallsstreuung. Sie erzielt also nur den Effekt, den auch ein geringerer Zinssatz (eine steilere Portefeuille-Gerade) zur Folge haben würde, und verschiebt daher die Liquiditätspräferenzfunktion nach oben.

---

[1] Es versteht sich, daß diese Analyse die Liquiditätspräferenzfunktion nicht vollständig begründet. In Wirklichkeit wird wohl die Liquiditätspräferenz noch über andere Mechanismen durch den Zinssatz beeinflußt. Vgl. etwa TOBIN [1957/58].

[2] Eine Ausnahme tritt dann ein, wenn der früher optimale Punkt nach der Verkürzung der Portefeuille-Geraden nicht mehr auf ihr liegt.

8. Besteuerung und Risikoverlagerung

Eine Verallgemeinerung dieser Untersuchungen auf Portefeuilles mit
mehr als zwei Anlageformen kann nach den Ideen von DOMAR und
MUSGRAVE [1944] versucht werden. Eine proportionale Besteuerung mit
dem Steuersatz t bewirkt für jedes Portefeuille eine Reduktion von
Mittelwert und Standardabweichung um denselben Teil: aus (μ, σ)
wird (μ_t, σ_t) mit $\mu_t = (1-t)\mu$, $\sigma_t = (1-t)\sigma$. Die Kurve effizienter Portefeuilles wird dadurch auf den Ursprung zu, längs radialer Strahlen zu-
sammengezogen (vgl. Abb. 35). Im Gegensatz zu dem von TOBIN behandelten Spezialfall wird es nun im allgemeinen nicht möglich sein, ein
Portefeuille so zusammenzustellen, daß es denselben Mittelwert und
dieselbe Standardabweichung hat wie das ohne Besteuerung optimale
Portefeuille. Ob das nach Besteuerung optimale Portefeuille ähnlich wie
bei TOBINs Spezialfall eine Verlagerung zu den riskanteren Wertpapieren
aufweist, kann allgemein nicht eindeutig beantwortet werden. Unter der
folgenden Annahme über die Präferenzstruktur kann allerdings diese
Verlagerung nachgewiesen werden: Wir nehmen an, daß im (μ, σ)-
Diagramm die Indifferenzkurven wie bisher konkav ansteigen und daß
bei festem σ der Anstieg der Indifferenzkurven mit wachsendem μ abnimmt. Diese Annahme ist freilich selbst bei Beschränkung auf lineare
(μ, σ)-Klassen und bei Verwendung konkav ansteigender Nutzenfunktionen nicht notwendig erfüllt. Gegenbeispiele liefern die Nutzenfunktionen $u(x) = -e^{-x}$ mit gleichbleibendem und $u(x) = x - e^{-x}$ mit zunehmendem Anstieg der Indifferenzkurven im (μ, σ)-Diagramm von Normalverteilungen. Andererseits ist die Annahme für quadratische Nutzenfunktionen $u(x) = a + b(x-c)^2$, $b > 0$, $c > 0$, wenigstens für den aufsteigenden Teil der Indifferenzkurven erfüllt[1].

Bei der Kontraktion entlang den Radialstrahlen bleibt die Steigung der
Effizienzkurve auf jedem Radialstrahl erhalten. Aus der gemachten
Annahme folgt nun, daß der Berührungspunkt der um den Steuersatz
kontrahierten Effizienzkurve mit dem Indifferenzkurvensystem auf einem
höheren Radialstrahl liegt als der entsprechende Berührungspunkt der
ursprünglichen Effizienzkurve. Verlängert man den höher gelegenen
Radialstrahl, bis er die ursprüngliche Effizienzkurve trifft, dann hat man
in diesem Schnittpunkt Mittelwert und Standardabweichung des nach
der Besteuerung optimalen Portefeuilles, wie sie sich ohne Besteuerung
ergeben würden. Sie werden größer sein als Mittelwert und Standardabweichung des ohne Besteuerung optimalen Portefeuilles. Es wird also
in der Tat eine Verlagerung zu einem im Durchschnitt zwar gewinn-
bringenderen, aber auch riskanteren Portefeuille beobachtet (Abb. 35).

---

[1] Bekanntlich ist das die einzige Nutzenfunktion, die über jeder Klasse von Wahrscheinlichkeitsverteilungen eine Präferenzfunktion in μ und σ erzeugt. Vgl. S. 96.
Vgl. auch Fußnote 3 auf S. 198.

DOMAR und MUSGRAVE [1944] haben dieselbe Analyse in einem
(μ, λ)-Diagramm durchgeführt (vgl. S. 61). Doch zeigt es sich, daß dort
bei Zugrundelegung beliebiger Wahrscheinlichkeitsverteilungen nur ge-
radlinige Indifferenzkurven aus einer Nutzenfunktion sich herleiten

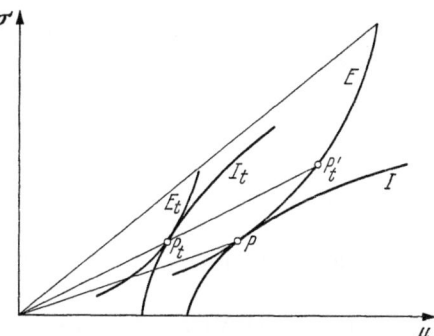

Abb. 35. Optimales Portefeuille vor und nach Besteuerung. E, I, P = Effizienzkurve, Indifferenzkurve,
Berührungspunkt vor Besteuerung; E_t, I_t, P_t = dasselbe nach Besteuerung ($t = \frac{1}{2}$). $P_t' = (\mu, \sigma)$-Bild des
nach Besteuerung optimalen Portefeuilles, wie es sich ohne Besteuerung darbietet

lassen, also rational sind. Und eben diese Indifferenzgeraden erfüllen
nicht unsere oben getroffene Annahme und führen daher auch nicht zu
dem beschriebenen Effekt der Risikoverlagerung. RICHTER [1959/60]
wies auf diesen Mangel der Domar-Musgrave-Analyse hin[1], gelangte
aber mit Hilfe einer quadratischen Nutzenfunktion auf analytischem
Wege zu einem im wesentlichen gleichen Resultat, das er dann noch
weitgehend verallgemeinern konnte.

Wir bemerken noch, daß homothetische (μ, σ)-Indifferenzkurven-
systeme keine Veränderung im optimalen Portefeuille vor und nach der
Steuer hervorrufen. Nach dem Korollar (2) des Anhangs zum zweiten
Kapitel darf man vermuten, daß nur die dort genannten Nutzenfunktionen zu solchen Indifferenzkurvensystemen auf allen. (μ, σ)-Klassen
führen.

---

[1] Vgl. auch S. 101.

Anhang II

Einige Definitionen und Bezeichnungen
aus den Elementen der Mengenlehre und Logik

Menge: Eine *Menge* ist eine Gesamtheit von irgendwelchen wohldefinierten (idealen oder konkreten) Dingen, den *Elementen* der Menge.

$\{x \mid \cdot\}$: Mit „$\{x \mid x$ hat die Eigenschaft $\mathfrak{E}\}$" wird die Menge aller Elemente x bezeichnet, die die Eigenschaft $\mathfrak{E}$ besitzen.

$\in$: Daß x ein Element der Menge X ist, wird kurz mit „$x \in X$" bezeichnet.

$\subset$: Ist Y eine Teilmenge der Menge X, d.h. sind alle Elemente von Y zugleich Elemente von X, dann wird dieser Sachverhalt kurz mit „$Y \subset X$" bezeichnet. Dabei kann Y mit X übereinstimmen oder ein echter Teil von X sein.

$-$: Ist $A \subset B$, dann versteht man unter $B - A$ die Menge aller Elemente von B, die nicht zu A gehören.

$\times$: X und Y seien zwei Mengen, dann bezeichnet „$X \times Y$" die Menge aller Paare (x, y) von Elementen x der Menge X und y der Menge Y, d. h.: $X \times Y = \{(x, y) \mid x \in X, y \in Y\}$.

f: Eine Vorschrift f, die jedem Element x einer Menge X eindeutig ein Element y einer Menge Y zuordnet, wird als *Abbildung* von X in Y (oder als *Funktion* über X mit Werten in Y) bezeichnet und kurz durch „$f: X \to Y$" symbolisiert. Das dem Element x vermöge f zugeordnete Element y wird auch mit „$f(x)$" bezeichnet und das *Bild* von x genannt. Umgekehrt heißt x ein *Urbild* von y. Gibt es zu jedem $y \in Y$ ein und nur ein Urbild, dann heißt die Abbildung f *eineindeutig* oder umkehrbar eindeutig.

f^{-1}: In diesem Fall wird die Vorschrift, die jedem $y \in Y$ sein f-Urbild $x \in X$ zuordnet, die *inverse* Abbildung (oder inverse Funktion oder *Umkehrfunktion*) der Abbildung f genannt und mit „f^{-1}" bezeichnet.

$f(A)$: Eine Abbildung, die die Teilmengen einer Menge X in die Teilmengen einer Menge Y abbildet, heißt *Mengenfunktion*. Jede Funktion $f: X \to Y$ ist zugleich Mengenfunktion, insofern als sie jeder Teilmenge $A \subset X$ die Menge aller Bilder der Elemente von A zuordnet und diese Menge Teilmenge von Y ist: $f(A) \subset Y$. Für die zu f gehörige Mengenfunktion wird also dasselbe Symbol „f" verwandt.

Insbesondere ist jede (nicht notwendig eineindeutige) Abbildung zumindest als Mengenfunktion umkehrbar. $f^{-1}(y)$ bedeutet allgemein die Menge aller f-Urbilder von y. Nur bei umkehrbar eindeutigen Abbildungen f besteht $f^{-1}(y)$ für alle $y \in Y$ aus nur einem Element.

$\circ$: Ist $f: X \to Y$ und $g: Y \to Z$, dann wird mit „$g \circ f$" die Abbildung bezeichnet, die jedem $x \in X$ das Element $g(f(x)) \in Z$ zuordnet. Es ist also $g \circ f(x) = g(f(x))$.

$\mathscr{R}$: Die für uns wichtigsten Abbildungen sind die *reellwertigen* mit *reellem* Argument, d.h. solche, für die X und Y gleich der Menge der *reellen Zahlen $\mathscr{R}$* sind.

$\Rightarrow$: Sind A und B zwei Aussagen und folgt B aus A, dann schreibt man kurz „$A \Rightarrow B$" und sagt auch „A impliziert B".

$\Leftrightarrow$: Gilt $A \Rightarrow B$ und $B \Rightarrow A$, dann schreibt man auch „$A \Leftrightarrow B$" und sagt, „A und B sind (logisch) äquivalent".

Literaturverzeichnis

ADAMS, E. W. [1960]: Survey of Bernoullian utility theory. In: Mathematical thinking in the measurement of behavior. Hrsg. H. SOLOMON. Glencoe (Ill.): Free Press 1960.

ALBACH, H. [1959]: Wirtschaftlichkeitsrechnung bei unsicheren Erwartungen. Köln-Opladen: Westdeutscher Verlag 1959.

— [1962]: Zur Finanzierung von Kapitalgesellschaften durch ihre Gesellschafter. Z. ges. Staatswissenschaft **118**, 653—687 (1962).

ALLAIS, M. [1953a]: Traité d'économie pure. Paris: Imprimerie Nationale 1953.

— [1953b]: La psychologie de l'homme rationnel devant le risque: La théorie et l'expérience. J. Soc. Statist. de Paris **94**, 47—73 (1953).

— [1953c]: Le comportement de l'homme rationnel devant le risque: Critiques des postulats et axiomes de l'école américaine. Econometrica **21**, 503—546 (1953).

— [1953d]: Généralisations des théories de l'équilibre économique générale et du rendement social au cas du risque. Econométrie (Colloque international d'Econométrie du 12 au 17 mai 1952), 81—120. Hrsg. Centre National de la Recherche Scientifique. Paris: Editions du Centre National de la Recherche Scientifique 1953.

— [1955]: Fondements d'une théorie positive des choix comportants un risque et critique des postulats et axiomes de l'école américaine. Paris: Imprimerie Nationale 1955. Veröffentlicht auch in: Econométrie (Colloque international d'Econométrie du 12 au 17 mai 1952, 257—332. Hrsg. Centre National de la Recherche Scientifique. Paris: Editions du Centre National de la Recherche Scientifique 1953.

ANGELL, J. W. [1960]: Uncertainty, likelihoods and investment decisions. Quart. J. Economics **74**, 1—28 (1960).

ARMSTRONG, W. E. [1939]: The determinateness of the utility function. Economic J. **49**, 453—467 (1939).

— [1948]: Uncertainty and the utility function. Economic J. **58**, 1—10 (1948).

ARROW, K. J. [1951a]: Alternative approaches to the theory of choice in risk-taking situations. Econometrica **19**, 404—437 (1951).

— [1951b]: Social choice and individual values. New York-London: John Wiley & Sons Inc. 1951.

AUMANN, R. J. [1962]: Utility theory without the completeness axiom. Econometrica **30**, 445—462 (1962).

— [1964]: Utility theory without the completeness axiom: a correction. Econometrica **32**, 210—212 (1964).

BAUMOL, W. J. [1951a]: Economic dynamics. New York: MacMillan Co. 1951.

— [1951b]: The Neumann-Morgenstern utility index - an ordinalist view. J. political Economy **59**, 61—66 (1951).

— [1958]: The cardinal utility which is ordinal. Economic J. **68**, 665—672 (1958).

BAYES, T. [1763]: An essay towards solving a problem in the doctrins of chances. Phil. Trans. **53**, 370—418 (1763). Abgedruckt in Biometrika **45**, 296—315 (1958).

BELLMAN, R. [1957]:Dynamic programming.Princeton:Princeton UniversityPress 1957.

BERNOULLI, D. [1738]: Specimen theoriae novae de mensura sortis. Commentarii Academiae Scientiarum Imperialis Petropolitanae, 5, 175—192 (1738). Ins Englische übersetzt von L. SOMMER: Exposition of a new theory on the measurement of risk. Econometrica **22**, 23—36 (1954). Deutsche Übersetzung von A. PRINGS-HEIM: Die Grundlage der modernen Wertlehre: DANIEL BERNOULLI, Versuch einer neuen Theorie der Wertbestimmung von Glücksfällen. Leipzig: Duncker & Humblot 1896.

BERNOULLI, J. [1713]: Wahrscheinlichkeitsrechnung (Ars conjectandi, Basel 1713). Übers. und herausg. von R. HAUSSNER. Leipzig: Wilhelm Engelmann 1899.

BORCH, K. [1962]: Equilibrium in a reinsurance market. Econometrica 30, 424–444 (1962).

— [1963]: A note on utility and attitudes to risk. Management Sci. 9, 697–700 (1963).

BROSS, I. D. J. [1964]: Design for decision. 8. printing. New York: MacMillan Co.1964.

CARTER, C. F., G. P. MEREDITH, and G. L. S. SHACKLE [1957]: Uncertainty and business decisions. Liverpool: Liverpool University Press 1957.

CHARNES, S., and W. W. COOPER [1960]: Chance-constrained programming. Management Sci. 6, 73–79 (1960).

CHERNOFF, H. [1954]: Rational selection of decision functions. Econometrica 22, 422–443 (1954).

CLARKSON, G. P. E. [1962]: Portfolio selection. A simulation of trust investment. Englewood Cliffs (N.Y.): Prentice-Hall Inc. 1962.

CRAMÉR, H. [1930]: On the mathematical theory of risk. In der Festschrift: Försäkringsaktiebolaget Skandia 1855–1930, vol. 2, 7–84. Stockholm: Försäkringsaktiebolaget Skandia. 1930.

— [1946]: Mathematical methods of statistics. Princeton: Princeton University Press 1946.

DANTZIG, G. B. [1966]: Lineare Programmierung und Erweiterungen. Berlin-Heidelberg-New York: Springer 1966.

DAVIDSON, D., and J. MARSCHAK [1959]: Experimental tests of a stochastic decision theory. In: Measurement: Definitions and theory, 233–269. Hrsg. C. W. CHURCHMAN and PH. RATOOSH. New York-London: John Wiley & Sons, Inc. 1959.

— P. SUPPES, and S. SIEGEL [1957]: Decision making: An experimental approach. Stanford (Calif.): Stanford University Press 1957.

DAVIS, J. H. [1958]: The transitivity of preferences. Behav. Sci. 3, 26–33 (1958).

DEBREU, G. [1954]: Representation of a preference ordering by a numerical function. In: Decision processes, 159–165. Hrsg. R. M. THRALL, C. H. COOMBS and R. L. DAVIS. New York-London: John Wiley & Sons, Inc. 1954.

DOMAR, E., and R. A. MUSGRAVE [1944]: Proportional income taxation and risk-taking. Quart. J. Economics 58, 388–422 (1944).

DORFMAN, R. [1962]: Basic economic and technological concepts: a general statement. Paper No 3 in: Design of water-resource systems. Von A. MAAS, M. M. HUFSCHMIDT, R. DORFMAN, H. A. THOMAS Jr., S. A. MARGLIN and G. M. FOUR, 88–158. Cambridge (Mass.) 1962.

EDWARDS, W. [1954]: The theory of decision making. Psychol. Bull. 51, 380–417 (1954).

ELLSBERG, D. [1954]: Classic and current notions of "Measurable utility". Economic J. 64, 528–556 (1954).

— [1958]: Winning at Russian roulette. Econometrica 26, 325 (1958) (Abstract).

FARRAR, D. E. [1962]: The investment decision under uncertainty. Englewood Cliffs (N.Y.): Prentice-Hall Inc. 1962.

FINETTI, B. DE [1937]: La prévision: ses lois logiques, ses sources subjectives. Ann. Inst. Henri Poincaré 7, 1–68 (1937).

FISHER, I. [1892]: Mathematical investigations in the theory of value and prices. Trans. Connecticut Acad. 9, 1–124 (1892). Wiederveröffentlicht; New Haven-London: Yale University Press 1925. Wiederabdruck: New Haven: Yale University Press 1961.

FREUND, R. J. [1956]: The introduction of risk into a programming model. Econometrica **24**, 253—264 (1956).

FRIEDMAN, M. [1946]: Lange on price flexibility and employment: a methodological criticism. American Economic Review 36, 613—631 (1946).

— and L. J. SAVAGE [1948]: The utility analysis of choices involving risk. J. political Economy **56**, 279—304 (1948). Reprinted with a correction; in: Readings in price theory. Hrsg. G. J. STIGLER and K. E. BOULDING. Chicago: R. P. Irwin 1952.

— [1952]: The expected utility, hypothesis and the measurability of utility. J. political Economy **60**, 463—474 (1952).

GAEFGEN, G. [1961]: Zur Theorie kollektiver Entscheidungen in der Wirtschaft. Eine Neuinterpretation der Welfare Economics. Jb. Nationalökonomie und Statistik **173**, 1—49 (1961).

— [1963]: Theorie der wirtschaftlichen Entscheidung. Tübingen: J. C. B. Mohr (Paul Siebeck) 1963.

GIERSCH, H. [1960]: Allgemeine Wirtschaftspolitik, Bd. 1: Grundlagen. Wiesbaden: Dr. Th. Gabler 1960.

GRAYSON Jr., C. J. [1960]: Decisions under uncertainty. Boston: Harvard University Press 1960.

GREEN, P. E. [1961]: The derivation of utility functions in a large industrial firm. Vortrag, gehalten auf dem First Joint Nat. Meeting of the Operation Research Soc. Amer. and the Institute of Management Science 1961.

GUTENBERG, E. [1955]: Grundlagen der Betriebswirtschaftslehre, Bd. 2: Der Absatz. Berlin-Göttingen-Heidelberg: Springer 1955.

HAAS, CH. [1965]: Unsicherheit und Risiko in der Preisbindung. Köln-Berlin-Bonn-München: C. Heymanns Verlag K.G. 1965.

HARING, J. E., and G. C. SMITH [1959]: Utility theory, decision theory and profit maximization. Amer. Economic Rev. **49**, 566—583 (1959).

HAUSNER, M. [1954]: Multidimensional utilities. In: Decision processes, 167—180. Hrsg. R. M. THRALL, C. H. COOMBS and R. L. DAVIS. New York-London: John Wiley & Sons, Inc. 1954.

HERSTEIN, I. N., and J. W. MILNOR [1953]: An axiomatic approach to measurable utility. Econometrica **21**, 291—297 (1953).

HICKS, J. R. [1934]: Application of mathematical methods to the theory of risk. Econometrica **2**, 194—195 (1934) (Abstract).

— [1939]: Value and capital. Oxford: Clarendon Press 1939.

HIRSCHMAN, I. I., and D. V. WIDDER [1955]: The convolution transform. Princeton (N.J.): Princeton University Press 1955.

HODGES Jr., J. L., and E. L. LEHMANN [1952]: The use of previons experience in reading statistical decisions. Ann. math. Statistics **23**, 396—407 (1952).

KATAOKA, S. [1963]: A stochastic programming model. Econometrica **31**, 181—196 (1963).

KEYNES, J. M.: A treatise on probability. London: MacMillan Co. 1921, 5. Aufl. 1952.

KNIGHT, F. H. [1921]: Risk, uncertainty and profit. Boston-New York: Kelley & Millmann 1921.

KRELLE, W. [1957]: Unsicherheit und Risiko in der Preisbildung. Z. ges. Staatswissenschaft **113**, 632—677 (1957).

— [1961]: Preistheorie. Tübingen-Zürich: J. C. B. Mohr (Paul Siebeck) — Polygraphischer Verlag A.G. 1961.

KÜNZI, H. P., u. W. KRELLE [1962]: Nichtlineare Programmierung. Berlin-Göttingen-Heidelberg: Springer 1962.

LANGE, O. [1945]: Price flexibility and employment. Bloomington (Ind.)-Evanston (Ill.): Principia Press 1944.

LATANÉ, H. A. [1959]: Criteria for choice among risky ventures. J. polit. Economy 67, 144—155 (1959).

LEHMANN, E. L. [1955]: Ordered families of distributions. Ann. math. Statistics 26, 399—419 (1955).

LUCE, R. D. [1958]: A probabilistic theory of utility. Econometrica 26, 193—224 (1958).

—, and H. RAIFFA [1957]: Games and decisions. New York: John Wiley & Sons Inc. 1957.

LUTZ, F., and V. LUTZ [1951]: The theory of investment of the firm. Princeton: Princeton University Press 1951.

MAJUMDAR, T. [1958]: The measurement of utility. London: MacMillan Co. 1958.

MARKOWITZ, H. M. [1951]: Theories of uncertainty and financial behavior. Econometrica 19, 325ff. (1951). (Report of the Chicago Meeting of the Econometric Society, December 27.—30. 1950.)

— [1952]: The utility of wealth. J. polit. Economy 60, 151—158 (1952).

— [1959]: Portfolio selection. New York-London: John Wiley & Sons 1959.

MARSCHAK, J. [1938]: Money and the theory of assets. Econometrica 6, 311—325 (1938).

— [1950]: Rational behavior, uncertain prospects, and measurable utility. Econometrica 18, 111—141 (1950).

— [1955]: Probability in the social sciences. In: Mathematical thinking in the social sciences, 2. edit. 166—215. Hrsg. P. F. LAZARSFELD. Glencoe (Ill.): The Free Press 1955.

MARSHALL, A. [1895]: Principles of economics, 3. ed., vol. 1. London: MacMillan Co. 1895.

MASSÉ, M.P., et M. G. MORLAT [1953]: Sur le classement économique des perspectives aléatoires. In: Econométrie (Colloque internat. d'Econométrie du 12 au 17 mai 1952), 165—199. Hrsg. Centre National de la Recherche Scientifique. Paris: Editions du Centre National de la Recherche Scientifique 1953.

MASSÉ, P. [1953]: Réflexions sur les comportements rationnels en économie aléatoire. Cahiers Séminaire d'Econométrie 2, 11—58 (1953).

— [1954]: Quelques problémes d'optimum économique. In: Stratégies et décisions économique-études théoriques et applications aux entreprises. Hrsg. Centre National de la Recherche Scientifique par G.Th. GUILBAUD, P. MASSÉ u. R. HÉNON. Paris: Dunod 1954.

— [1959]: Le choix des investissements. Critères et méthodes. Paris: Dunod 1959.

MAY, K. O. [1954]: Intransitivity, utility, and the aggregation of preference patterns. Econometrica 22, 1—13 (1954).

MENGER, K. [1934]: Das Unsicherheitsmoment in der Wertlehre: Betrachtungen im Anschluß an das sogenannte Petersburger Spiel. Z. Nationalökonomie 5, 459—485 (1934).

MENGES, G. [1963]: Kriterien optimaler Entscheidungen unter Ungewißheit. Statistische Hefte 4, 151—171 (1963).

—, u. M. BEHARA [1962]: Einige grundsätzliche Betrachtungen über prozessuale Entscheidungen unter Ungewißheit. Z. handelswiss. Forschg N.F. 14, 483—494 (1962).

MILNOR, J. [1954]: Games against nature. In: Decision processes, 49—59. Hrsg. R. M. THRALL, C. H. COOMBS and R. L. DAVIS, New York-London: John Wiley & Sons, Inc. 1954.

MORLAT, M. G. [1953]: Diskussionsbeitrag. In: Econométrie (Colloque internat. d'Econométrie du 12 au 17 mai 1952), p. 156. Hrsg. Centre National de la Recherche Scientifique. Paris: Editions du Centre National de la Recherche Scientifique 1953.

MOSTELLER, P., and P. NOGEE [1951]: An experimental measurement of utility. J. political Economy 59, 371—404 (1951).

MOXTER, A. [1962]: Bilanzierung und unsichere Erwartungen. Z. handelswiss. Forschg, N. F. **14**, 607−632 (1962).

v. NEUMANN, J., and O. MORGENSTERN [1947]: Theory of games and economic behavior, 2. revised edit. Princeton (N.J.): Princeton University Press 1947.

NIEHANS [1948]: Zur Preisbildung bei ungewissen Erwartungen. Schweiz. Z. Volkswirtschaft u. Statistik **84**, 433−456 (1948).

PFANZAGL, J. [1959]: Die axiomatischen Grundlagen einer allgemeinen Theorie des Messens. Würzburg: Physica Verlag 1959.

− [1962]: Allgemeine Methodenlehre der Statistik, II. Höhere Methoden unter besonderer Berücksichtigung der Anwendung in Naturwissenschaft, Medizin und Technik. Sammlung Göschen, Bd. 747/747a. Berlin: W. de Gruyter & Co. 1962.

PIGOU, A. C. [1920]: The economics of welfare. London: MacMillan Co. 1920.

QUIRK, J. P., and R. SAPOSNIK [1962]: Admissibility and measurable utility functions. Rev. Economic Studies **29**, 140−146 (1962).

RAIFFA, H., and R. SCHLAIFER [1961]: Applied statistical decision theory. Boston: Harvard University Press 1961.

RAMSEY, F. P. [1931]: The foundations of mathematics and other logical essays. London: Routledge & Kegan Paul 1931, repr. 1954.

RICHTER, M. [1959/60]: Cardinal utility, portfolio selection and taxation. Rev. Economic Studies **27**, 152−166 (1959/60).

RIEBESELL, P. [1936]: Einführung in die Sachversicherungsmathematik. Berlin: E. S. Mittler & Sohn 1936.

RINGLEB, O. F. [1960]: Mathematische Formelsammlung, 7. erw. Aufl. Sammlung Göschen, Bd. 51/51a. Berlin: W. de Gruyter & Co. 1960.

ROY, A. D. [1952]: Safety first and the holding of assets. Econometrica **20**, 431−449 (1952).

ROYDEN, H. L., P. SUPPES, and K. WALSH [1959]: A model for the experimental measurement of the utility of gambling. Behav. Sci. **4**, 11−18 (1959).

RUTSCH, M. [1964]: Bemerkungen zu einem Aufsatz von E. M. FELS. Weltwirtschaftl. Arch. **92**, 396−404 (1964 I).

SAMUELSON, P. A. [1947]: Foundations of economic analysis. Cambridge: Harvard University Press 1947.

− [1952]: Probability, utility, and the independence axiom. Econometrica **20**, 670−678 (1952).

− [1963]: Risk and uncertainty: a fallacy of large numbers. Scientia, Reihe 6, 57. Jahrgang 1963.

SAUERMANN, H., u. R. SELTEN [1962]: Anspruchsanpassungstheorie der Untersuchung. Z. ges. Staatswiss. **118**, 577−597 (1962).

SAVAGE, L. J. [1951]: The theory of statistical decision. J. Amer. statist. Ass. **46**, 55−67 (1951).

− [1954]: The foundations of statistics. New York-London: John Wiley & Sons, Inc. 1954.

SCHMEIDLER, W. [1950]: Integralgleichungen mit Anwendungen in Physik und Technik, Bd. 1: Lineare Integralgleichungen. Leipzig: Akademische Verlagsgesellschaft 1950.

SCHNEEWEISS, H. [1962]: Ein allgemeines Schema des stochastischen Programmierens. Statist. Hefte **3**, 131−157 (1962).

− [1963]: Nutzenaxiomatik und Theorie des Messens. Statist. Hefte **4**, 178 (1963).

− [1964]: Eine Entscheidungsregel für den Fall partiell bekannter Wahrscheinlichkeiten. Unternehmensforschg **8**, 86−95 (1964).

− [1965]: Konsequenzen des Bernoulli-Prinzips für die Präferenzstruktur von Normal verteilungen. Unternehmensforschg **9**, 238−249 (1965).

SCHOEFFLER, S. [1954]: Toward a general definition of rational action. Kyklos 7, 245−273 (1954).

SCOTT, J. [1957]: The availability doctrine: theoretical underpinning. Rev. Economic Studies 25, 41−48 (1957).

SHACKLE, G. L. S. [1955]: Uncertainty in economics and other reflexions. Cambridge: Cambridge University Press 1955.

SIMON, H. [1957]: Models of man: Social and rational. New York-London: John Wiley & Sons, Inc. 1957.

SIMPSON, P. B. [1950]: Risk allowances for price expectations. Econometrica 18, 253−259 (1950).

STARR, M. K., and D. W. MILLER [1962]: Inventory control: Theory and practice. Englewood Cliffs (N.J.): Prentice-Hall 1962.

STEINDL, J. [1941]: On risk. Oxford Economic Papers, 43−53, 1941.

STEVENS, S. S. [1951]: Mathematics, measurement and psychophysics. In: Handbook of experimental psychology, 1−49. Hrsg. S. S. STEVENS. New York-London 1951.

− [1959]: Measurement, psychophysics, and utility. In: Measurement. Definitions and theories, 18−63. Hrsg. C. W. CHURCHMAN and PH. RATOOSH. New York-London: John Wiley & Sons, Inc. 1959.

STIGLER, G. J. [1950]: The development of utility theory. J. political Economy 58, 307−327, 373−396 (1950).

TELSER, L. G. [1955/56]: Safety and hedging. Rev. Economic Studies 23, 1−16 (1955/56).

THEIL, H. [1961]: Economic forecasts and policy, 2. revised edit. Amsterdam: North-Holland Publ. Co. 1961.

THOMAS Jr., H. A. [1958]: A method of accounting for benefit and cost uncertainties in water resources project design, mimeo (Cambridge: Harvard Program in Water Resources, April 1958). Zit. in FARRAR [1962], p. 15.

TINTNER, G. [1941 a]: The theory of choice under subjective risk and uncertainty. Econometrica 9, 298−304 (1941).

− [1941 b]: The pure theory of production under technological risk and uncertainty Econometrica 9, 305−312 (1941).

TOBIN, J. [1957/58]: Liquidity preference as behavior towards risk. Rev. Economic Studies 25, 65−86 (1957/58).

TÖRNQVIST, L. [1945]: On the economic theory of lottery gambles. Skand. Aktuaristidskr. 28, 228−246 (1945).

− [1956]: Formation and evaluation of anticipations in decision making. Econometrica 24, 335−337 (1956) (Abstract).

VICKREY, W. [1945]: Measuring marginal utility by reactions to risk. Econometrica. 13, 319−333 (1945).

WALD, A. [1950]: Statistical decision functions. New York: John Wiley & Sons, Inc. 1950.

WIDDER, D. V. [1944]: Positive temperatures on an infinite rod. Trans. Amer. math. Soc. 55, 85−95 (1944).

WITTMANN, W. [1959]: Unternehmung und unvollkommene Information. Köln-Opladen: Westdeutscher Verlag 1959.

Sachverzeichnis

Namenverzeichnis

Ökonometrie und Unternehmensforschung
Econometrics and Operations Research

Herausgegeben von/Edited by

M. BECKMANN, Bonn; R. HENN, Karlsruhe; A. JAEGER, Cincinnati; W. KRELLE, Bonn; H. P. KÜNZI, Zürich; K. WENKE, Ludwigshafen; PH. WOLFE, Santa Monica (Cal.)
Geschäftsführende Herausgeber/Managing Editors
W. KRELLE und H. P. KÜNZI

Vol. I   **Nichtlineare Programmierung**

Von HANS PAUL KÜNZI, Professor an der Universität Zürich und WILHELM KRELLE, Professor an der Universität Bonn. Unter Mitwirkung von Werner Oettli, Wissenschaftlicher Mitarbeiter, Wirtschaftswiss. Institut der Universität Zürich.

Mit 18 Abbildungen. XVI, 221 Seiten Gr.-8°. 1962. Ganzleinen DM 38,—

Vol. II   **Lineare Programmierung und Erweiterungen**

Von GEORGE B. DANTZIG, Chairman of the Operations Research Center and Professor of Operations Research, University of California, Berkeley.
Ins Deutsche übertragen und bearbeitet von Arno Jaeger, University of Cincinnati.

Mit 103 Abbildungen. XVI, 712 Seiten Gr.-8°. 1966. Ganzleinen DM 68,—

Vol. III   **Stochastic Processes**

By M. GIRAULT, Professor at the University of Paris.

With 36 figures. Approx. 140 pages 8vo. 1966. Cloth approx. DM 28,—

Vol. IV   **Methoden der Unternehmensforschung im Versicherungswesen**

Von KARL-H. WOLFF, Dr. phil., Professor an der Technischen Hochschule Wien.

Mit 14 Diagrammen. VIII, 266 Seiten Gr.-8°. 1966. Ganzleinen DM 49,—

Vol. V   **The Theory of Max-Min**

and its Application to Weapons Allocation Problems.
By JOHN M. DANSKIN, Center for Naval Analyses.

With 6 figures. Approx. 140 pages 8vo. 1966. Cloth approx. DM 28,—